T0268127

EL CANTO
DEL ALMA

RABÍ IEJIEL BAR LEV

EL CANTO DEL ALMA

DEL ALMA

Introducción a la Cábala

EDICIONES OBELISCO

Si este libro le ha interesado y desea que le mantengamos informado
de nuestras publicaciones, escríbanos indicándonos qué temas son de su interés
(Astrología, Autoayuda, Ciencias Ocultas, Artes Marciales, Naturismo,
Espiritualidad, Tradición...) y gustosamente le complaceremos.

Puede consultar nuestro catálogo en www.edicionesobelisco.com

Colección Biblioteca Cábala y judaísmo
EL CANTO DEL ALMA
Rabí Iejiel Bar Lev

1.ª edición: noviembre de 2003
2.ª edición: septiembre de 2024

Título original: *Iedid Nefesh*

Traducción: *E. A. Drelcwicz*
Maquetación: *Marta Rovira*
Diseño cubierta: *Enrique Iborra*

© 2003, 2024 Rabí Iejiel Bar Lev
(Reservados todos los derechos)
© 2003, Ediciones Obelisco, S. L.
(Reservados los derechos para la presente edición)

Edita: Ediciones Obelisco, S. L.
Collita, 23-25. Pol. Ind. Molí de la Bastida
08191 Rubí - Barcelona
Tel. 93 309 85 25
E-mail: info@edicionesobelisco.com

ISBN: 978-84-1172-188-2
DL B 46.982-2003

Impreso en los talleres gráficos de Romanyà/Valls, S. A.
Verdaguer, 1 - 08786 Capellades (Barcelona)

Printed in Spain

INTRODUCCIÓN

En su libro *Emuna Ubitajon* escribe el Jazón Ish: "Si un hombre es sensible, posee paz interior, está libre de ambición lujuriosa y se maravilla frente a la inmensidad del cielo y la profundidad de la tierra; si se estremece profundamente ante lo enigmático del mundo que se le aparece como un acertijo indescifrable y maravilloso, y este misterio cautiva su intelecto y su corazón, entonces no vive más que para descifrar el enigma que se convierte en su máxima ambición. Su alma brega por interpretar su solución, y para lograrlo es capaz de luchar contra viento y marea, porque, ¿qué sentido tiene su efímera vida si el propósito de ésta le es totalmente desconocido, si su alma confundida y doliente, anhela revelar el secreto y origen de todo –y las puertas se le cierran?"

Lo antedicho expresa el sentir de un hombre que logró alejarse del marasmo del mundo, del ritmo arrollador que nos dicta a diario la vida. Y tras describir los prodigios del mundo, el Jazón Ish continúa explicando cómo fueron creados el hombre y su entorno de acuerdo con un plan preciso y detallado, previamente concebido, y finaliza su capítulo diciendo: "Y la verdad de Su existencia, Bendito Sea, es aceptada por su corazón sin dubitaciones ni objeciones, porque su corazón percibe destellos de luz que alumbran más allá del límite de este mundo y, obligatoriamente, su Creador le proporcionará solución al enigma del mundo y del hombre a través de la fe que existe un Amo que guía a Su obra".

7

Pero con la fe no es suficiente. La curiosidad innata del hombre lo impulsa a buscar las respuestas que puedan sosegar su alma, y así se cuestiona acerca de qué debe hacer para llenar de contenido y significado su vida, para que sus acciones pasadas, presentes y futuras estén sustentadas bajo un mismo y único plan, el cual tenga un asidero sólido y real y cuya definición sea aceptada por su intelecto. Después de afianzada la fe en el corazón y en la mente, surge la siguiente pregunta, o, como lo expresa el rabino Moshé Jaim Luzzatto en *Mesilat Iesharím*: "El fundamento de la piedad y la raíz del servicio perfecto es que el hombre conozca cuál es su obligación en su mundo". Si la persona de forma instintiva no es movida a desear conocer a su Creador, viene entonces la Torá demandando a cada persona su deber de conocer su obligación en este mundo.

El judaísmo revela el objetivo de la vida en el mundo, el cual sólo puede realizarse en nuestro mundo: "corregir al mundo para que llegue a ser gobernado por la Presencia divina." Todo individuo debe servir a su Creador durante toda su vida, sometiendo sus actos, palabras y pensamientos para lograr este fin. Cada persona construye y corrige su propio mundo, e Israel, a quien le fue dada la Torá, debe aspirar a construir y corregir al mundo entero. Pero ya dijimos que sólo con la fe no es suficiente, porque valiéndonos únicamente de la fe no podremos cambiar la conducta humana. Para que el hombre llegue a subyugar sus actos, su forma de hablar y sus pensamientos a fin de servir al Creador, debe conocer a Dios, y sólo a través del conocimiento del Creador –a través del poder del *daat*– puede transformar sus cualidades y su forma de obrar. La fe está por encima de toda especulación racional, y de toda disquisición intelectual. El rabino Eliahu Dessler escribe en su libro *Mijtav MeEliahu* (Primera Parte, pág. 68): "la fe, la *emuná*, implica lo que uno cree aunque aún el intelecto no pueda percibir". La fe circunda al hombre pero no entra en él, o sea, no es interiorizada por el hombre y, por su parte, el *daat* es el conocimiento de Dios, la aprehensión interior que permite conocer al Creador. Aunque no podamos captar la esencia Divina, podemos sin embargo conocer y sentir Su existencia, pero esto es factible sólo cuando el conocimiento se fusiona con el sentimiento, con el conocimiento interior. Cuando El Santo, Bendito Sea, nos ordena en Su sagrada Torá (*Deuteronomio* 4:39): "Y lo conocerás hoy, y lo interiorizarás en tu corazón, que El Eterno es Dios", no se está refiriendo sólo a ampliar nuestro conocimiento intelectual acerca de la grandeza del Creador, sino a la combinación del conocimiento con la emoción y el reconocimiento interno de Su existencia. En tanto el conocimiento intelectual perdure en el hombre, desposeído del conocimiento emocional y el reconocimiento interior, no encontraremos aquí el conocer a Dios sino nada más que la fe.

El Talmud nos brinda el ejemplo de un ladrón que reza para triunfar en su misión. No cabe duda de que este ladrón es muy creyente, de lo contrario no habría acudido al Creador en su plegaría. Esto sucede porque la fe por sí misma no nos mueve a sobreponernos a nuestras pasiones y a corregir nuestra persona. ¡Ni siquiera es capaz de frenar a un ladrón!

Hace algunos años recé en Estados Unidos en una sinagoga ortodoxa en la fiesta de Sucot. Cuando estaba rodeando el púlpito con el *lulav* y el *etrog* en mis manos, me confesó un abogado muy formado que estaba a mi lado: "Si mi banquero me viera con el *lulav* en mi mano, girando como si estuviera realmente loco, cancelaría el crédito de mi cuenta". Si este abogado hubiera tenido un poco de *daat*, además de un conocimiento intelectual del Creador, no habría efectuado esta observación. El solo hecho de habérsele ocurrido tal idea revela que no está del todo seguro de sus acciones, y que probablemente bajo presiones sociales o de tipo económico, dejaría de cumplir todos los preceptos que según él despertarían la burla de sus semejantes. Este abogado es sin duda creyente, pero su fe no posee la fortaleza suficiente como para ayudarlo a sobreponerse a sus preconceptos sociales, ignorando a sus detractores. Su fe no tiene el poder de discriminar entre el bien y el mal ni de deshacerse de este último. Sin duda, como a muchos otros, le falta el *daat*, la maravillosa sensación del Dios Viviente en lo más profundo de su ser, sensación que se fortalece y crece con cada precepto que realizamos.

Aclaramos más arriba que el propósito de este mundo es corregirlo a fin de ser gobernado por la Presencia Divina. El primer paso para concretizar este proyecto es el cumplimiento de los 613 preceptos, tal como aparecen en la Torá y en la Ley Oral. El cumplimiento de los preceptos inspira al hombre a estudiar, a ampliar su conocimiento y a elevarse espiritualmente. Una vez que el individuo decide cumplir con su obligación en su mundo, ya no será la misma persona. Existen subidas y bajadas, avances y retrocesos, pero ya no se puede quedar estancado; su alma bregará por lograr más y más, y es ella quien lo impulsará, como expresa el rey David: "Mi alma está sedienta de Ti" (*Salmos* 63), y "como la cierva anhela las corrientes de las aguas, así Te anhela el alma mía, oh Dios" (ibíd. 42). Evidentemente, este ímpetu interior difiere entre persona y persona ya que el alma de cada hombre tiene su propia raíz en los mundos superiores, y cuanto más elevada sea la raíz, mayor será el ímpetu y la aspiración de unirse y consagrarse a su Creador, procurándolo hasta saciar su ardiente deseo.

Algunos se conforman con cumplir los preceptos y comprender el motivo de su cumplimiento de acuerdo con lo expuesto en textos clásicos como el *Sefer Hajinuj*. Las explicaciones allí expuestas satisfacen a quienes buscan información general en lo referente al cumplimiento de los preceptos. Estos individuos rezan con devoción y estudian la Torá por el solo fin de estudiarla; en sus oraciones, en su estudio de la Torá y en el cumplimiento de los preceptos, se consagran al servicio Divino de todo corazón y se elevan en el estudio y el temor a Dios cada uno de acuerdo a la raíz de su alma.

Sin embargo, esto no es lo que ocurre con todos; algunos otros, además de cumplir estrictamente con los preceptos, buscan y ansían *conocer* al Creador. No se conforman con un enfoque superficial, sosteniendo que las historias de la Torá poseen un significado más profundo, tal como enseña el Zohar (*Behaalotjá*): "Desdichado el hombre que dice que la Torá viene a relatarnos simples historias". Es decir, la Torá oculta maravillosos secretos entre líneas, y nos fue otorgada para que conozcamos al Creador, lo reconozcamos y estudiemos Sus caminos. Por lo tanto, es difícil aceptar interpretaciones simples de las leyes y los preceptos de la Torá. El rabino Jaim Vital escribe en su introducción al *Etz Hajaim*: "Las interpretaciones simples de la Torá y sus relatos, leyes y mandamientos, en tanto simplificados, no revelan un reconocimiento o conocimiento del Creador. Por el contrario, ciertas leyes y reglamentos aparecen como irracionales... lo mismo que el detalle extremo de sus partes y modos. Y de ser así, ¿en qué se sustenta el esplendor de la Torá, su grandeza y su belleza?"

El judaísmo no prohíbe al hombre creyente formular preguntas sino al contrario, ya que existe respuesta a todos los interrogantes, en la medida en que las preguntas sean formuladas con inteligencia, y sólo por medio de ellas llegará aquel que las formula a conocer a Su Creador y Sus caminos. Las preguntas de una persona inteligente son aquellas que provienen de aquel que, a pesar de cuestionar, no deja que tales formulaciones lo arranquen del camino de la Torá, continuando con el cumplimiento de los preceptos y su estudio a pesar de enfrentarse y reconocer sus dudas.

Hoy en día vivimos atestados de información, y se formulan preguntas muy inteligentes, y las respuestas deben ser satisfactorias y convincentes para todos los niveles de la población. En las generaciones precedentes, antes de la aparición del judaísmo laico, el hombre religioso no estaba expuesto a la influencia del liberalismo ni de otras corrientes y de algún modo se encontraba protegido, vivía en el seno de su familia, y su marco de relaciones estaba circunscrito a personas de su misma idiosincrasia. Es obvio que en una época así no era indispensable la profundización de la Torá, y ésta y la fe unidas bajo un gran temor a Dios, se fue transmitiendo de generación en generación y de familia a familia. Sin embargo hoy en día es muy difícil encontrar respuestas que satisfagan a los jóvenes que en su mayoría han absorbido grandes porciones de humanismo secular y que, por otra parte, de un modo u otro, se sienten adheridos a un marco religioso o tradicionalista. Esta generación debe recibir las respuestas adecuadas antes que estos marcos se vean dañados.

¿Cómo hacerlo? La única vía posible es a través de explicaciones lógicas y racionales de los preceptos de la Torá, lo cual se logra estudiando el significado más profundo identificado con la Cábala. Dicho estudio nos brinda una sensación de expansión del conocimiento y de participación en el acto diario de renovación de la Creación. ¿Y por qué se logra esta sensación? Porque a través del estudio más profundo, el estudiante comprende que toda la Torá es la revelación de la voluntad Divina, y que el cumplimiento de los preceptos es lo que valida la existencia permanente del mundo. La sección del rezo diario: "El que renueva con Su bondad cada día el acto de Creación" recibe una connotación mucho más significativa. El estudio más recóndito de la Torá es el estudio de la Cábala, que logra desarrollar la "Torá revelada" al nivel de sabiduría Divina y confiere a cada aspecto de los preceptos contenido y lógica.

Dijimos ya que el propósito de la existencia humana en este mundo es servir a su Creador para, de este modo, rectificar el mundo y posibilitar el reinado de la Presencia Divina. Pero, si debemos corregirlo, ¿cuáles son sus imperfecciones? Y además, ¿de qué modo debemos servir al Creador? ¿Es que acaso Él necesita de nuestros servicio? ¿Qué logramos cumpliendo los preceptos? La Cábala responde a todos estos interrogantes de forma clara y comprensiva.

Para entender la diferencia entre quien cumple los preceptos partiendo de una comprensión superficial y quien los cumple después de haber profundizado en el estudio de la Cábala, haremos una analogía:

Un individuo mantiene durante muchos años una forma de vida muy saludable, controla su dieta, realiza gimnasia, evita el estrés, etc. Sin duda este individuo que gozó de muy buena salud poseía una larga lista de actividades que debía hacer y otra, más larga aún, de actividades de las cuales debió abstenerse. Con el tiempo despertó su curiosidad y quiso saber por qué cierto alimento le estaba prohibido, y por qué cierta combinación de alimentos resulta insalubre. También quiso conocer la función de las vitaminas y las enzimas en su cuerpo. Todo esto es muy importante para él porque su salud le es fundamental y, por lo que sabe, su vida depende totalmente de ella. Por lo tanto no cesará hasta estudiar la conformación de su cuerpo y su funcionamiento interno, no reposará hasta haber estudiado, leído y conocido la ciencia de la medicina, la bioquímica y la fisiología, e incluso completará sus conocimientos estudiando sicología. Al cabo de esta investigación, ya no le afectarán las limitaciones auto impuestas, porque habrá cobrado conciencia de lo que podría sucederle a su cuerpo si transgrediera las reglas de su estricto régimen de vida.

Con el transcurso del tiempo estudió qué alimentos contribuyen especialmente a la salud de su organismo, y a esta altura puede ya definir cada parte de su cuerpo y explicar cómo ciertos alimentos contribuyen a mejorarlas o dañarlas. Estudió también qué enfermedades atacan los órganos del cuerpo, y cuáles son los medicamentos necesarios para curarlas.

Aún si en el pasado estas restricciones lo preocuparon y llegó a cuestionar el valor y el sentido de las mismas, el estudio valió la pena porque ya no se siente más limitado. Ahora se siente feliz porque sabe que está haciendo lo correcto.

La analogía se aplica a una persona religiosa, de amplia cultura general, que suele sentir al cumplimiento de los preceptos como una carga y, a pesar de esto, sigue cumpliéndolos de modo automático. Mientras esté junto a personas de su misma línea religiosa no habrá confrontamientos, pero frente a extraños, se pondrá a la defensiva, porque incluso a sí mismo le resultará difícil explicar el rezo y los diversos ritos, como por ejemplo balancear el *lulav* durante la festividad de Sucot hacia los cuatro puntos cardinales. Este individuo cumple los preceptos no por convicción sino por costumbre.

Sin embargo, si esta misma persona estudiara con profundidad el sentido más hondo de la Torá y los preceptos, encontraría no sólo respuestas convincentes a sus cuestionamientos, sino que se aproximaría más al versículo que se refiere a "... contemplar la gloria del El Eterno y visitar Su templo" (Salmos 27).

Mencionamos antes que la Cábala responde a los interrogantes que se formula un joven intelectual. Muchos dicen que la Cábala se ocupa de espíritus, demonios, encarnaciones, etc. y que dicho misticismo no tiene cabida en una mente racional. Para fortificar sus argumentos reclutan a Maimónides que rechaza todo lo que a espíritus se refiere. Mas esto nada tiene que ver con la realidad. El rabino Moshe Jaim Luzzatto escribe en *Miljemet Moshé:* "La Cábala no es más que una explicación de cómo el sagrado Emanador ordenó las leyes del Poder Directivo, de cómo Él, Bendito Sea, genera y gobierna todo lo que acontece en Su mundo, con inmensa sabiduría". Los cabalistas hacen uso frecuente de las partes del cuerpo. Así, como dijo Job: "Desde mi carne percibiré a Dios". Utilizando la forma y las funciones del cuerpo humano, podemos ver cómo fue realizado todo a la Imagen de Dios. El hombre es un microcosmos y por eso nos provee de analogías para compararlo con todos los mundos, para poder explicar los secretos de la realidad ocultos a nuestros sentidos (*Shomer Emunim HaKadmón 27*).

La Cábala posee un lenguaje particular y por eso todo individuo que desee comenzar la lectura de los escritos del Arí Hakadosh o del Zohar, simplemente se confundirá. El lenguaje cabalista explica cada estadio de la creación del mundo, el acto de la Creación y la ascensión de la Carroza Divina en sus más minuciosos detalles, pero esta terminología no describe a la realidad material sino a las raíces espirituales del mundo. Toda ciencia posee su propio vocabulario. Los científicos no podrían comunicarse si no poseyeran un lenguaje en común y cuanto más se desarrolla una ciencia tanto más se desarrollará su glosario particular. Por ejemplo, un enfermo puede describir con sus propias palabras el dolor que lo afecta, pero el médico puede definir con mayor precisión el lugar y el origen del dolor, ya que posee los medios, o sea, el lenguaje de la medicina.

Lo mismo sucede con la Cábala. Tomemos como ejemplo al rezo. La Cábala explica el rezo como una escalera espiritual, cuya base es el comienzo del rezo y la cima su fin. Todo el rezo se divide en cuatro partes, donde cada una cumple una función especial. Estas nociones de niveles espirituales son imposibles de ser explicadas o descritas si carecemos del idioma adecuado.

Cabe preguntar: ¿Por qué tan poca gente se preocupa por todo esto? A mi entender, la respuesta es simple. Nuestra vida se rige a dos niveles, el material y el espiritual. El plano material demanda sus necesidades por medio del cuerpo, y la satisfacción o falta de ella se percibe fácilmente. Si uno no come, estará hambriento. Si no respira, se asfixiará. Si no gana dinero, no podrá mantenerse. Naturalmente invertimos gran cantidad de tiempo en satisfacer las demandas corporales; más aún, nos esforzamos en alcanzar un confort cada vez superior. Por lo tanto, la mayoría de la gente pasa la mayor parte de su tiempo gratificando sus necesidades materiales.

Por el contrario, el plano espiritual está oculto. Sólo en unos pocos individuos la autoexigencia de espiritualidad surge por sí misma. Si no fuera por la contemplación, la profundización y la necesidad de encontrarle un sentido a la vida, buscaríamos solamente nuestro bienestar físico. Sólo cuando una persona logra cierto nivel de tranquilidad, y se libera del hambre y otros deseos, puede examinar su contorno y asombrarse de las maravillas del Creador. Entonces comienza a despertar en él el plano espiritual, exigiéndole sus demandas. Puesto que el hombre posee libre albedrío, y las fuerzas espirituales están compuestas del bien y del mal, debe luchar para sobreponerse al mal y someterlo a su voluntad. Resulta que el plano espiritual exige un mayor esfuerzo que el material en todos los ámbitos.

Espero que este libro provoque un cambio en el orden de prioridades de quienes lo estudien y un despertar en el campo espiritual.

PREFACIO

El estudio de la Cábala posee muchas dificultades. Ella se ocupa del plano espiritual y abstracto, y trata temas que están más allá de lo que vivenciamos a diario. En ella no sólo los conceptos difieren de los que estamos acostumbrados a usar, sino que también la actitud que toma el "cabalista" con respecto a nuestro entorno es diferente a la habitual. El modo de pensar de la Cábala es tan distinto a lo común, que quien la enseñe debe utilizar ejemplos de modo muy frecuente.

Esto se debe a que desde muy temprana edad nos enseñaron a relacionarnos con las cosas como productos ya elaborados y a no compenetrarnos en el proceso de realización. Cuando compramos un auto o una casa, no nos interesa saber cómo fue fabricado el auto o cómo se construyó la casa, y mucho menos cuáles fueron los motivos que impulsaron a los constructores o fabricantes a realizarlos. Sólo tomamos en cuenta la calidad, el precio y si este auto o casa pueden llenar nuestras expectativas.

La Cábala, por el contrario, se ocupa básicamente de las etapas de la creación que precedieron a la creación del mundo tal como lo conocemos. La Cábala se ocupa del trasfondo, de la base sobre la que se sustenta la creación, el plan y el objetivo de ésta. Es difícil acostumbrarse a esta actitud y a pensar de una manera tan diferente, y es por eso por lo que usamos tantos ejemplos a fin de facilitar la comprensión de estos nuevos conceptos.

Además, fuimos educados para comprender el material que estudiamos. Desde el jardín de infancia enseñamos a los niños a preguntar y comprender lo estudiado. La enseñanza se basa comúnmente en la demostración o comprobación. Por ejemplo, para enseñar la suma o resta en matemáticas, lo demostramos usando reglas o dibujos. Cuando enseñamos geografía, para explicar conceptos como valles y montañas, utilizamos cajones de arena, formando montículos. Esto se basa en el supuesto de que nada existe en nuestra mente que no haya sido experimentado anteriormente por nuestros sentidos. La consecuencia es que hasta tal punto confiamos en ellos que creemos que el objeto sólo existe si lo vemos, o sea, que únicamente los sentidos son los que confirman la realidad de las cosas.

Entonces, ¿cómo podemos considerar a una disciplina cuyo eje central gira en torno a temas que van más allá de los sentidos y que incluso trascienden nuestro intelecto? En la Cábala se habla sobre mundos y niveles espirituales, uno más elevado que el otro; supuestamente se está hablando de misticismo, cosa que nunca podremos comprender en los términos antes descritos. Más esotéricos aún son los conceptos utilizados por el Zohar y el Ari Hakadosh, tales como el abrazo, beso, copulación, etc., utilizados todos con significado espiritual. Es sumamente difícil comprender cómo se conectan tales acciones con una disciplina tan pura y sagrada como la Cábala.

También su sistema de estudio es problemático. Las dificultades que se presentan a quien la estudia no residen sólo en la captación de nuevos conceptos, sino en la comprensión de la estructura general y el poder abarcar todo en un complejo organizado. Para comprender los principios de la Cábala es necesario ver una Imagen totalizada, y por otra parte, para percibir una Imagen conjunta, se debe comprender cada concepto por sí mismo.

Esto es similar al caso de un hombre que nunca en su vida vio un reloj. Cuando le muestren las partes del reloj desarmado y le expliquen la función de cada una, y cómo está ligada una pieza a la otra para realizar en conjunto su función, o sea, señalarnos la hora, este señor no entenderá realmente de qué se le está hablando hasta que no vea el reloj funcionando. Sólo entonces podrá conectar entre las piezas y el todo.

Al principio la Cábala parece dificultosa, pero considerando el tema seriamente, comprobaremos que es inteligible y accesible. Como a un nuevo idioma, también a éste debemos acostumbrarnos. Aunque los términos empleados por la Cábala parezcan incomprensibles, si el alumno es consciente de los límites de su intelecto, aprenderá a percibir también la realidad intangible y se acostumbrará a confirmar la existencia de las cosas no sólo por medio de los sentidos sino a través de su inteligencia al nivel de su percepción espiritual.

Vamos a dar un ejemplo: sabemos que existen astros a una distancia incalculable de nosotros, y que dichas distancias se miden por años luz. Un astrónomo ve una estrella a través de su telescopio y hasta puede fotografiarla. Este señor tiene la certeza de que la estrella existe y sin embargo los cálculos matemáticos indican que la misma se desintegró mucho tiempo antes. Debido a que la estrella se encuentra a una distancia de varios años luz, lo que el astrónomo logra ver es sólo el reflejo de ésta desplazándose a la velocidad de la luz. Aquí tenemos un ejemplo de cómo nuestros sentidos pueden confundirnos y cómo solamente nuestra inteligencia puede aseverarnos la verdad. La realidad se determina por la mente y no por los sentidos.

La Cábala habla de la esencia de las cosas. Cuando quien la estudie sea consciente de los límites de su percepción mental y acepte la realidad sin conocer a fondo su esencia, esta humildad y modestia le permitirá triunfar en dicha disciplina.

Comenzaremos exponiendo los conceptos fundamentales de la Cábala que nos ayudarán a acostumbrarnos a un nuevo modo de pensar. Hablaremos sobre el concepto de voluntad y lo dividiremos en voluntad Divina y voluntad humana. Citaremos al Ari Hakadosh, bendita sea su memoria, y de aquí pasaremos al concepto de luz e iluminación, al principio de la conexión entre los mundos, luz y recipiente, materia y forma, los mundos de la Emanación, Creación, Formación, Acción, etc. Luego nos centraremos en el lenguaje de la Cábala, para aprender el uso del concepto de *sefirot*. El estudio de este libro puede facilitar al lector el acceso a la lectura del Zohar.

1ª PARTE

I
LA VOLUNTAD

LA VOLUNTAD HUMANA

El concepto de "*ratzón*" (voluntad) posee un profundo significado dentro de la Cábala, mucho más amplio del conocido. Tomemos el ejemplo de un hombre que compra una casa cuya construcción está a punto de ser finalizada. A éste nivel lo antecedieron otros; hubo un nivel de planificación al que precedió otro nivel en el cual se pensó realizar dicha construcción, es decir, que se estableció el objetivo de la misma. Se consideró si la casa se utilizaría como vivienda privada o con algún otro fin, pero al nivel de planificación lo precedió otro: la voluntad de construir la casa. Si hacemos un orden en los niveles por los que pasó este proceso, veremos que el primer nivel es la voluntad (*ratzón*) de construirla, el segundo es el pensamiento de dicho plan, es decir, la reunión de todos los datos y las opciones para las que puede ser utilizada dicha construcción, y el último nivel es el de la implementación, el cual puede ser definido como la aplicación de la potencia al acto. En los niveles de "voluntad" y "pensamiento" la casa existe sólo "en potencia", mas en su implementación se convierte dicha vivienda en realidad: "en acto".

Si observamos a nuestro alrededor veremos que toda la realidad atravesó este mismo proceso. Cuando un hombre construye una casa, una fábrica, pavimenta una calle o efectúa tareas simples como escribir una carta o preparar una cena, existe en todo ello un cierto orden, un pasaje gradual y constante de dichos pasos:

1. La voluntad de obrar.

2. El pensamiento, que abarca los niveles de acción y sus propósitos.

3. La realización de la idea, es decir, su implementación.

Voluntad y capacidad

Formulemos la siguiente pregunta: si un hombre realiza una acción, ¿podemos sacar a partir de la misma alguna conclusión con respecto a su capacidad? Por ejemplo, si un ingeniero construye un puente pequeño y estrecho, ¿sería correcto considerar que dicho ingeniero es incapaz de construir un puente mayor y más ancho? Por supuesto que no, porque lo más factible es que en ese caso era necesario un puente angosto y pequeño, pero si se requiriera un puente grande y amplio, sin duda podría construirlo. En otras palabras, de este hecho resulta imposible estimar la capacidad del ingeniero, pero sí accedemos a su "*ratzón*", es decir, a su voluntad: él quiso o tuvo la voluntad de construir específicamente ese puente, porque, en caso contrario, no lo habría construido.

En todos los casos, la voluntad implica lograr un objetivo determinado, y es precisamente dicho objetivo el que a su vez limita a la voluntad. En nuestro caso el ingeniero quiso construir un puente estrecho y así lo construyó de acuerdo a este fin, aunque estuviera capacitado para hacer un puente mucho mayor.

Para resumir:

a) De acuerdo con su acción podemos conocer la voluntad del individuo.

b) A través de sus actos no podemos reconocer la magnitud de su potencial.

c) El objetivo y el fin que desea alcanzar el ingeniero por medio de su labor son los que limitan su voluntad y su acción.

DOS ASPECTOS DE LA VOLUNTAD

Hemos expuesto dos aspectos de la voluntad:

1. lo que el ingeniero podría haber deseado,
2. lo que el ingeniero en realidad quiso hacer.

El primer aspecto es el máximo al que puede llegar el ingeniero, es decir, el máximo de su capacidad. El segundo es su capacidad limitada, es decir, que lo que realizó, en la práctica, no es todo lo que podría haber hecho en potencia, de acuerdo a su capacidad.

LA CREACIÓN DEL MUNDO:
REVELACIÓN DE LA VOLUNTAD DIVINA

Hasta aquí nos referimos a la voluntad del hombre y a su creatividad. Pasemos a considerar la voluntad y creatividad Divina. El mundo en el cual vivimos y que ha sido creado en seis días, ha atravesado también los niveles anteriormente expuestos. Al principio existió la voluntad Divina de crear el mundo. La voluntad, al igual que el pensamiento, es algo oculto, conocido sólo por su dueño. La voluntad del hombre es su pura esencia, y ésta puede revelarse y expresarse de tal modo que los otros la conozcan e incluso la compartan con él. Cuando construimos la casa se dio a conocer nuestra voluntad, y de este modo pasó la voluntad de lo oculto a lo manifiesto, y de la potencia al acto. De modo similar la creación del mundo es una revelación de la Voluntad del Creador, es decir, que a través de la creación del mundo se revela que hubo una voluntad precedente de crearlo.

No podemos sacar ninguna conclusión sobre la capacidad Divina basándonos en Su Creación. Más aún: si creemos que la capacidad Divina y Su voluntad son infinitas, nada Le impediría crear otro mundo, mejor aún y más perfecto. Pero si a pesar de todo Él creó el mundo tal como es, se debe a que limitó Su voluntad en función de Su objetivo. Vemos así que Dios limitó Su voluntad y conformó el mundo no de acuerdo a Sus facultades sino que Se impuso una auto-limitación con el objeto de crear el mundo acorde a Su propósito.

LA VOLUNTAD SIMPLE (*Ein Sof*) Y LA VOLUNTAD LIMITADA

Tenemos aquí dos aspectos de la voluntad Divina: a) la voluntad Divina ilimitada, b) la voluntad Divina limitada. Al primer aspecto los cabalistas lo denominan voluntad simple o *Ein Sof,* infinito; y al segundo lo llaman *sefirot,* emanaciones. Es decir, El Eterno creó un mundo limitado a través de su voluntad limitada o *sefirot*. El tema de las *sefirot* es fundamental en la comprensión del estudio de la Cábala y más adelante le dedicaremos un capítulo especial, pero señalaremos aquí que las *sefirot* pueden ser definidas como segmentos de la voluntad limitada. Es decir, la creación del mundo es la manifestación de la voluntad divina de crearlo. El Eterno quiso crear un mundo carente y defectuoso para que los seres humanos, dotados de libre albedrío, corrijan su imperfección a través del servicio al Creador. Si hubiese creado el mundo de acuerdo con Su magnitud y omnipotencia, el mismo sería perfecto y no cabría lugar para el trabajo espiritual del hombre. En otras palabras, el Creador reveló sólo su voluntad y su capacidad limitadas.

Además el Creador quiso expresar Su voluntad limitada gradualmente, revelación tras revelación. Las diez *sefirot* son los poderes a través de los cuales El Eterno creó los mundos, y ellos son el instrumento a través del cual se revela Su voluntad limitada, y por medio de quienes creó un universo limitado e imperfecto.

Debemos hacer hincapié en que todo nuestro estudio gira únicamente en torno a la voluntad limitada, ya que de ningún modo podemos entender ni aprehender en absoluto a la voluntad simple, la voluntad ilimitada del Creador. Más aún, tenemos prohibido investigar y ocuparnos de este tema, sobre el cual se dijo: "No investigues lo que sobrepasa tu capacidad".

El Zohar califica a la voluntad simple divina como la voluntad de todas las voluntades, la fuente y raíz a partir de la cual serán reveladas todas las voluntades en sus más ínfimos detalles. La voluntad simple, el *Ein Sof*, es la raíz de todo lo que se conformó en el pasado, de lo que existe ahora y de lo que se manifestará en el futuro, es decir, el *Ein Sof* incluye en sí a la realidad entera.

Para aclarar un poco esta idea usaremos un ejemplo. Cuando hablamos de infinito en términos matemáticos nos referimos a un número que no tiene mayor que él. Sin embargo, los cabalistas se refieren al concepto de infinito de un modo diferente. El número infinito es aquel ante el cual todos los otros números son nulos, tal como el cero se anula frente a cualquier cifra. Incluso el infinito menos uno es nulo frente al número infinito, tal como el cero es nulo frente al infinito. Toda la realidad es nula frente a la voluntad simple, el *Ein Sof*.

Llegados a este punto explicaremos un versículo de *Salmos* (113:5): "¡Quién como El Eterno, nuestro Dios, que mora en las alturas, se reclina a contemplar el cielo y la tierra!". La grandeza y el poder divinos son tales que frente a ellos, el cielo y la tierra son totalmente nulos y carentes de sentido. Esta es la respuesta a quienes alegan que el Creador presta atención y cuida solamente a las creaciones más elevadas pero no se ocupa de los seres inferiores, como por ejemplo el hombre. Esta es una alegación absurda, porque en comparación con la grandeza del Creador, el Infinito, tanto lo grande como lo pequeño son nada ante Él. Por el contrario, la grandeza del Creador se expresa en que considera y supervisa a todos por igual, y esto es lo que expresamos en nuestros rezos de las Altas Fiestas, *Rosh Hashaná y Iom Kipur:* "Quien iguala a grandes y pequeños con equidad".

LA DIFERENCIA ENTRE LA VOLUNTAD DIVINA Y LA HUMANA

Podemos diferenciar entre la voluntad Divina y la humana en varios aspectos:

1. La voluntad del hombre aparece siempre en conexión con un cierto fin, y es este fin el que la limita; la voluntad divina, por el contrario, es ilimitada.

2. La voluntad humana es sólo una etapa en el proceso de manifestar la potencia en acto y realizar una acción es el último eslabón y el momento más culminante de todo el proceso. Pero no basta con la voluntad, pues ella por sí

misma no concretará nada. Es la acción quien concretiza la idea. Desde esta perspectiva, es preferible el nivel de "acto" al nivel "potencia", pero en la voluntad Divina no sucede así. La voluntad Divina es la realidad misma, y cuando tal voluntad se despierta para hacer alguna acción, simultáneamente con el pensamiento se concretiza la acción. La voluntad Divina incluye en sí la "potencia" y el "acto" como unidad.

Es difícil aceptar estas ideas porque estamos acostumbrados a considerar que la voluntad es algo abstracto, un concepto mental, y ¿cómo puede ocurrir que una cosa sea realizada sin la intervención de una acción? El Rey David dijo al respecto: "Él dijo y fue, ordenó y se sostuvo" (*Salmos* 33:9). Asimismo el Talmud, en el Tratado de Padres (*Pirkei Avot*) expresa: "A través de diez locuciones se creó el mundo", es decir, con la sola palabra.

Para facilitar la comprensión de esto tomemos un ejemplo: cuando el amo ordena a su fiel esclavo mover un objeto de un lugar a otro, es visible la pausa entre la orden dada y la acción realizada, entre el pensamiento del amo y la acción del esclavo. Sin embargo, cuando el amo quiere mover el objeto por sí mismo, no captamos esta pausa sino que inmediatamente al surgir la idea en su mente, su mano se mueve y efectúa la acción. Así sucede con el hombre: cuando quiere pronunciar una palabra, simultáneamente al deseo de hablar se ponen en acción los órganos necesarios y sale la voz. Esto se debe a que el hombre contiene dentro de sí tanto la voluntad como los órganos apropiados, y ellos se convierten en una realidad unificada, a diferencia del pensamiento del amo y la acción del esclavo.

La realidad entera está incluida en la esencia Divina, y así como inmediatamente al despertarse la voluntad en el hombre se ponen en funcionamiento sus órganos, así es como al surgir la voluntad divina, inmediatamente ésta se torna en existente.

En los escritos del Ari Hakadosh encontramos conceptos que se repiten con suma frecuencia, tales como "cuando se despertó en Él la simple voluntad de crear..." o "en efecto cuando se elevó en Su simple voluntad conformar mundos y activar Su potencial..." Es de resaltar que el Ari no escribió "cuando Dios creó" sino "cuando Le surgió la voluntad". Significa que es suficiente la voluntad Divina para formar y conformar todo, y cuando digo que el Creador "quiso" es equivalente a la afirmación "hizo".

Existe además otra diferencia fundamental: en el hombre, después de realizar una acción voluntaria, desaparece toda relación entre esa persona y su creación. Si un carpintero construye una mesa, ésta seguirá existiendo y cumpliendo su cometido aún después de su muerte.

Este no es el caso de la voluntad Divina. Esta voluntad no sólo actúa, forma y crea el objeto a partir de la nada, sino que continúa preservándolo y manteniéndolo. En el momento en que la voluntad Divina no quiera seguir manteniéndolo, dicho objeto dejará de existir.

II
LUZ E ILUMINACIÓN

La voluntad del Creador se revela por medio
de la iluminación espiritual

Señalamos anteriormente que el propósito de la Creación es corregir el mundo, y que esto es factible bajo el reinado del Todopoderoso; dijimos, además, que dicha corrección se hará a través del libre albedrío sirviendo a Dios. Por un lado reconocemos la voluntad Divina y por otro a sus criaturas, a quienes se encomienda cumplir Su voluntad.

Cuando una persona desea expresar su voluntad lo hace hablando, escribiendo, etc., pero ¿cómo hace el Creador para revelar Su voluntad a los seres humanos? ¿Cómo sabrán Sus criaturas qué deben hacer y cómo deben comportarse? La respuesta a este interrogante es que la voluntad del Creador se revela a través de iluminaciones que envía a los hombres. La explicación más simple del concepto iluminación (*heará*) es el de una sensación interna de guía espiritual que proviene de una fuente superior.

Los grandes sabios de la Cábala explican que la voluntad Divina llega a sus criaturas como destellos o rayos de luz. Los cabalistas utilizan términos como "luz" o "iluminación" para describir la voluntad del Creador que es enviada desde Su propia fuente hacia Sus criaturas.

Así como en el mundo material la luz es la fuente y el origen y la iluminación es lo que procede de una fuente de luz, lo mismo sucede en la Cábala. A la esencia de la voluntad

Divina la llamamos "luz", mientras que a la voluntad irradiada por el Creador la denominamos "iluminación". Por ejemplo, la luz de la vela es la luz mientras que la iluminación es la que emana de la luz de la vela. Conclusión: la Luz Infinita, *Ein Sof*, es la esencia misma, y la iluminación es lo que se desprende y sale de ella.

Los cabalistas decidieron utilizar conceptos como "luz" e "iluminación" por varios motivos. Ante todo, se trata de conceptos abstractos que sirven para expresar ideas ligadas a la voluntad Divina. Además, la iluminación que conocemos en el mundo físico posee cualidades similares a la iluminación espiritual. Por ejemplo, la luz sale de su fuente sin separarse de ella, y continúa recibiendo su esencia de ésta. Si la lámpara se apaga también la iluminación cesará. Esta cualidad no existe en la naturaleza, ya que todo objeto posee su propia existencia y es independiente de su origen. Si arrancamos una flor ésta se marchitará pero no desaparecerá. La luz es un ejemplo familiar a todos nosotros como algo conectado intrínseca e ininterrumpidamente a su raíz, y es por eso por lo que los cabalistas eligieron describir la Emanación de la voluntad Divina como "iluminación" y a su Fuente como "luz".

LA ILUMINACIÓN SE CONVIERTE EN LUZ-REVELACIÓN DE LA VOLUNTAD DIVINA

Todos sabemos que la luna refleja la luz que recibe del sol, es decir, que el sol es la fuente de luz y la luna su iluminación. Esto es cierto comparando la luna en relación al sol, pero a veces el hombre utiliza la luz de la luna como fuente de luz. Si ponemos un espejo frente a la luna el espejo reflejará sus rayos de luz. O sea que en relación a esa luz que se refleja en el espejo, la luna constituye su fuente.

Tomemos un ejemplo más: un maestro que enseña a su alumno y le irradia sabiduría es considerado la fuente del conocimiento que adquiere el alumno. En comparación con el maestro se considera al alumno el receptor de la sabiduría. Si este alumno por su parte le enseña a otro, se transforma de receptor de la iluminación en fuente de luz. En términos cabalísticos, el conocimiento –iluminación– que emanó del maestro (fuente de luz en relación a su alumno) pasó a ser fuente de luz cuando el alumno se tornó en maestro de otros estudiantes.

Analógicamente, la iluminación espiritual que llega al hombre, que es la expansión o Emanación de la voluntad Divina, proviene de una fuente espiritual elevada, la que a su vez proviene de otra más excelsa y así sucesivamente. El origen de todos los orígenes es la Luz Infinita *Ein Sof*, fuente y origen de todos los deseos, fuente de la realidad en su totalidad, de la cual emanan todas las irradiaciones (iluminaciones) posibles. Es decir, la voluntad emana desde el infinito y se manifiesta revelación tras revelación, paso a paso, tal como el saber del maestro se manifiesta gradualmente desde el alumno de más alto nivel hasta el del nivel que lo subsigue y así sucesivamente. Como vimos previamente, la expansión de la voluntad Divina se manifiesta por medio de las *sefirot*, es decir que éstas son la revelación de la voluntad de Dios. Cuando el Rey David expresó su deseo de conocer a Dios dijo: "Envía Tu luz y Tu verdad y ellas me guiarán" (*Salmos* 43:3), y dijo también: "En Ti la fuente de luz, a través de Tu luz veremos la luz" (*Salmos* 36:10). En resumen: la iluminación espiritual constituye la revelación de la voluntad Divina y la Emanación de la misma. Y más aún, en la iluminación misma se encuentra la acción del Creador ya que Su voluntad es Su misma acción. Por eso, términos como "luz" e "iluminación" son tan usados en los escritos cabalistas.

PERCEPCIÓN INTELECTUAL Y PERCEPCIÓN SENSORIAL

Existen dos tipos de percepción, a través de la mente o por medio de los sentidos. La percepción sensorial incluye todo lo que aprehende el hombre por medio de sus cinco sentidos. La percepción intelectual abarca todo lo que capta el ser humano a través de su intelecto, sin hacer uso directo de sus sentidos. Por ejemplo, cuando alguien acerca sus manos al fuego comprende el concepto de calor utilizando su sentido del tacto. Luego, cuando dicho individuo escuche que se ha producido un incendio, concluirá que en el lugar del incendio hará mucho calor. Esta información o percepción mental, se denomina aprehensión mental. (De hecho no tenemos una percepción mental pura, ya que toda conclusión a la que lleguemos incluirá de un modo u otro nuestra experiencia física, basada en nuestros sentidos).

La percepción intelectual es más veraz que la sensorial, porque los sentidos pueden engañar al hombre, tal como muchos ejemplos lo comprueban. Sin embargo, desde la niñez se nos acostumbra a basarnos y a confiar en ellos porque en esta etapa de la vida la percepción intelectual no está suficientemente desarrollada. Esta es la razón por la que damos más fe a nuestros sentidos.

LA FUENTE DE LA PERCEPCIÓN INTELECTUAL ES EL ALMA

Todo lo que percibe el hombre, en el área que sea, se realiza a través de lo que llamamos la "iluminación mental". Esto significa que la fuente del intelecto, denominada "luz mental", envía resplandores, destellos intelectuales, de modo que lo estudiado se torna más claro y fácil de comprender. Todo alumno experimentó el proceso de esforzarse por comprender un tema sin éxito, y de repente le surge una idea que aclara todo. Este resplandor intelectual proviene del intelecto, fuente inagotable de destellos intelectuales que nos permite comprender y sacar conclusiones correctas incluso en las áreas a las que los sentidos no tienen acceso.

Toda persona posee una "fuente de intelecto" y los sabios cabalistas consideran al alma como el asidero de la mente. Ahora podemos entender por qué el hombre no puede captar por sí mismo la naturaleza de su alma, porque ésta se encuentra por encima del nivel perceptible del ser humano, más allá de la mente. No obstante, aunque no podamos comprender su esencia podemos reconocer su existencia.

III
LA CONCATENACIÓN GRADUAL

CAUSA Y EFECTO

Desde nuestra percepción, la razón y la causa son lo mismo, al igual que el resultado y el efecto. La razón y la causa son lo que genera una cierta realidad, y dicha realidad es el resultado o el efecto.

Cuando examinamos los atributos de la luz, hallamos que la iluminación que brilla desde la fuente puede transformarse y convertirse en fuente de luz por sí misma. Un ejemplo de esto podemos percibirlo en los rayos de sol al tocar la luna; ésta percibe los rayos y refleja luz como si proviniera de ella misma. A su vez los rayos de luna se topan con otros cuerpos u objetos, receptores que pasan a ser también nuevos reflectores, y así sucesivamente. El sol es la causa primera en este proceso de desarrollo o, podríamos llamarlo también la causa originaria. Los rayos del sol son consecuencia de la causa primera (el sol). Tenemos entonces ante nosotros un ejemplo de causa y efecto. Los rayos de sol actúan como causa cuando se topan con la luna, y la luz de la luna es el efecto o resultado de los rayos de sol. La luz de la luna se torna en causa generadora cuando refleja su luz en un espejo, que a su vez brilla e ilumina gracias a los rayos de la luna, y así sucesivamente. Otro ejemplo es cuando el maestro enseña a su alumno, siendo éste, el maestro, la causa de la sabiduría del alumno, y cuando dicho alumno enseñe a otro alumno se convertirá en el causal o generador de la sabiduría del nuevo aprendiz, y así sucesivamente.

El común denominador en ambos ejemplos es que la causa contenía en sí al efecto, de modo que en éste no puede haber nada que no se encuentre ya en la causa. De hecho, la única diferencia que existe entre causa y efecto es la medida, y no la esencia. En otras palabras, no existe una diferencia esencial entre la luz de la luna y la que proviene del sol; sus cualidades se asemejan, aunque desde el punto de vista cuantitativo existe una gran disparidad. En el ejemplo del maestro, desde la perspectiva esencial del conocimiento, tanto la sabiduría del maestro como la del alumno provienen de la Torá, cuyo origen es celestial, pero la diferencia es cuantitativa. Hemos expuesto aquí ejemplos de concatenación gradual, concepto fundamental en el estudio de la Cábala.

En el lenguaje cabalístico definimos la realidad como una "concatenación gradual" proveniente de otra, solamente cuando se cumplen las condiciones anteriormente expuestas. Es decir, nada hay en el efecto que no esté presente en la causa ni viceversa. Debemos enfatizar la palabra "gradual", ya que existe una concatenación que no lo es.

Utilizaremos esta definición para analizar lo que nos sucede a diario. En cada acción que realiza el hombre se genera un proceso cuyo inicio es su propia voluntad y el final es la acción. Prácticamente todas las etapas del proceso están contenidas en la voluntad, pero éstas se suceden paso a paso. Dijimos que la primera etapa es la voluntad. Por ejemplo, la voluntad de comer un pastel. En el próximo paso este sujeto planea el modo de conseguirlo; en el siguiente se entusiasma y se imagina el placer que tendrá al comerlo; posteriormente irá a comprar dicho pastel y en el subsiguiente paso lo comerá.

En este ejemplo la voluntad de comer el pastel ya incluía todo el proceso y por eso es el elemento causal de todo lo que sucedió. Cada paso se encuentra incluido en su predecesor, sólo que éste se revela de la manera apropiada. La voluntad es general y el cuerpo humano no posee los elementos para revelarla. Por su parte la mente es quien posee los medios para descubrir el nivel de planeamiento, es decir, que la planificación y el pensamiento se efectúan y devienen realidad en la mente. El próximo paso se da en el corazón, instrumento del sentimiento y el entusiasmo. El paso siguiente se manifiesta en los pies que permiten al hombre moverse y el último es el de la acción, que se manifiesta en todo el cuerpo. Cada paso del proceso es el generador o causa del paso subsiguiente, mientras que el resultado o efecto pasa a ser causa del próximo paso. Más adelante definiremos este proceso de causa y efecto en términos de *sefirot*, y veremos cómo ellas mismas se ligan unas a otras en forma concatenada de causa y efecto.

La concatenación de causa y efecto existe únicamente en el plano espiritual, mientras que la existencia material es generada *ex-nihilo*, es decir, a partir de la nada. Esta concatenación de causa y efecto, o razón y resultado, se aplica sólo al campo espiritual o al plano intelectual. En este aspecto podría decirse que un nivel está incluido en su precedente, así como la velocidad de 40 km. por hora está ya incluida en la de 100 km. por hora. Pero, por el contrario, esto no es lo que sucede en el mundo material, en el que no podemos afirmar que un objeto es realmente causa de otro, ya que uno no contiene ni incluye al otro, sino que toda realidad material es única y dotada de cualidades propias que no existen en ninguna otra.

No puede afirmarse que en el plano físico una realidad se desarrolla a partir de la otra, gradualmente, sino que toda realidad es una creación *per se*, proveniente de la nada. Se suele categorizar a la realidad en cuatro grupos, cada uno superior al otro: inanimado, vegetal, animal y humano. No podemos afirmar que el ser humano es la causa del mundo animal, ni que el mundo animal es causal del mundo vegetal, ni éste del inanimado. Esto se debe a que cada grupo posee características que no se encuentran en las demás, sin mencionar que los miembros componentes del grupo son diferentes de los otros.

Más adelante trataremos este tema, ya que es un principio fundamental en la enseñanza de la Cábala y en la fe judaica. Por eso se rechaza completamente la teoría de la evolución.

IV
LA VOLUNTAD DEL CREADOR: RAÍZ DE TODA LA REALIDAD

TODO LO EXISTENTE TIENE UN ORIGEN ESPIRITUAL

El supuesto básico de la Cábala es que toda realidad, desde la criatura más insignificante hasta la más desarrollada, tanto en su conformación como en la continuación de su existencia, depende de la voluntad del Creador. En términos simples: todo lo que vemos y también lo que no vemos a nuestro alrededor, todos los acontecimientos del presente, pasado y futuro provienen de la voluntad Divina, y la continuidad de su existencia depende pura y exclusivamente de Su voluntad. La voluntad del Creador es la fuerza espiritual, raíz y base de todo lo creado. Y no estamos hablando en este caso de la voluntad en general, sino que estamos refiriéndonos a que cada realidad concreta tiene su propia fuerza espiritual que le da existencia y la mantiene viva. Esta fuerza específica, la voluntad Divina particularizada, es la raíz de dicha realidad y ésta absorbe su fuerza para continuar existiendo a partir de esta raíz.

En el "pensamiento" Divino de la Creación estuvieron comprendidas todas la posibilidades y todos los sucesos que habrían de acontecer durante los seis mil años de existencia de este mundo, y en dicho pensamiento se prepararon todas las raíces, es decir, las fuerzas espirituales.

He aquí un texto que servirá para aclarar estos conceptos:

"Se sabe que toda cosa que existe en el mundo inferior posee una raíz en los mundos superiores, cada hierba tiene una estrella a la cual un ángel da la orden para que crezca. De igual modo en las cuatro categorías: inanimado, vegetal, animal y humano, todo tiene su raíz en los mundos superiores, y toda cosa dotada de alma viviente, como ser los animales domésticos, los animales salvajes y las aves, tienen su origen en los animales sagrados de la Carroza *(Merkavá)*. Cuando el hombre se dedica al estudio de la Torá y al cumplimiento de los preceptos divinos, apega y conecta todo con su raíz superior y atrae influencia y vitalidad de arriba hacia abajo. Cuando un hombre justo come su alimento con santidad y pureza, apega cada alimento con su raíz correspondiente.

... Todo ser existente en la Tierra, como los animales domésticos y las aves, tienen como base a los animales sagrados antes mencionados. El origen de las fieras es el león del carruaje Divino, el de los animales domésticos el toro y el de las aves el águila, todos provenientes de la *Merkavá* o Carroza Sagrada, y el hombre es quien conecta todo con sus raíces superiores. A eso se refiere el profeta Ezequiel en "que tenían apariencia humana". El león es el más valiente de los animales, y se caracteriza por tener fortaleza. Y por eso se lo ubica a la derecha.... La cara del toro se ubica a la izquierda, y a pesar de ser el toro el más fuerte de los animales domésticos, no es comparable su fuerza a la del león, por eso se encuentra a la izquierda ya que su característica está pacificada. La cara del águila corresponde a Jacob, cuya característica es la absoluta misericordia –*rajamim*–, todo se apacigua por medio del justo, quien conecta todo con su raíz superior y atrae a las fuerzas espirituales superiores de los animales sagrados para que influyan en los mundos inferiores" (*Maor vashemesh, parashat Tazria*).

TODAS LAS RAÍCES ESPIRITUALES
ESTÁN INCLUIDAS EN LAS DIEZ SEFIROT

Cuando hablamos sobre el pensamiento de la Creación, nos referimos al mundo de Atzilut, en el que se dispusieron las raíces de todo lo referente a nuestro mundo. A continuación explicaremos el concepto de mundo de Atzilut, pero por ahora diremos que en el pensamiento de la Creación, ubicado en el mundo de Atzilut, se establecieron las leyes y el orden de esas raíces en cuanto a su cantidad y calidad. Su forma de regir el mundo fue determinada en el pensamiento Divino mismo, y veremos posteriormente, en el capítulo que trata sobre las *sefirot*, cómo es que El Creador quiso que todas esas raíces estuvieran incluidas en las diez *sefirot* a través de las cuales Él rige el universo. Todas las raíces espirituales, que constituyen el fundamento de la realidad en su totalidad, emanan de las diez *sefirot*.

Teóricamente no renovamos nada con esta aseveración, ya que si partimos del postulado de que fue El Creador Quien creó el universo, es sobreentendido que también lo fueron cada una de sus partes. Si la creación del mundo expresa la Voluntad Divina, significa que cada evento o realidad del mundo revela algo que estaba contenido en la Voluntad Divina. Ahora podemos comprender la afirmación del Rabino Moshé Jaim Luzzatto: "En esto está enraizada toda la sabiduría de la Cábala: en distinguir entre las fuerzas que utilizó El Sagrado, Bendito Sea, para crear Su mundo, diferenciar entre los valores propios de cada fuerza, así como entre cada criatura y criatura". De modo que la Cábala define las diferentes fuerzas que son la raíz espiritual de toda la Creación, cada una de acuerdo a su nivel y gradación. Asimismo explica que el cumplimiento de diferentes preceptos provoca una conexión con dichas raíces espirituales. Además el estudio de la Cábala enseña cómo al cumplir los preceptos Divinos éstos influyen en la raíz del alma humana y cómo contribuye el cumplimiento de los mismos a cumplir el cometido de la Creación: la corrección del mundo bajo el reinado del Todopoderoso.

V
MATERIA Y FORMA

La realidad en general está compuesta de dos dimensiones: forma y materia. La materia se refiere al aspecto físico y la forma señala la dimensión espiritual. El mejor ejemplo es el hombre, quien, por un lado es un ser físico y material, y por otro posee un alma, que es su forma espiritual.

Cuando decimos que una persona es valiente o que un hombre es honesto nos estamos refiriendo tanto a su cuerpo físico (que es su composición material), como a su carácter, sus cualidades de valentía y honestidad (que es su carácter abstracto, no visible a los sentidos). El lenguaje cabalístico lo define así: "La valentía se reviste en el cuerpo", y este "revestirse" produce un cambio en el individuo; si hasta ahora era débil, desde el momento en que la valentía se reviste en él pasa a ser un hombre valiente.

La Cábala sostiene que no existe materia carente de forma ni forma carente de materia, aunque ambas dimensiones sean completamente opuestas. De todos modos, su unión y fusión son perfectas y asombrosamente complementarias. La honestidad y la valentía solamente se manifiestan cuando se "revisten" en un cuerpo material, mientras que el cuerpo físico por su parte realiza su función cuando se fusiona con estas fuerzas espirituales que se revisten en él.

Tal como esta fusión de materia y forma aparece en el hombre, se manifiesta también en la realidad entera: en el mundo inanimado, vegetal, animal y humano.

LUZ Y RECIPIENTE

Cuando le hablo a Rubén o hablo acerca de él, no me estoy refiriendo a su cuerpo sino a su esencia. De modo que al hablarle acudo a su forma y no a su sustancia material. La forma de Rubén incluye su esencia, es decir, sus cualidades, sus virtudes, su concepción del mundo, etc. El cuerpo es el recipiente que contiene la forma. El hombre revela su forma a través de sus acciones, es decir, la totalidad de su fuerza espiritual. Es como si el cuerpo estuviera traduciendo el plano espiritual a un lenguaje comprensible por su semejante o, en otras palabras, el cuerpo obra como instrumento para expresar su forma.

En el pensamiento cabalístico, un sinónimo del concepto de "forma" es el de "luz". La luz está siempre contenida en un recipiente y funciona a través de él. Luz y recipiente son sinónimos de los términos forma y materia.

El recipiente revela y pone de manifiesto la esencia de la luz por medio de su acción. Si un hombre piensa una idea, hasta que no utilice su boca u otro órgano apropiado para expresarla, dicha idea permanecerá latente y oculta en su mente. La vía adecuada para expresar el pensamiento a los demás depende del medio elegido. La idea se puede revelar a través del habla, y en dicho caso la boca se convierte en recipiente, o por escrito, y en dicho caso la mano que escribe deviene recipiente. La luz es interna, mientras que el recipiente es externo. La luz es la esencia que se reviste en el recipiente y lo conduce. Es decir que la luz se manifiesta a través de la acción, y a través de ella se revela su esencia interna.

NIVELES DE FORMA Y MATERIA

Como ya señalamos la forma es la que se reviste en la materia y la activa. El Eterno quiso crear diferentes tipos de criaturas, de diversos niveles y caracteres, y para lograrlo adaptó a cada una la forma apropiada, de modo que la forma que reviste el mundo animado es superior a la que rige en el inanimado, y así sucesivamente.

Para visualizarlo mejor imaginemos dos escaleras paralelas situadas verticalmente. Una escalera está compuesta por niveles de materia, y en su escalón inferior se encuentra la materia más baja de la realidad, y en el peldaño superior la materia más excelsa de toda la creación. La otra escalera está comprendida por niveles de forma cada cual correlacionada a un nivel de materia de la primer escalera.

Por ejemplo, tanto un bebé como un adulto poseen materia (cuerpo) y forma (alma). El alma del adulto está mucho más desarrollada y es superior. Es por eso por lo que El Creador proporcionó al bebé una forma tal para que se desarrolle paulatinamente según el ritmo del desarrollo de la materia. Es así como los niveles de desarrollo del alma son correlativos a los del desarrollo corporal, para poder continuar dicha correspondencia.

En resumen, la esencia y la calidad de un objeto dependen de su forma, es decir, de su poder espiritual. La forma es quien determina las características de dicha realidad, y por eso podemos afirmar que la forma es la esencia de la realidad, del objeto. Existen creaciones cuya forma está fijada, y durante su existencia no manifiestan ningún cambio esencial. El hombre, por su parte, dotado de libre albedrío, puede modificar su forma cumpliendo las leyes de la Torá, a través del cumplimiento de los preceptos, elevándose espiritualmente. ¡Un hombre que perfecciona su alma perfecciona su esencia!

Frente al hombre dotado de libre albedrío se encuentran los ángeles, cuya característica es el permanecer "estáticos". Ya que carecen de libre albedrío no pueden transformar ni mejorar su esencia, y por eso están privados de la posibilidad de elevarse. Debido a esta razón teóricamente el hombre puede llegar a un nivel más elevado que el de los propios ángeles.

LOS COMPONENTES DE LA MATERIA

Los cabalistas dividen toda la materia, en todas sus categorías –inanimado, vegetal, animal y humano– en cuatro elementos básicos:

1. Fuego
2. Aire
3. Agua
4. Tierra

La diferencia entre un ente y otro es la proporción de los cuatro elementos que lo componen. Existen entes para los cuales uno de esos componentes constituye su elemento principal, mientras que para otros son otros los elementos esenciales de su conformación. La calidad de dichos entes depende de estas diferencias. La forma de cada ente es la que determina su proporción y características. Examinaremos ahora la relación entre la materia y la forma.

La materia de lo inanimado está compuesta por cuatro elementos: fuego, aire, agua y tierra, y su forma es una especie de "poder de cohesión", poder espiritual que determina cuál será la proporción de estos elementos.

También el mundo vegetal está compuesto por estos cuatro elementos, pero además del "poder de cohesión" presente en el mundo inanimado, contiene un poder espiritual anexo que es "el poder del crecimiento y germinación". Este poder se divide en tres partes:

a) El "poder de nutrición" que permite a los vegetales alimentarse de la tierra y nutrir a su vez sus propias ramificaciones
b) El "poder de crecimiento" que le permite continuar desarrollándose

c) El "poder reproductivo" que lo habilita a producir una
planta similar a si misma, por lo cual, si un hombre
siembra una cierta semilla, crecerá una planta de la
misma especie.

La materia animal está también compuesta por los cuatro
elementos, pero además de los poderes presentes en el
mundo inanimado y vegetal, posee además un poder espiritual conocido como "poder vital". Este poder se manifiesta
en todas las cosas "vivas", e incluye el poder de movimiento
y percepción a través de los cinco sentidos. Los animales
poseen una inteligencia que les permite discriminar entre
amigos y enemigos, además de poseer un sistema de instintos específicos de cada especie.

El ser humano también está compuesto por los cuatro elementos, fuego, aire, agua y tierra, y además de los poderes
espirituales que encontramos en el dominio de lo inanimado, vegetal y animal, posee un poder espiritual denominado
alma —*neshamá*. El alma contiene la totalidad del poder espiritual humano tal como, por ejemplo, sus características
morales, aunque el principal componente del alma es su
poder intelectual.

El elemento más interno del hombre es el impulso por
avanzar y lograr cada día más. El rabino Ashlag define este
impulso como "la voluntad de recibir". Ésta se divide en cuatro niveles:

a) El deseo de recibir lo necesario para la supervivencia del
cuerpo.
b) La voluntad de lo superfluo, como es el placer físico más
allá de las necesidades básicas del cuerpo.
c) La aspiración de honor y de poder.
d) La aspiración de saber y de expandir el conocimiento.

El primero de estos niveles corresponde a la dimensión de lo inanimado, el segundo al nivel del mundo vegetal, el tercero al animal y el cuarto al humano.

CONEXIÓN ENTRE FORMA Y MATERIA

Hoy en día todo alumno principiante sabe cómo se compone la materia, de la estructura del átomo y las partes que lo conforman. Sabe también que los objetos inanimados están compuestos por átomos y sus partículas que giran alrededor del núcleo a gran velocidad, y de no ser por la fuerza de atracción, no podrían mantenerse juntos. Un objeto que se nos presenta como una sólida unidad es en realidad un compendio de millones de partículas rotando alrededor de un núcleo, y un gran porcentaje de él está vacío, aunque ante nosotros aparezca como si estuviera lleno. Todo este sistema, esta asombrosa estructura ordenada y reglamentada, es lo definido anteriormente como "poder de cohesión", que es la forma y el poder espiritual de lo inanimado.

En el mundo vegetal quiso El Creador que la calidad fuera superior, y por eso le dio formas más elevadas, al igual que hizo con el mundo animal y con el hombre. El Eterno quiso crear hombres para que Le sirvan, y que sobre ellos recaiga la corrección del mundo con sus raíces espirituales, y por eso les dio elementos superiores en cuanto a su forma, porque tal tarea requiere una mayor calidad.

VI
LOS ELEMENTOS
COMPONENTES DE LA FORMA

Elementos de la forma:
NEFESH, RUAJ, NESHAMÁ, JAIÁ Y IEJIDÁ

Dijimos anteriormente que la forma es la esencia de todo ente y que el Creador fijó la forma apropiada para cada uno de ellos de modo tal que éste pueda cumplir la función para la que fue creado. Ya que el hombre es lo principal de la creación, debe cumplir roles superiores al del resto de las criaturas, y es por eso por lo que su forma es superior a la de los demás.

Si nos compenetramos en la forma humana reconoceremos dos dimensiones, por un lado la vital y por el otro la dimensión intelectual y emocional. Las funciones de la dimensión vital no difieren esencialmente de las funciones que realizan los animales, y por eso la forma en esta dimensión se asemeja a la de ellos. Por contrapartida, el alma humana contiene todos los poderes que caracterizan al hombre como una criatura hecha a imagen de Dios, dotado de libre albedrío, y a quien se delegó el papel de corregir el mundo bajo el Reinado Divino.

Los sabios de la Cábala adjudican nombres a los elementos constituyentes de la forma humana: *nefesh, ruaj, neshamá, jaiá y iejidá.*

El *nefesh* es el poder espiritual más bajo entre los cinco niveles nombrados y es el responsable del funcionamiento de la dimensión vital, y es también quien la activa. El *nefesh* contiene en sí el poder de cohesión mencionado anteriormente en conexión al mundo inanimado, al igual que el poder de crecimiento y germinación característico del mundo vegetal, y el poder vital del mundo animal. Es así como contiene el hombre en sí mismo las cualidades propias del mundo inanimado, vegetal y animal, y el *nefesh* es el poder espiritual que genera y sustenta a la dimensión vital por ser ésta la constante voluntad del Creador. Los sabios cabalistas sostienen que el hígado simboliza el *nefesh*, y le sirve de hábitat.

El *ruaj* es un poder espiritual más elevado, y el "responsable" del aspecto emocional del hombre y de su carácter. El *ruaj* es el poder que despierta los deseos, las pasiones, las aspiraciones y de hecho todas las cualidades del hombre. La capacidad de elegir entre el bien y el mal, así como todos los detalles de la acción están ligados al *ruaj*. El corazón simboliza al *ruaj*, y le sirve de hábitat.

La *neshamá* es el poder espiritual –intelectual que guía al ser humano. Su función es la de orientar y corregir las características negativas, sobreponerse a las bajas pasiones y encauzar los poderes personales hacia el servicio Divino. La mente simboliza a la *neshamá* y le sirve de hábitat.

En relación a los niveles de *jaiá* y *iejidá*, los cuales representan poderes espirituales de muy alto nivel, nos referiremos a continuación.

LA CONEXIÓN ENTRE NEFESH, RUAJ Y NESHAMÁ

Neshamá es también el nombre genérico que incluye todos los elementos componentes de la forma humana, es decir, que este término es utilizado muchas veces en forma general, en referencia al alma general, incluyendo al *nefesh, ruaj* y *neshamá*. Habiendo ya definido las partes de la *neshamá*, veremos que en realidad los niveles *nefesh, ruaj* y *neshamá* constituyen una unidad.

El *nefesh* activa y controla tanto los órganos internos como los externos, pero él no actúa como un ente independiente sino que está dirigido por el *ruaj*. Sabemos, por ejemplo, que las funciones de nuestro organismo están influidas por nuestro estado de ánimo (enojo, compasión, etc.) ligado al *ruaj*. Pero también el *ruaj* está controlado por el intelecto, ya que, según la Cábala, es éste quien decide si amar u odiar. Lo que acabamos de explicar es un ejemplo de la relación entre el *nefesh* (activador de nuestros órganos físicos), el *ruaj* (cualidades y emociones) y la *neshamá* (el poder intelectual). Sirve a Dios de un modo íntegro aquel cuya mente dirige y controla sus emociones y a su vez somete su aspecto físico al servicio de su Creador.

La *neshamá* es la esencia mental, el intelecto humano, y es la que –utilizando un lenguaje cabalista– se reviste en el *ruaj*, dirigiéndolo y proporcionándole inteligencia y saber, ayudándolo a orientar sus características y emociones para servir al Creador. El *ruaj*, a su vez, se reviste en el *nefesh*, y el resultado de tal cooperación es que cuando los órganos del cuerpo humano están sometidos al servicio divino, pueden aspirar tanto el pensamiento, la palabra y la acción del hombre a una perfección espiritual y a un apego al Creador.

JAIÁ Y IEJIDÁ

Hablamos por un lado acerca del *nefesh* y por el otro del *ruaj* y la *neshamá*, quienes caracterizan al hombre como poseedor de libre albedrío. Anexos a estos poderes espirituales que se encuentran interrelacionados en lo más interno de la persona –en la mente, el corazón y el hígado– se encuentran otros poderes espirituales, más excelsos aún. Mas precisamente debido a su elevado nivel no existen en el cuerpo recipientes para contenerlos y entonces circundan al hombre y son denominados "*or makif* " (luz circundante), en contraposición al *nefesh*, *ruaj* y *neshamá,* conocidos como *"or pnimi"* (luz interior). Más adelante aclararemos estos conceptos.

Los niveles humanos de servicio a Su Creador, el grado de proximidad y apego a Dios que experimenta el hombre en su interior, dependen de su *nefesh, ruaj* y *neshamá.* Los hombres justos que tuvieron el mérito de nacer con un "alma elevada" lograrán un trabajo espiritual más prominente que aquellos que no fueron beneficiados con ésta. Sin embargo todo ser humano tiene la posibilidad y la capacidad para elevarse siempre más y adquirir luces espirituales superiores por encima de las que posee, y esto se hace posible a través del cumplimiento de los preceptos Divinos.

NEFESH, RUAJ Y NESHAMÁ:
PARTICULARIDAD Y GENERALIDAD

El mundo en su totalidad es un espejo de la fisonomía humana. Todo lo que existe en el universo existe también en el hombre, y por eso los sabios describen al hombre como un "mundo en miniatura", llegando también a categorizarlo con el nombre de "Adam de Briá", "Adam de Ietzirá", "Adam de Asiá" (hombre de Creación, Formación y Acción) lo cual hace referencia a los distintos mundos espirituales.

Así como la realidad entera se puede dividir en tres "mundos" denominados Creación, Formación y Acción, podemos también reconocer esos tres niveles en cada mundo particular y en cada hombre por separado.

Citamos a continuación un texto de sabiduría aclaratorio:

Pareciera ser como que El Eterno creó los mundos superiores e inferiores para que todos conozcan Su Divinidad y Su Reino, incluyendo a las aves y a todos los animales del mundo. En el momento de la Creación invitó el hombre a todos los seres, incluso a las bestias salvajes a prosternarse ante Él, y todos participaron y recibieron Su reinado por sobre ellos. Sin embargo, cuando el mundo empezó a corromperse y olvidaron a su Creador, cayeron todos de su nivel y quedó sólo en manos del hombre la labor de purificarse y corregir sus actos hasta que logre atraer nuevamente a la Divinidad hacia todo lo creado, de modo que se despierte otra vez en ellos el anhelo por servirlo como en un principio y reconozcan Su supremacía sobre toda la Creación. ¿Cómo puede el hombre atraer Su Divinidad hacia toda la Creación? A través de la Torá y el rezo. Estudiando la Torá y esforzándonos en nuestras plegarias, con cánticos y alabanzas, nos apegamos a Dios y atraemos a la Divinidad hacia todas Sus criaturas para que reciban Su vitalidad Divina. Cuando uno estudia Torá con devoción, cuando reza expresando cada una de las letras de la Torá y su contenido interno, raíz de todo lo creado —ya que no existe ninguna criatura en el mundo cuya raíz no esté contenida en las letras de la Torá— atrae así la vitalidad Divina hacia todos. Esto es posible por ser el hombre un microcosmos y por contener dentro suyo todos los mundos superiores y los inferiores. Por eso puede conectarse con ellos a través de la Torá y las plegarias, para elevarlos e insuflar en ellos Su Divinidad (*Meor Veshemesh, parashat Noaj*).

Veremos más adelante cómo los tres aspectos de Creación, Formación y Acción son los instrumentos del *nefesh*, *ruaj* y *neshamá*, es decir, que el mundo de "creación" es el recipiente de la *neshamá*, el de la "formación" es el recipiente del *ruaj* y el mundo de la "acción" es el recipiente del *nefesh*. Estos tres aspectos de Creación, Formación y Acción, y los tres niveles de *nefesh, ruaj* y *neshamá,* residen en cada uno de los hombres, en cada uno de los mundos, y en el universo en su totalidad.

Para resumir, estamos hablando de tres tipos de *nefesh, ruaj* y *neshamá:*

1. *Nefesh, ruaj y neshamá* particulares de cada individuo.

2. *Nefesh, ruaj y neshamá* generales, en cada mundo.

3. *Nefesh, ruaj y neshamá* en toda la realidad, compuesta por los Mundos de Creación, Formación y Acción generales.

LAS SEFIROT COMO RECIPIENTES DEL NEFESH, RUAJ, NESHAMÁ, JAIÁ Y IEJIDÁ

En base a lo explicado hasta aquí podría parecer que las luces del *nefesh, ruaj* y *neshamá* no tuvieran el mismo nivel o valor, pero realmente no es así. *Nefesh, ruaj* y *neshamá* son la luz Divina misma, cuyo origen es la Luz Infinita y las luces de estos tres niveles son el componente sustancial de la misma. Se puede cuestionar, entonces: ¿Por qué si las luces del *nefesh, ruaj* y *neshamá* son de igual nivel, afirmamos que la luz del *nefesh* es inferior a la del *ruaj,* y la del *ruaj* inferior a la de la *neshamá?* Lo explicaremos dando un ejemplo.

Tengo una fuente de luz dotada de una cierta fuerza y deseo usarla para alumbrar varias habitaciones. Sin embargo, quiero que a una de las habitaciones llegue luz de cierta intensidad, a otra de menor intensidad, y a la tercera de menor intensidad aún. Utilizaré entonces tres pantallas y éstas regularán la gradación de luz de modo que ésta llegue a cada habitación de acuerdo a la intensidad deseada. En realidad, las tres habitaciones reciben luz de una misma fuente, mientras que las pantallas son las que disminuyen su intensidad. De igual modo la luz del *nefesh*, del *ruaj* y de la *neshamá* es una –la sustancia de la Luz Infinita– y las pantallas son las *sefirot*. Ellas, las *sefirot*, son los recipientes a través de los cuales pasa la luz del *Ein Sof*, Infinito, y cuanto más "gruesa" sea la *sefirá*, más tenue será la luz que pase a través de ella, y su luz será de inferior intensidad.

La *sefirá* de *maljut* (reino), es la pantalla más "gruesa" de todas y oculta la fuerza de la luz que contiene. Por eso se denomina *nefesh* a la luz que resplandece desde la *sefirá* de *maljut*, y es responsable de las acciones elementales del organismo humano. Es así como la *sefirá* de *maljut* simboliza al *nefesh* general.

La *sefirá* de *gevurá* (belleza) es considerada como un recipiente más refinado, desde el cual resplandece una luz más elevada denominada *ruaj*. De modo que la *sefirá* de *gevurá* simboliza al *ruaj* general.

La *sefirá* de *biná* (entendimiento) es más pura aún, y la luz que emerge de ella es denominada *neshamá*. La *sefirá* de *biná* simboliza a la *neshamá* general.

De la *sefirá* de *jojmá* (sabiduría) emerge el resplandor de la *jaiá*, mientras que la *iejidá* emerge de la *sefirá* de *keter* (corona). Hallamos que las *sefirot* (de los mundos de la Creación, Formación y Acción) son los instrumentos que nos permiten revelar y transmitir la sustancia de la Luz Infinita a las criaturas de esos mundos. Ya que existen diez *sefirot* en cada uno de los mundos (diez en el Mundo de la Acción, diez en el de la formación y diez en el de la Creación), encontramos *nefesh*, *ruaj* y *neshamá* en cada uno de ellos. Siendo las diez *sefirot* del Mundo de la Formación superiores y más refinadas que las diez del Mundo de la Acción, resultará que el *nefesh*, *ruaj* y *neshamá* del Mundo de la Formación serán de nivel superior a los del Mundo de la Acción.

Similarmente el *nefesh*, *ruaj* y *neshamá* del Mundo de la Creación son superiores a estos niveles en el Mundo de la Formación.

LA VOLUNTAD DIVINA SE CONECTA CON SUS CRIATURAS
A TRAVÉS DE SUS ALMAS

La voluntad es parte de la esencia del poseedor de la misma. Y es por eso por lo que la voluntad del Creador es la esencia de todo, síntesis de toda la Creación. El Creador quiso que Su voluntad se revelara a Sus criaturas para que éstas supieran cómo servirlo y cómo apegarse a Él, para finalmente corregir el mundo bajo Su reinado ya que éste es el propósito de toda la Creación.

Ejemplificamos antes cómo se expande la voluntad Divina a través del brillo de los rayos del sol.

La voluntad Divina llega a sus criaturas como el brillo del sol que ilumina en todas las direcciones. Pero esta analogía no es suficiente porque representa solamente el acto mismo de la entrega. Mas, ¿cómo pueden recibir los seres creados dicha luz Divina? El Creador otorgó a cada criatura medios especiales para "captar" la luz Divina que emana de la esencia del infinito. La "antena" capaz de captarlo es la *neshamá*, el alma humana.

La *neshamá* es la esencia espiritual –mental, aunque poseedora de una realidad concreta– cuyo rol esencial es "conquistar sus deseos y dedicarse al servicio Divino". Cuando la *neshamá* logra cumplir su función, recibe una iluminación espiritual e intelectual adicionales de mayor nivel, y es así como se eleva y se perfecciona, convirtiéndose en una "antena" cada vez más sensible.

El grado de aprehensión y apego del hombre al Creador depende del nivel de su *neshamá*. El anhelo de apegarse al Creador proviene del hecho que la *neshamá*, parte inherente a Dios, desea retornar a su fuente de origen. Mas cuando el hombre fortalece sus instintos y se rige por las pasiones, reprime a su *neshamá* y con esto desaparece también su anhelo de retornar a su lugar espiritual original. Si, por el contrario, se sobrepone a los instintos corporales y consigue replegar su voluntad a la del

Creador, se intensifica la fuerza de la *neshamá* y se fortalece la voluntad de apegarse a su raíz. En el lenguaje cabalístico decimos que si un hombre logró conquistar su pensamiento, su habla y sus acciones para dedicarse al servicio Divino, convierte a su cuerpo en *carruaje* de la divinidad, el mismo que logran los hombres justos dispuestos a entregar sus vidas al servicio del Creador.

Vemos aquí que la *neshamá* funciona en dos planos:

1. Guía al cuerpo, orientándolo hacia el servicio divino (esto se efectúa del siguiente modo: la *neshamá* guía al *ruaj* y el *ruaj* al *nefesh*)

2. Se conecta con el Creador y recibe la sustancia de la Luz Infinita. La lógica de todo esto reside en que la *neshamá* es en sí misma sustancia de esta Luz, y por eso sólo ella puede recibir una iluminación adicional de la misma fuente.

Debemos comprender que la esencia de la Luz Infinita, tal como se manifiesta y emerge desde su propia fuente, es tan elevada y sublime que ningún ser humano puede alcanzar este nivel, independientemente del nivel de *neshamá* que posea. Podríamos compararlo con una pequeña radio a transistores; si la conectamos a un cable eléctrico de alto voltaje, sin duda ésta se quemará inmediatamente por carecer de los medios necesarios para la conexión propicia. Dado que El Creador quiso revelar Su Divinidad y que ésta sea accesible al ser humano, contrajo Su luminosidad contracción tras contracción, creando una realidad formada por distintos niveles espirituales concatenados unos con los otros. Debido a estas contracciones cada nivel es inferior a su predecesor. Esta cadena responde a la relación causa y efecto anteriormente mencionados, cuya causa primera es la Luz Infinita.

El orden del proceso de concatenación

Para comprender mejor este tema utilizaremos un ejemplo de la vida cotidiana. Dijimos anteriormente que un postulado básico de la Cábala es que toda realidad posee una raíz espiritual que la genera y la sustenta. Nuestros sabios traen un ejemplo al respecto que dice: "Toda hierba tiene un ángel que le dicta: ¡crece!". Con esto quieren expresar que hasta la más ínfima acción que acontece en este mundo, como sería el crecimiento de una simple hierba, tiene un poder espiritual y una raíz superior específica que la mueven a existir y la mantienen viva. Esta raíz es la voluntad específica del Creador con respecto a dicha realidad, quien se manifiesta por medio de un poder espiritual superior, el cual a su vez existe debido a un poder aún superior, y así sucesivamente.

Utilicemos un ejemplo para facilitar la comprensión. La fuente de una corriente eléctrica es la estación central. Esta corriente sale de la estación central de energía a través de cables muy anchos con un alto voltaje de tensión y desde allí la corriente se bifurca, llegando a fábricas, empresas de mayor o menor tamaño y también a viviendas particulares. En las fábricas existen maquinarias que requieren un alto consumo de luz, y es por eso que la compañía eléctrica construye equipos especiales de regularización, para que la corriente de mayor voltaje llegue a las fábricas y el de menor a las casas privadas. Es así como desde la estación central hasta las casas particulares se produce una contracción o limitación por medio de transformadores adecuados a este fin.

Después de haber explicado esto, observemos un refrigerador común. Éste recibe su fuerza de la corriente eléctrica a través del enchufe de la pared. La corriente llega a la toma de corriente por medio de cables conectados a la torre de electricidad, que a su vez la recibe del transformador del vecindario, que a su vez la recibe de la estación local, y así sucesivamente hasta llegar a la estación eléctrica central.

La analogía de este ejemplo es que la luz que proviene del *Ein Sof*, el Infinito, es tan excelsa que es necesario limitarla y contraerla infinitamente para que pueda ser revelada y para que sus criaturas la puedan concebir. No estamos refiriéndonos exclusivamente al hombre, sino incluso a criaturas superiores como los ángeles, los serafines y otros seres sagrados.

VII
LOS MUNDOS DE ATZILUT (EMANACIÓN), BRIÁ (CREACIÓN), IETZIRÁ (FORMACIÓN) Y ASIÁ (ACCIÓN)

EMANACIÓN, CREACIÓN, FORMACIÓN Y ACCIÓN

Escribe el sabio Rabino Moshé Jaim Luzzatto en su *Sefer Haklalim*: "Existen cuatro mundos: Emanación, Creación, Formación y Acción, los cuales también son conocidos como mundo de la Divinidad (Emanación), del trono (Creación), de los ángeles (Formación) y el mundo inferior (Acción). El Mundo de la Emanación es la raíz de toda la realidad, y cuando hablamos del "pensamiento de la Creación" nos referimos al mundo de *Atzilut*, es decir, a las diez *sefirot* (y como veremos más adelante, a los cinco *partzufim* –rostros– de este mundo)."

Todo lo que se encuentra por encima del Mundo de la Emanación pertenece al mundo del Infinito, y en cuanto a la concatenación causa y efecto, la principal revelación de la voluntad Divina comienza en el Mundo de la Emanación. (Proporcionaremos una explicación más amplia cuando hablemos específicamente del Mundo de la Emanación). En este mundo se encuentra la raíz de la conducción del bien y del mal –correspondiente a los seres dotados de libre elección– mientras que en los mundos superiores al de la Emanación, se encuentra la conducción futura, regida exclusivamente por el bien, ya que en el futuro se revelará la unicidad del Creador y no existirá ninguno de los aspectos del mal.

En el contexto de la concatenación, el mundo que se encuentra por sobre el de la Emanación es el mundo del Hombre Primordial (*Adam Kadmón*), y si queremos hacer una comparación entre estos dos mundos, diremos que difieren entre sí como la voluntad y el pensamiento. La voluntad es una forma abstracta e ilimitada, mientras que el pensamiento representa parte de la voluntad, la parte más relevante y la relacionada con el objetivo último. En resumen, el Mundo de la Emanación es el mundo del pensamiento y el del Hombre Primordial el mundo de la voluntad.

En el mundo del Hombre Primordial no existen *sefirot* ni rostros –*partzufim*– ni nombres ni apelaciones, sino que se trata de una luz simple y una voluntad simple. Todas las descripciones de *sefirot* o rostros que hacen referencia al Hombre Primordial, se usan para facilitar nuestra comprensión y sólo con este objetivo. Ciertamente es en el Mundo de la Emanación donde se revelan las diez *sefirot*, y es en este mundo donde se reveló la fuente de la Emanación bajo el nombre de las cuatro letras, el Tetragrama. Este nombre constituye la mayor revelación del mundo de *Atzilut*, en el que la esencia original de Emanación, la esencia de la Luz Infinita, se reviste en las *sefirot* de la Emanación, se une a ellas en perfecta unión, y a través de dicha unidad se revela el nombre sagrado del Eterno, conocido como Iud, Hei, Vav, Hei (IHVH).

Para comprender este punto tomaremos uno de los ejemplos ya dados. El poder de la *neshamá* se manifiesta sólo después de "revestirse" en un cuerpo físico y este "revestimiento" es el mejor ejemplo para mostrar la unidad que existe entre la esencia espiritual y la material, una unión total y perfecta. De igual modo se reviste la Luz Infinita y se une a las *sefirot*. Aunque no cabe lugar a una comparación valorativa entre el ejemplo y su analogía, podemos sin embargo comprender cómo se manifiesta la unidad entre la Luz Infinita y las *sefirot* del Mundo de la Emanación. Así como el nombre IHVH surge en el Mundo de la Emanación, el nombre de Elokim (Dios) se revela en los Mundos de Creación, Formación y Acción. Esto es sugerido en el Biblia en el acto de la Creación cuando el versículo utiliza el nombre Elokim y no el Tetragrama, ya que el relato de la Creación apunta a los Mundos de Creación, Formación y Acción, y no al Mundo de la Emanación.

El Mundo de la Emanación es pura Divinidad, y se lo denomina también "el mundo del pensamiento" para diferenciarlo de los otros tres, a partir de los cuales comienza el mundo de la escisión, la realidad de objetos diferenciados entre sí.

EL MUNDO DEL PENSAMIENTO

Antes de continuar explicando los mundos de la Creación, Formación y Acción, nos detendremos en el concepto: "mundo del pensamiento".

El pensamiento humano no es igual al pensamiento Divino. El pensamiento humano está construido y basado en las impresiones y sensaciones que recibe el hombre del mundo externo. El pensamiento Divino, por su parte, es la raíz desde la cual se construye toda la realidad de los mundos de la Creación, Formación y Acción, lo mismo que todos sus componentes. El Mundo de la Emanación es el mundo del pensamiento porque genera y sustenta los Mundos de Creación, Formación y Acción, y es por eso por lo que la relación entre el Mundo de la Emanación y los de Creación, Formación y Acción, es permanente.

Esto es difícil de comprender porque estamos acostumbrados a separar entre el pensamiento en sí y sus consecuencias. Si por ejemplo un escritor piensa escribir un libro, en la realidad a que estamos habituados, cuando termine de escribirlo no habrá más conexión entre el autor y el libro. No es el caso del pensamiento Divino; el Mundo de la Emanación se reviste y unifica con los Mundos de Creación, Formación y Acción, y actúan como alma y cuerpo en absoluta y estricta unidad. El pensamiento Divino se reviste y guía la realidad de los Mundos de Creación, Formación y Acción en todos sus detalles, al igual que el alma rige las partes del cuerpo. De aquí podemos entender que así como el mundo del pensamiento se reviste con toda la realidad de los Mundos de Creación, Formación y Acción, así el mundo de la voluntad, el mundo del Hombre Primordial, se reviste del mundo del pensamiento. En el libro *Shaar Haakdamot* escribe el Ari Hakadosh: "Todos los mundos están conectados con la fuente de la Emanación".

LAS DIFERENCIAS ENTRE
EMANACIÓN, CREACIÓN, FORMACIÓN Y ACCIÓN

La diferencia fundamental y esencial entre el Mundo de la Emanación y los Mundos de Creación, Formación y Acción, reside en que la Emanación es una forma superior de la realidad, en la cual se unifica la Luz Infinita con este mundo convirtiéndose en unidad, y es por eso por lo que el Mundo de Emanación es absoluta Divinidad. Las acciones del Mundo de Emanación son acciones exclusivas de la esencia Divina, sin ningún otro partícipe, mientras que en los Mundos de Creación, Formación y Acción se revela una nueva manifestación de la voluntad Divina, la revelación de la realidad que está diferenciada y separada de Dios. Cuando quiso El Creador activar el proceso concatenado de causa y efecto para producir las diez *sefirot* de los Mundos de Creación, Formación y Acción, fue una nueva categoría de acciones la que incluyó las luminarias y las diferentes criaturas. La evolución de los Mundos de Creación, Formación y Acción es *ex nihilo* –creado a partir de la nada– ya que no existe en la esencia de las criaturas pertene-cientes al Mundo de la Creación, Formación y Acción ninguna divinidad y por eso se los considera como mundos separados, porque están separados de la Divinidad. (Es importante aclarar que esto no puede ser expresado acerca del Mundo de la Emanación, sobre el cual es imposible decir que la creación es "a partir de la nada", ya que allí la divinidad está esencialmen-te apegada a este mundo).

Esta es la distinción principal entre el Mundo de la Emanación y los Mundos de Creación, Formación y Acción, ya que la separación y la diversidad existen en estos mundos, mientras que lo que reina en el Mundo de la Emanación es la perfecta unidad.

Es por esta razón por lo que resulta imposible describir con adjetivos propios de la Divinidad ninguna realidad que perte-nezca a los Mundos de Creación, Formación y Acción, y si que-remos relacionar Su esencia con la realidad de estos mundos, diremos que el Creador es su Amo (*Adón*) y por eso lo llamamos con el nombre *Adokai* (nuestro Amo), nombre que indica que Él no está unido a la realidad de estos mundos. No es nuestra inten-ción, Dios no lo permita, negar que la Luz Infinita se reviste en los Mundos de Creación, Formación y Acción, ya que dijimos anteriormente que toda la realidad está unida a su Creador en la esencia del infinito, pero el revestimiento a estos mundos es simi-lar al nivel de ligazón de un alma a la otra, y la Luz Infinita está oculta totalmente como "causa generadora" de todos los mun-dos. Esto significa que la Luz Infinita se reviste en el Mundo de la Emanación y la luz de la Emanación en los Mundos de Cre-ación, Formación y Acción, y vemos como traspasa la luz dos pantallas hasta llegar a estos mundos. En el Mundo de la Emana-ción la Luz Infinita se revela más brillante y clara.

La explicación a lo antedicho es que las *sefirot* del mundo de Creación no son tan diáfanas como las *sefirot* del Mundo de la

Emanación, convirtiéndose en una especie de pantallas como lo señalamos anteriormente. Sin embargo la realidad de las *sefirot* en el Mundo de la Emanación es tan clara que no puede ser llamada creación, formación ni acción, porque es una realidad muy sutil, más elevada de toda categoría o sustancia existente en el Mundo de la Creación.

El nombre *Atzilut*, Emanación, proviene del versículo "Y Yo causaré que parte del espíritu que tú poseas emane desde ti" (*Números* 11:1).

La esencia del Mundo de la Emanación son sus diez *sefirot*, denominadas en el *Sefer Ietzirá* "las diez *sefirot* de contención", aparentemente carentes de esencia, porque no somos capaces de aprehender estos conceptos.

Las sefirot de la Emanación devinieron realidad sólo después que la Luz Infinita se revistió en ellas

Para evitar cualquier error, es importante aclarar que la realidad de las diez *sefirot* de la Emanación no son la Divinidad misma, sino que fueron emanadas para crear los mundos, y pueden solamente ser descritas como Divinas únicamente debido a la unicidad que logran con la Luz Infinita. Es decir que sólo después de que la Luz Infinita se unió a ellas, se transformaron concretamente en Divinidad. Dijo al respecto el profeta Elías: "Si Tú las dejas, quedarán desoladas como un cuerpo sin un alma", lo cual significa que si la Fuente de Emanación quitase Su esencia, quedarían las *sefirot* como un cuerpo sin su alma. Y fue así como el acto de la Creación produjo la unidad entre la Luz Infinita y las *sefirot* de la Emanación a fin de crear los mundos, y de aquí en más permanece la perfección de dicha unión y el nombre de IHVH se relaciona con las *sefirot* de la Emanación: la letra *iud* con la *sefirá* de *keter* (sabiduría), la *hei* con la *sefirá* de *biná* (entendimiento), la *vav* con las seis *sefirot* de *jesed* (bondad), *gevurá* (poder), *tiferet* (belleza), *netzaj* (victoria), *hod* (esplendor) y *iesod* (fundamento), y la última letra *hei* con la *sefirá* de *maljut* (reino).

LOS MUNDOS DE CREACIÓN, FORMACIÓN Y ACCIÓN

Dado que El Creador quiso continuar el proceso de concatenación de causa y efecto, y dispuso también que se revelara ante todos la luz de Su voluntad, produjo luminarias, cada una inferior a su precedente, para que se adaptaran a las criaturas diferenciadas, es decir, a las criaturas inferiores. La totalidad de esas luminarias conforman los mundos de la Creación, Formación y Acción.

Una vez emanado el Mundo de la Emanación, descendieron diez chispas del mismo, de las que se formaron diez *sefirot* que son el Mundo de la Creación. Este mundo se llama "el mundo del trono", es decir, que sirve de trono al Mundo de la Emanación.

Tal lo dicho, en la Luz Infinita no existen diferenciaciones por ser una absoluta unidad. Las divergencias entre las luces que surgen del Mundo de la Emanación y la de los Mundos de Creación, Formación y Acción pueden explicarse así: la Luz Infinita ilumina al Mundo de la Emanación a través de la *sefirá* de *jojmá* (sabiduría), y como ésta es una *sefirá* muy pura, la luz que parte de ella, por ende, es igual a la luz que entra en ella, y es por eso que la luz de las *sefirot* de la Emanación son consideradas la Divinidad misma. En contraste, la luz que llega al mundo de creación pasa por la *sefirá* de *biná* (entendimiento), y como ésta no es tan pura como la de *jojmá*, se torna en una especie de pantalla que hace que la luz que sale de ésta sea inferior a la luz que en ella entra. La luz que llega al Mundo de la Formación pasa a través de otra pantalla más, la *sefirá* de *tiferet* (belleza), que no es tan pura y diáfana como la de *biná*. Vemos entonces que la luz que llega al mundo de formación atraviesa dos pantallas, y por ende su luz es inferior aún. De igual modo, la luz que llega al Mundo de la Acción pasa por la *sefirá* de *maljut* (reino), que es la de menor pureza de todas y por eso la luz de este mundo es inferior a todas.

A partir de esto resulta que el Mundo de la Emanación se considera como el contexto de la *sefirá* de *jojmá* por recibir la luz del Infinito a través de esta *sefirá*. El mundo de creación, por su parte, es considerado el contexto de la *sefirá* de *biná* por recibir su luz de la *sefirá* de *biná*. El Ari Hakadosh escribió: "En efecto, en el Mundo de la Creación la luz de la *jojmá* no se expande en absoluto, y la única que se expande es la luz de *biná*". En resumen, diremos que la Luz Infinita se expande y se reviste en todos los mundos, pero que la luz del mundo de creación es como una sombra comparada con la luz del infinito que resplandece en el Mundo de la Emanación.

Nuestros sabios lo ejemplificaron así: en el caso de un maestro que enseña a un grupo de aprendices, el alumno más capacitado entre ellos analiza lo dicho por su maestro tal como fue expresado por él, y el menos talentoso necesitará ejemplos y parábolas para comprenderlo mejor. La analogía que utiliza el maestro para ser mejor comprendido actúa como una pantalla ya que no es propiamente el material estudiado y es como si separara entre la fuente de enseñanza del maestro y el estudiante. El alumno menos capacitado capta una esencia diferente de la que brinda el maestro, mientras que el mejor alumno capta la esencia misma de las enseñanzas. La analogía reside en que al Mundo de la Emanación llega la Luz Infinita casi sin ninguna pantalla, es decir, la esencia Divina misma, en contraposición a la luz que llega a los Mundos de Creación, Formación y Acción, los cuales no reciben la esencia misma de la Divinidad.

EMANACIÓN (JAIÁ), CREACIÓN (NESHAMÁ), FORMACIÓN (RUAJ), ACCIÓN (NEFESH)

Ya mencionamos con anterioridad que la luz que emerge de la *sefirá* de *jojmá* se denomina *jaiá*, la que emerge de la *sefirá* de *biná* se denomina *neshamá*, la luz emergente de la *sefirá* de *tiferet*, *ruaj*, y la que emerge de la *sefirá* de *maljut* se denomina *nefesh*. Considerando que la luz que se expande de la *sefirá* de *jojmá* entra en el Mundo de la Emanación, la luz que se expande de la *sefirá* de *biná* en el Mundo de la Creación, la luz de la *sefirá* de *tiferet* en el Mundo de la Formación y la luz de *maljut* en el Mundo de la Acción, esto implica que los Mundos de Creación, Formación y Acción son los tres recipientes que contienen en su interior la *neshamá*, el *ruaj* y el *nefesh* generales. Las luces de los niveles de *jaiá* y *iejidá* son tan elevadas y sublimes que no existe recipiente capaz de contenerlas. Por eso son luces del tipo circundante (más adelante explicaremos este concepto).

LOS TRES NIVELES DE CREACIÓN, FORMACIÓN Y ACCIÓN SE ENCUENTRAN EN TODA REALIDAD

Como ya lo mencionamos, estos tres niveles se encuentran en toda realidad, de modo que se puede dividir a la realidad entera en entes "creados", entes "formados" y entes "hechos", correspondientes a los Mundos de Creación, Formación y Acción. La diferencia entre ellos reside en que el Mundo de la Creación es como una renovación del objeto, similar a la creación a partir de la nada, *ex nihilo*. Es en el Mundo de la Formación, después de la renovación del objeto, donde adquiere su forma y su diseño, de modo que recién en este mundo hablamos en términos de cantidad y límite, no así en el Mundo de la Creación en el que sólo nos referimos a lo cualitativo. En el Mundo de la

Acción son completados los objetos en su aspecto material, o sea que se fijan las raíces materiales de los entes "hechos", tanto en su esencia como en su diseño, cosa que no existía en el Mundo de la Creación ya que todavía no se había conformado el nivel material. En resumen: la realidad del Mundo de la Creación es más sublime que la del Mundo de la Formación, mientras que la realidad del Mundo de la Formación es más pura que la del Mundo de la Acción.

La definición del Rabino Moshé Jaim Luzzatto

El sabio cabalista Moshé Jaim Luzzatto define a los mundos de la Creación, Formación y Acción señalando que la Emanación es la totalidad de los poderes del Creador provenientes de Su voluntad limitada, y éstos son las *sefirot* en todos sus detalles y la Divinidad absoluta. Estos son los poderes regentes y no existe nada más en el Mundo de la Emanación.

En los Mundos de Creación, Formación y Acción están presentes los emisarios, cuya función es cumplir los mandatos del Creador, y la luminosidad que controla a dichos emisarios. Esta luminosidad supervisa y rige a los emisarios –a las almas, los ángeles y a seres similares– tal como el alma dirige el cuerpo del hombre.

La introducción de los poderes espirituales de *neshamá*, *ruaj* y *nefesh* en los Mundos de Creación, Formación y Acción, depende de los receptores de dichos poderes. Por lo tanto la inspiración que entra en el Mundo de la Acción es inferior a la que entra en el Mundo de la Formación, porque los receptores del Mundo de la Acción son inferiores a los receptores del Mundo de la Formación, y así en el resto de los mundos.

A continuación exponemos una cita del *Maamar Haikarim* de Luzzatto en el que explica qué son los poderes espirituales:

"Así como El Eterno, dotado de Su infinito poder, creó realidades físicas perceptibles a nuestra vista, quiso y creó también seres superiores a ellas, imperceptibles por nuestros sentidos. Y así como a los primeros les dio sus reglas y limitaciones, también lo hizo con las realidades superiores, dándoles sus propias reglamentaciones de acuerdo al decreto de Su Sabiduría.

"Debemos saber que así como existen distintos tipos de cuerpos, cada uno regido por sus propias leyes, también los seres espirituales están regidos cada uno de acuerdo a su especie. Existe una regla general en todo el dominio espiritual, y es que tanto su ser como sus limitaciones son incomprensibles a nuestro entendimiento (significa que no podemos aprehender esencias espirituales), pero sabemos que existen e incluso conocemos algunas de sus cualidades. Esto nos ha sido transmitido por nuestros sabios y profetas.

"Existen tres tipos en la categoría espiritual: una, llamada la de 'los poderes trascendentes', la segunda, la de 'los ángeles' y la tercera la de 'las almas'.

"Los poderes trascendentes son seres espirituales puros e incorpóreos, son los más cercanos a Su Divina Presencia, la que siempre mora en ellos. De acuerdo a su nivel reciben su nombre: las ruedas del trono, los *ofaním*, etc.

"Los ángeles son seres espirituales creados para llevar a cabo los mensajes transmitidos por el Creador conforme a Su voluntad. Cada uno de ellos tiene asignado un propósito especial que le encomendó la voluntad Suprema. Entre los ángeles existen diversos niveles, uno por debajo del otro, cada nivel posee su propia reglamentación y límite de acuerdo a lo que la Inteligencia Suprema les asigna.

"Las almas son los seres espirituales destinados a entrar en los cuerpos y conectarse a ellos en un fuerte lazo.

También ellas poseen leyes peculiares de acuerdo a su situación individual. Esto indica que las almas atraviesan situaciones diferentes, ya que éstas existen tanto fuera como dentro del cuerpo. Fuera del cuerpo tienen dos tipos de realidad, una, anterior a su introducción en el cuerpo, y otra, después de haber estado en un cuerpo (es decir, después de la muerte de un hombre). De acuerdo a esas situaciones se ponen las limitaciones necesarias y son confinadas a cumplir diversas funciones, adaptándose a cada situación y los cambios que se producen en ellas.

"Los ángeles son Sus servidores, realizadores de Su palabra, y todo lo que existe en el mundo es realizado por ellos, sea para bien o para mal. Estos se dividen en dos clases: del bien y del mal, significa que los encargados del bien se ocupan del bien espiritual y del bien material, y los encargados del mal, se ocupan del mal físico y el espiritual. A estos últimos se los denomina ángeles destructores y demonios.

"No existe nada en el mundo inferior, sea un objeto o un suceso, que no tenga su equivalente arriba, en los poderes trascendentes, así como no existe nada abajo sobre el que los ángeles no tengan su responsabilidad. Ellos son los que guían y renuevan los entes y los eventos, de acuerdo con los decretos del Eterno. Al efecto de los seres superiores en las cosas materiales se denomina 'hashpaá' –influencia– y su consecuencia es la abundancia, tanto en lo material como en lo espiritual".

2ª PARTE

LAS SEFIROT

I
LA DEFINICIÓN
DEL CONCEPTO DE SEFIROT

Como señalamos anteriormente, podemos diferenciar entre lo que El Creador puede hacer, y lo que Hace en la práctica. El primer aspecto se refiere a la voluntad Divina infinita e ilimitada, dimensión a la que los cabalistas denominan *Ein Sof.* El segundo aspecto se refiere al Creador limitando su voluntad a fin de crear el mundo, actuando acorde a la limitación de Sus facultades. A esta voluntad limitada los cabalistas la denominan *sefirot.*

La voluntad limitada –*sefirot*– era una parte oculta y secreta del Creador, esencia Divina que existía antes de que los mundos devinieran en su realidad física en el momento mismo de la Creación. Así como la voluntad del hombre es parte de su esencia oculta, y sólo se manifiesta cuando pasa de la potencia al acto, lo mismo sucede en el caso del Creador.

El Eterno podría haber creado otra clase de mundos, pero Él quiso crearlos de esta manera para alcanzar el objetivo que Se fijó a sí mismo.

El Creador quiso que Su voluntad limitada se revelara a través de las *sefirot*, es decir, a través de diez atributos espirituales. Éstos son: *keter* (corona), *jojmá* (sabiduría), *biná* (entendimiento), *jesed* (bondad), *gevurá* (poder), *tiferet* (belleza), *netzaj* (victoria), *hod* (esplendor), *iesod* (fundamento) y *maljut* (reino).

Las *sefirot* son revelaciones de la voluntad Divina. Por ejemplo: cuando el Creador quiere manifestar Su atributo de bondad, actúa por medio de la *sefirá* de *jesed*, y cuando quiere revelar Su característica de poder, actúa por medio de la *sefirá* de *gevurá*. La existencia misma de la bondad y el poder indican que El Creador quiso esta realidad, la cual se manifestó a través de las *sefirot* correspondientes. Es decir, toda acción que esté ligada a una de esas características, por ejemplo, la de bondad, tiene su raíz espiritual individual en los mundos superiores; y lo mismo sucede con las acciones ligadas a los demás atributos. Estas raíces son iluminaciones; son la expansión de la voluntad Divina, cuya fuente es el Infinito y las *sefirot* son los instrumentos a través de los cuales se expande la luz del mismo. En otras palabras, las *sefirot* son el instrumento del que se vale la voluntad Divina para revelarse.

Cuando la Luz Infinita –que es la voluntad misma del Creador– se difunde a través de la *sefirá* de *jesed*, la raíz que emerge de esta *sefirá* es la fuerza espiritual que otorga existencia y sostiene los actos de entrega y generosidad de los que somos testigos en nuestro mundo. Ya que no hay ninguna acción que no esté ligada a una de las diez *sefirot*, concluimos entonces que las *sefirot* son el instrumento por medio del cual se revela la voluntad Divina, es decir, la voluntad de otorgar existencia y sustentar la realidad entera en todos sus detalles.

Las *sefirot* emanaron del Creador con el propósito de crear el mundo. Esto puede compararse a un director de empresa que delega sus funciones a su asistente para crear un nuevo departamento de ventas. Las facultades del asistente constituyen parte inseparable de las facultades del director, sólo que el director quiso delegar sus atributos en forma limitada, para lograr una meta determinada, que fue impuesta por el director mismo. El ayudante no actúa solo, sino que obtiene su poder permanentemente del director, quien, en el momento en que desee interrumpir las funciones de su asistente, dejará de otorgarle poder y, sólo con esto cesará la autoridad del delegado.

De modo similar, el Creador emanó las *sefirot* para crear el mundo, y ellas son parte de Él. Los cabalistas las denominan "*or neetzal*" –luz emanada.

LAS SEFIROT COMO VOLUNTAD Y ACCIÓN DEL CREADOR

Dijimos anteriormente que no podemos diferenciar entre la voluntad Divina y Sus acciones, ya que la voluntad del Creador es Su acción misma, la cual a su vez es la esencia de la realidad. Al ser las *sefirot* revelaciones de la voluntad Divina, son, por ende, manifestaciones esenciales de la realidad entera. Por eso los sabios cabalistas describen a la realidad en términos de *sefirot*, de acuerdo a la esencia de las cosas. La Cábala no se ocupa de la realidad material sino de la esencia de lo existente y sus raíces espirituales. La totalidad de dichas raíces son las *sefirot*.

NO EXISTE NINGUNA REALIDAD
DESARRAIGADA DEL PENSAMIENTO DE LA CREACIÓN

A diferencia de la voluntad y de los actos humanos, la acción del Creador no se limita a un sólo plano, sino que abarca a toda la realidad. Un ejemplo nos servirá para entender este punto. Cuando un carpintero construye una mesa, se preocupa por conseguir los utensilios y los materiales adecuados; corta la madera de acuerdo con las medidas recibidas y une las piezas según el pedido del cliente. Al carpintero no le incumbe la manera en que se formó la madera ni cuánto tiempo existirá la mesa. Por el contrario, cuando El Eterno creó los mundos, fue éste un acto perfecto de creación. Esta creación incluye no sólo criaturas —inanimadas, vegetales, animales y humanas— sino también un sistema de reglamentos: el sistema de leyes de la naturaleza que posibilitan la continuación de la existencia de todas esas creaciones. Y no sólo esto, sino que como esas creaciones fueron hechas para cumplir un cierto propósito, El Creador generó las condiciones para permitirles lograr este fin, y para lograrlo creó el sistema de gobierno y providencia. Al igual se fijaron métodos para relacionar a las criaturas con su Creador. Esto es llevado a cabo por medio de los ángeles, los mensajeros Divinos, y por otros seres de elevado nivel espiritual.

Toda esta compleja realidad ya estaba incluida en el pensamiento de creación, en sus más ínfimos detalles, por el término de seis mil años, tiempo fijado por el pensamiento de la creación para lograr por completo el propósito de la Creación.

Al pensamiento de creación se lo puede comparar con el plan de un arquitecto. Lo que éste diseña en su cuaderno, es lo que aparecerá luego en la construcción, desde los cimientos hasta la más pequeña de las ventanas. Lo mismo sucede en nuestro caso: solamente lo que estaba en el pensamiento de la creación tiene existencia y posee realidad. En dicho pensamiento se echaron las raíces de toda la realidad en sus más ínfimos detalles. Cada pormenor de la realidad tiene su propia raíz, una fuerza espiritual específica acorde a esa realidad en particular. Cada una de esas raíces es la voluntad del Creador de otorgar existencia y vitalizar dicha realidad. En otras palabras, toda realidad, sea inanimada, vegetal, animal o humana, recibe su existencia y vitalidad de la voluntad del Creador, la cual se relaciona de un modo específico con ella. La totalidad de esas voluntades o raíces que sostienen a la realidad entera están incluidas en las diez *sefirot*. Ellas son la fuente y la raíz de toda la realidad en sus más ínfimos detalles.

LA DIMENSIÓN ESPIRITUAL
TAMBIÉN TIENE COMO RAÍZ A LAS SEFIROT

Aunque parezca extraño, no sólo la dimensión material recibe su existencia y vitalidad de las *sefirot*, sino que también la dimensión espiritual y emocional. La forma de pensar, el modo en que el hombre fija su escala de valores, sus estados emocionales, las leyes en el proceso de toma de decisiones, todo esto está enraizado en las diez *sefirot*.

Para resumir, diremos que no existe ninguna realidad, material ni espiritual, sea en el plano sensorial como en el intelectual y emocional, cuya raíz no provenga del pensamiento de la creación. En éste se fijaron todos los esquemas y se dictaminaron todas las leyes. En la estructura de las *sefirot* y la forma en que se ligan o encadenan unas con otras, fue sentada la base de todo el sistema de leyes y órdenes, de acuerdo a los cuales obramos, consciente o inconscientemente. Las *sefirot* son la esencia de la realidad, son la absoluta y verdadera realidad, y todo lo que confirmamos como existente en torno nuestro es la concretización del pensamiento de la creación, la realización "en acto" de este pensamiento.

LA VOLUNTAD DIVINA ES LA PERFECTA UNIDAD

A pesar de referirnos a la voluntad Divina limitada, las diez *sefirot*, no debemos entender que la voluntad Divina se divida en partes. Por el contrario, la voluntad Divina, que es la esencia de toda la realidad, es una perfecta unidad. Somos incapaces de comprender el concepto de esencia perfecta y por eso usamos términos como "voluntad limitada" para acercarnos a la idea. Más aún, debido a la pequeñez de nuestro intelecto y a la limitación del alma por estar cautiva en un cuerpo material, no podemos comprender ni captar conceptos espirituales abstractos. Por eso sólo podemos hacer referencia a las acciones del Creador, las que somos capaces de describir intelectualmente. Por ejemplo: no cabe duda de que el sol es uno, y sin embargo, lo percibimos de modos diversos; su luz es captada por nuestra vista, y su calor por la sensación que produce en nuestro cuerpo. Mas a causa de esto no concluiremos que el sol está dividido en dos, sólo porque nuestra mente está limitada a una percepción gradual. ¿Acaso a un camino de cien metros lo consideraremos como cien unidades por el hecho de que el hombre sólo puede correr esta distancia en cien pasos? Podemos compararnos a un niño aprendiendo a leer, el cual se detiene ante cada letra hasta unirlas en una palabra, para poco después unir una palabra con la otra. Desde la perspectiva del niño, el libro está compuesto por miles de unidades. Por otra parte, un lector experimentado leerá el libro rápidamente, y a su vez un excelente lector, que conoce perfectamente el libro, recorrerá de un vistazo todo su contenido, considerándolo como una unidad.

En la esencia de la voluntad Divina no existe división ni límites, y la realidad entera está unida al Creador en total y perfecta unidad.

La relación entre el cuerpo y el alma se asemeja a la relación del *Ein Sof* (Infinito) con las sefirot

Para acercarnos más al concepto de *sefirot* podemos tomar como ejemplo la relación que existe entre el cuerpo y el alma. Nuestro cuerpo está compuesto de muchos órganos, y a cada uno le corresponde una función específica: los ojos ven, los oídos oyen, etc. Todos los órganos del cuerpo están regidos por el alma (nos referimos a los tres niveles en conjunto: *nefesh, ruaj y neshamá*). El alma es la fuerza concreta e indivisible que vitaliza y activa a todos los órganos del cuerpo humano. Aunque el alma sea una sola fuerza, cuando activa los ojos, el resultado es la visión y cuando la misma fuerza espiritual activa los oídos, la consecuencia es el oír. Otro ejemplo: cuando una corriente eléctrica proveniente de una sola fuente activa a un acondicionador de aire, el resultado que se obtiene es el aire frío; cuando la misma corriente eléctrica activa un radiador, el resultado será aire caliente. ¿Cómo es posible? El motivo es muy simple: aunque la corriente eléctrica es la misma, los instrumentos activados por ella difieren unos de otros.

Lo mismo sucede en nuestro cuerpo: el alma es una sola fuerza espiritual, pero cuando ésta activa a los ojos, el resultado es la visión, y así sucede con todos los órganos.

Volviendo a nuestro tema de análisis, diremos que el Infinito es una unidad completa, una absoluta perfección, de modo que no podemos adjudicarle al Creador atributos tales como la ira o la compasión, porque se estaría violando la unidad. Las *sefirot* son los instrumentos que utiliza el Creador para actuar a través de ellos. Cuando El Eterno quiere obrar con generosidad, envía Su luz y su voluntad a través de la *sefirá* de *jesed*, y el resultado de esta acción es lo que conocemos y definimos como entrega o generosidad.

Las *sefirot* son los actos del Creador, y por lo tanto reciben en su interior la esencia de la Luz Infinita, la esencia de la Voluntad de El Eterno, y cada una de ellas actúa conforme a las características y a las cualidades que les asignó El Creador.

Para evitar confusiones recalcamos nuevamente que estamos refiriéndonos a las raíces espirituales de la realidad, a la esencia de la misma y no al aspecto material. Si bien la realidad material es producto de dichas raíces –del encadenamiento *ex nihilo*– en este punto estamos refiriéndonos a la etapa del "pensamiento de creación", al trasfondo espiritual de la realidad con la que estamos familiarizados.

Ahora pasaremos a definir las *sefirot* desde nuevos ángulos y perspectivas.

Las sefirot son la totalidad
de los atributos del Creador

Las *sefirot* son la totalidad de los atributos que adjudicamos al Creador, basándonos en Sus actos. Cuando Le adjudicamos atributos como bondad, poder o compasión, no nos referimos a la Esencia Divina, porque no podemos darle ningún atributo al Creador ya que estaríamos limitándolo. Cuando decimos que el Creador es en esencia misericordioso, Le estamos negando la posibilidad de ser cruel en Su esencia. Sin embargo, cuando decimos que tiene inmensa bondad, la intención es que Él actúa a través de las *sefirot*, y que en este caso en particular la consecuencia es la bondad. Las *sefirot* son lo que nosotros adjudicamos al Creador de acuerdo a Sus actos y no a Su esencia.

Las sefirot son la propagación
de la santidad y el resplandor superiores

Hasta aquí recalcamos que las *sefirot* son poderes del Creador y Su voluntad de dar existencia a las criaturas y mantenerlas vivas. Pero además de su acción en el plano material, las *sefirot* representan también la propagación de la santidad y el resplandor superiores. Las *sefirot* ejercen su influencia y otorgan abundancia espiritual y santidad a todos los seres merecedores de ello, de modo que los hombres puedan ejercer el servicio a su Creador, ascendiendo espiritualmente hasta llegar a un total apego a Dios. El Creador es la fuente de la santidad, la pureza y la perfección, y de Él salen las luces, la esencia infinita que influye en Sus criaturas.

Cada ser creado posee los medios para percibir estas "iluminaciones" de santidad. Cuando un hombre hace el bien, atrae hacia sí santidad y pureza, y merece regocijarse con el resplandor de la Divina Presencia. Esta propagación de la santidad y la iluminación superiores se efectúa a través de las *sefirot* que son los canales conductores de la influencia espiritual que llega a los seres creados.

LAS SEFIROT COMO MODELOS
DEL PROCESO DE CONFIGURACIÓN DE TODA LA REALIDAD

Las *sefirot* son modelo y ejemplo de cómo se produce la materialización de la Creación, y no sólo la primera creación descrita en el Génesis exclusivamente. Todo tipo de existencia, en todos sus niveles, desde siempre, surge de acuerdo al modelo que fijó El Eterno en la Creación del mundo, y el cual se expresa en la estructura de las *sefirot*. El principio de concatenación de causa y efecto, el principio de progresión gradual, es decir, la idea primaria de todos los procesos de desarrollo, se expresan ante todo en las *sefirot*. Éstas son el devenir de la existencia de toda la realidad. Más adelante usaremos ejemplos para explicar cada una de las distintas perspectivas.

RESUMEN

Definimos a las *sefirot* desde diferentes puntos de vista, pero debemos recordar que, independiente de cómo lo hagamos, debemos tener siempre presente los siguientes aspectos:

1. Las sefirot no están separadas del Creador, sino que son la luz emanada de Él para servir a la creación;

2. Las acciones de las sefirot son iluminaciones enviadas por el Creador, centelleo de luz espiritual que se expan-

de desde Su fuente y que toma contacto con las criaturas aunque sin desconectarse de Su origen;

3. Las *sefirot* están ligadas unas a otras y obran fusionando sus fuerzas y cualidades;

4. El resultado de las sefirot y la consecuencia de sus actos conforman la realidad en su totalidad.

Citamos a continuación un texto maravilloso del libro *Maor Vashemesh* que explica con absoluta claridad lo expresado anteriormente:

"Las diez *sefirot* están presentes en todo el quehacer humano. Por ejemplo, si un hombre quiere hacer algo, se valdrá de su sabiduría (*jojmá*) y su entendimiento (*biná*) para decidir si hacerlo o no. Si al fin decide hacerlo (daat), es porque le agrada el beneficio (*jesed*) que obtendrá de tal acción, y teme (*gevurá*) por lo que sucederá si no lo efectúa, y porque desea la belleza (*tiferet*) que reside en esta acción. Así se sobrepone (*netzaj*) a los obstáculos que le impiden llevarlo a cabo, etc. Si el máximo propósito del hombre es reconfortar al Creador, incluirá a todas las diez sagradas *sefirot* en su accionar, porque de este modo construye los estratos de la Divina Presencia, eleva, y unifica todos los mundos".

II
LAS SEFIROT DEL PENSAMIENTO
KETER, JOJMÁ Y BINÁ

LA SEFIRÁ DE *KETER* (CORONA)

Mencionamos arriba que toda acción comienza en la voluntad. Siendo las *sefirot* la raíz de todo lo que sucede en nuestro mundo, debemos examinar su particular estructura y la ligazón secuencial que existe entre ellas. Si comprendemos cómo están compuestas las *sefirot* podremos comprender la estructura de toda la realidad, a todo nivel. A través del método de la concatenación de las *sefirot* y su desarrollo podemos deducir el proceso de realización de todo lo existente y su evolución. No debemos olvidar que todo acto humano, al nivel que sea, también se efectúa de acuerdo a leyes fijas y ordenadas, establecidas en las *sefirot*.

La *sefirá* de *keter* (corona) es la *sefirá* de la voluntad, el aspecto de la voluntad Divina de otorgar existencia y mantener vivo todo lo que nos rodea, lo mismo que de realizar cada acción. La *sefirá* de *keter* es la primera Emanación, es decir, la primera revelación o iluminación que propagó el Creador en el proceso de revelación de Su voluntad a Sus criaturas. Este proceso de revelación continúa luego en la concatenación del resto de las *sefirot*.

La *sefirá* de *keter* es como la corona del rey: así como ella no es parte del cuerpo del rey sino un ornamento en su cabeza, la *sefirá* de *keter* no es parte de las *sefirot* sino que las circunda. De modo similar, la voluntad humana "circunda" y "observa" desde arriba el proceso de la acción, pero no forma parte de ella.

A la *sefirá* de *keter* se la denomina "*ain*" –nada– para indicarnos que la voluntad Divina está oculta ante nuestros ojos y tampoco se revela en los actos del Creador. Por eso se dice: "No escudriñes en lo que está por sobre ti", es decir, está prohibido investigar e inquirir en nada de lo que se refiere a la voluntad del Creador, Quien es para nosotros "la Nada oculta". También en el acto de un hombre se manifiesta la voluntad de realizarlo, pero nada más que esto. De la acción misma no se puede determinar el por qué de tal voluntad, sino solamente su existencia. La Cábala responde a interrogantes como "cuál fue el propósito" de creación de las cosas, "cuál" es su naturaleza y su función, pero no responde al "por qué" fue hecho de ésta manera y no de otra. La respuesta a esta formulación se encuentra en el aspecto desconocido al que no tenemos ningún acceso: "la Nada oculta".

Y aunque la voluntad es el origen de una acción, no existe ninguna acción realizada en el vacío; cada evento y cada acción provienen de una fuente que les precedió. Y siendo así, ¿cuál es la fuente y la raíz de la voluntad humana? ¿De dónde proviene el deseo de obrar de una manera y no de otra? La respuesta es que la fuente de la voluntad es nuestra *neshamá*, "la representante Divina" que se encuentra en el interior de cada uno de nosotros, y es la fuente y la raíz de la voluntad. De hecho, los seres humanos se diferencian unos de otros en sus actos porque sus voluntades difieren entre sí, y esto se produce porque sus almas son diferentes.

La *sefirá* de *keter* se divide en dos. Por un lado está ligada a su raíz, a la Divinidad que existe en toda realidad de acuerdo a su nivel, es decir, al "alma" de dicha realidad. Por otra parte el *keter* es la voluntad de continuar la acción hasta concretarla. Estas dos partes del *keter* están descriptas en el Tratado de Avot 3:1: "Sabe de dónde provienes y hacia dónde vas". El término hebreo utilizado para "de dónde" es "*ain*" –nada– y la Cábala explica que todo proviene "de la Nada", el principio de tu existencia es "*ain*", del *keter*, de la voluntad Divina, y tú debes continuar realizando esa voluntad. Debes saber de dónde provienes y hacia dónde vas.

El Zohar brinda una interpretación similar al libro de los Salmos (121): "Alzaré mis ojos hacia los montes, de dónde (*meain*) vendrá mi ayuda". No debe entenderse tal versículo como una pregunta sino como una afirmación: la ayuda provendrá del "*ain*", de "la Nada oculta", raíz de todas las raíces, causa de todas las causas, y el rey David, autor de los Salmos, se dirigió al nivel más elevado de todos para buscar ayuda.

LA SEFIRÁ DE JOJMÁ (SABIDURÍA)

En contraposición al *keter* que circunda la mente del hombre, dentro de ella centellea el comienzo del pensamiento, asociado a la *sefirá* de *jojmá*. Después de despertarse la voluntad (*keter*), brilla en la mente la idea general de cómo materializar la voluntad llevándola a la práctica. Por ejemplo, si un hombre desea construir una casa, el primer paso se da a nivel de *keter*, o sea la voluntad; en el paso siguiente se dibuja en su mente la idea de un cuadro general de cómo deberá verse dicha casa. Esta etapa es la asociada a la *sefirá* de *jojmá*. Así como la idea general es el estadio posterior al de la voluntad, del mismo modo la *sefirá* de *jojmá* se desprende de la *sefirá* de *keter*.

A este nivel sólo existe la idea de un modo general, mas los detalles continúan aún ocultos. La idea se halla en lo profundo del pensamiento, y en esta etapa del proceso se habla en forma global, como de una materia prima que no ha sido elaborada aún en todos sus detalles. Los mismos se revelarán en la *sefirá* de *biná* (entendimiento).

La sefirá de biná (entendimiento)

En la etapa siguiente, el hombre reflexiona en su intelecto para considerar y analizar la idea general que apareció en su mente. El término hebreo *biná* comparte raíz con la expresión *hitbonenut* que significa "contemplar", "reflexionar", acto que lleva al hombre a observar en detalle lo que hasta ahora aparecía en forma general. La idea que brilló en el estadio anterior, el nivel de *jojmá*, es una idea general que aspira a expandirse ilimitadamente. Aquí llega la *sefirá* de *biná* que fija los límites a esa idea general, escudriña y revisa esa idea, la divide en partes, y si tal idea es aceptada, entonces continuará la *biná* construyéndola, desarrollándola y llevándola a cabo. Mas todo esto se realiza después que la *biná* circunscribió y delimitó los ámbitos de la *jojmá*.

La *biná* es la matriz de los detalles. Puede compararse a la formación de un bebé, comenzando por el semen del padre que contiene todos los órganos del niño, con todos sus elementos y detalles pero en forma muy general; luego viene la etapa del embarazo, tiempo en el que se desarrolla "la semilla" en el vientre de la madre, y de su forma general van surgiendo los detalles. Hasta el momento del nacimiento aún estos no son conocidos. Esto es análogo al estadio de la *sefirá* de *jojmá*, que es un nivel general, mientras que la *sefirá* de *biná* es el nivel de fertilización y desarrollo.

La *sefirá* de *biná* particulariza los detalles de la *sefirá* de *jojmá*, aunque, paralelamente, la define y le pone límites. La *sefirá* de *biná* pone coto a la aspiración de expansión ilimitada de la *sefirá* de *jojmá*. Y aunque la *biná* en cierto sentido se opone a la *jojmá*, tal antagonismo no representa una fuerza destructiva sino que, por el contrario, la construye. *Jojmá* y *biná* se complementan mutuamente. En el *Sefer Ietzirá* (1:4) está escrito: "Entiende con sabiduría *(jojmá)* y sé sabio con entendimiento *(biná)*", es decir, que la *jojmá* y la *biná* se complementan una con la otra.

Las *sefirot* de *keter*, *jojmá* y *biná* conforman la dimensión del pensamiento, que es el plano que precede a la acción. *Keter* se refiere a quien realiza la acción, mientras que *jojmá* y *biná* hacen referencia a la acción misma. La *jojmá* es la primera etapa del proceso de creación de lo existente. *Keter* está conectado con el Creador, y como *jojmá* es el primer paso en el proceso de existencia, podemos comprender el versículo de los Salmos (104): "Hiciste a todos con sabiduría", aludiendo a que toda acción comienza con *jojmá*.

III
LA DIVISIÓN DE LAS SEFIROT

INTRODUCCIÓN

Hasta ahora hemos explicado el proceso de creación de los entes existentes en términos de las *sefirot keter, jojmá* y *biná*. Dijimos que estas *sefirot* representan el plano conceptual, de pensamiento y planificación, y que conforman un nivel más elevado en comparación con el nivel de la acción.

Recordemos que no estamos hablando de una acción física o material. El objetivo de la acción de las *sefirot* es sentar las raíces espirituales de la realidad. Es decir, cuando un hombre quiere, planea o hace algo, todo eso tiene su raíz en el pensamiento de la creación. Estas tres *sefirot* proporcionan la raíz conceptual que aparece en el hombre, al tiempo que las demás *sefirot* otorgan las raíces que permiten continuar con el proceso.

JESED, GEVURÁ Y TIFERET (NETZAJ, HOD Y IESOD): LAS SEFIROT DE LA CONSTRUCCIÓN Y MALJUT: RECEPTORA UNIVERSAL

Las *sefirot* de *keter, jojmá* y *biná* son conocidas como las tres primarias, por ser las primeras y por ser las de mayor nivel. Las demás *sefirot* se denominan las siete inferiores.

En principio vamos a referirnos a estos dos grupos. De acuerdo con esta división, las tres primeras *sefirot* se ocupan del estadio del pensamiento y las siete inferiores de la realización. En otras palabras, las tres primeras brindan las raíces del pensamiento y la planificación, y las siete inferiores las raíces de la acción.

Para visualizarlo mejor tomemos nuevamente el ejemplo de un hombre que desea construir una casa. Dicha voluntad incluye desde un comienzo todos los pasos que se llevarán a cabo en la construcción hasta sus últimos detalles. Como la *sefirá* de *keter* representa el aspecto de la voluntad, todas las *sefirot* están incluidas en ella. Tras la voluntad de construir la casa, es necesario un arquitecto para que planifique y haga el diagrama general de la misma, con sus respectivos pisos, secciones, dormitorios, etc. Esta es la dimensión de la *sefirá* de *jojmá*. Para continuar es necesario un ingeniero, que debe llevar a la práctica lo descrito en el plano general del arquitecto. El ingeniero programa el tipo de materiales que deberá utilizar y sus cantidades. Esta es la dimensión de la *sefirá* de *biná*. El ingeniero decide también si es posible implementar la idea del arquitecto, y ya que las ideas son ilimitadas, muchas veces es imposible ponerlas en práctica en su totalidad. Por eso el ingeniero fija los límites de las ideas generales del arquitecto. Esta es en realidad la función de la *sefirá* de *biná*.

El próximo paso es el de la realización. En el ejemplo anterior, los obreros y los distintos especialistas representan las seis *sefirot* de *jesed, gevurá, tiferet, netzaj, hod* y *iesod*, que son llamadas *sefirot* de la "construcción", o sea, de la realización.

Quien entra a una casa, vive y hace uso de ella, está reflejando el nivel de la *sefirá* de *maljut*, quien recibe todo lo que tiene de las otras nueve *sefirot,* y quien, por sí misma, nada posee.

La *sefirá* de *daat* (conocimiento), sobre la que hablaremos más adelante, funciona como el contratista que imparte instrucciones a los obreros para que lleven a cabo lo estipulado por el ingeniero y el arquitecto. Este contratista es el eje de unión que liga al arquitecto y el ingeniero, por un lado, con los obreros, por el otro. En términos cabalísticos, la *sefirá* de *daat* conecta a las *sefirot* de *keter, jojmá* y *biná* por un lado, con *jesed, gevurá, tiferet, netzaj, hod* y *iesod* por el otro.

La *sefirá* de *maljut* no es activa ni en la planificación ni en la realización. Ella sólo recibe, y no posee nada por sí misma. A la *sefirá* de *maljut* se la compara con la luna: así como ésta recibe su luz del sol, la *sefirá* de *maljut* recibe su poder espiritual de las demás *sefirot*.

La *sefirá* de *maljut* conforma la raíz espiritual de todas las criaturas, actuando como conductora y receptora de todo lo que les llega. Es decir, las raíces espirituales que otorgan existencia y mantienen todas las partes de la realidad, comienzan en la voluntad –*keter*– y desde ahí se desprenden gradualmente a través de las *sefirot*, de acuerdo a un orden establecido, hasta llegar a la *sefirá* de *maljut*. La función de la *sefirá* de *maljut* es traspasar a las criaturas toda la abundancia que llega a ella desde los niveles superiores. Cuanto más recibe el *maljut*, más abundancia recibirán las criaturas.

En resumen, hablamos de tres grupos:

1. *Keter, jojmá* y *biná*: concernientes al pensamiento.

2. *Jesed, gevurá, tiferet, netzaj, hod* y *iesod*: concernientes a la realización.

3. *Maljut*: concerniente a la recepción y traspaso.

LAS SEFIROT LINEALES Y CIRCULARES

Hemos mencionado dos clases de providencia, general y personal. Más adelante explicaremos las diferencias existentes entre el concepto de "providencia" y el del "Poder Directivo". Por el momento señalaremos la relación que existe entre las *sefirot* lineales y circulares con los dos tipos de providencia antes mencionados.

La providencia general es la influencia de la suma de todas las influencias que ejerce el Creador para que el mundo exista, o sea, para que éste tenga las condiciones indispensables que permitan la supervivencia de los seres creados, y su servicio al Creador. Todas las leyes de la naturaleza y la totalidad de los sistemas conocidos o por conocer que posibilitan la subsistencia humana, se encuentran incluidos en esta definición.

La diferencia entre la providencia general y la personal reside en que la abundancia que llega a los seres creados por medio de la providencia general no depende de su servicio al Creador. Cuando un animal recibe su alimento a su debido tiempo, esto es independiente de si ha hecho méritos necesarios para recibirlo; éste lo recibe por formar parte de la creación de El Eterno, producto de Su voluntad. A fin de que el ser humano, cúspide de la creación, dotado de libre elección, tenga las condiciones adecuadas para cumplir su servicio a Dios, y pueda "trabajar y conservar" al Jardín del Edén (*Génesis* 2:15), fueron creadas las leyes de la naturaleza. La raíz de toda esta realidad, que no depende del servicio al Creador sino que continúa existiendo, aparentemente, por sí misma, se basa en las *sefirot* circulares.

Aquí también estamos hablando de diez *sefirot,* las que se desprenden y se conectan una a la otra. De modo descriptivo podríamos compararlas con la cáscara de la cebolla, un círculo dentro de otro, siendo el círculo exterior la *sefirá* de *keter* y el más interno la *sefirá* de *maljut.* Todos los seres creados se encuentran dentro del círculo interior.

En las *sefirot* circulares, la forma en que una se desprende de la otra carece supuestamente de lógica, ya que, por ejemplo, la valentía (*gevurá*) evoluciona a partir de la bondad (*jesed*), y la belleza (*tiferet*) a partir de la valentía, lo cual aparenta contradecir las bases del Poder Directivo. Mas precisamente, debido a que esta providencia no depende de los actos humanos ni es alterada por ellos, las *sefirot* pueden emanar en un orden que no requiere conexión entre las mismas.

El ejemplo anterior puede ilustrar el modo en que una *sefirá* se desprende de la otra de un modo independiente del comportamiento de los seres creados. Tanto al arquitecto, como al ingeniero y al contratista, cuando reciben sus directrices para hacer su trabajo, no les incumbe en absoluto quién habitará en esa casa. Su función es planificar. Tampoco a los obreros les incumbe quiénes vivirán en ella, ni qué harán con sus vidas.

En oposición a esto, al referirnos a las *sefirot* lineales, hablamos de un tipo distinto de providencia. La abundancia que llega a las criaturas a través de la providencia personal depende de su comportamiento, es decir, de su servicio a Dios. Pero la abundancia no llega a las criaturas de modo ilimitado, sino de acuerdo a los méritos que han logrado.

La mayoría de las discusiones en la Cábala giran en torno a las *sefirot* lineales y la providencia personal, la cual depende del Poder Directivo que fue fijado en el pensamiento de la creación. Las raíces de estas leyes del Poder Directivo se encuentran en las *sefirot* lineales. El modo en el que se desprenden una de la otra y su estructura, difiere del modo en que lo hacen las *sefirot* circulares, tal como veremos a continuación.

Para resumir el tema diremos que existen dos clases de revelación de la voluntad Divina. La primera es la providencia general que se manifiesta a través de las *sefirot* circulares, y que constituyen las bases de la abundancia general que permite que el mundo exista, independientemente del servicio al Creador por parte de sus criaturas. La segunda forma en que se revela la voluntad Divina es por medio de la providencia personal, y se expresa a través de las *sefirot* lineales, que son la raíz de la abundancia que llega a las criaturas por el mérito de su servicio a Dios.

IV
EL ORDEN DE LAS SEFIROT

A continuación veremos que para comprender las funciones de las *sefirot* debemos dividirlas en categorías adicionales y en diversos grupos. Esto nos servirá para aprender otra perspectiva anexa a todo lo que se refiere a la esencia de las *sefirot*.

Para facilitar su comprensión presentamos el siguiente esquema de la ubicación de las *sefirot:*

	keter	
biná		*jojmá*
	(daat)	
gevurá		*jesed*
	tiferet	
hod		*netzaj*
	iesod	
	maljut	

99

La división sobre la que vamos a referirnos se basa en tres columnas:

1. La columna derecha, que abarca las *sefirot* de *jojmá*, *jesed* y *netzaj*.

2. La columna izquierda, que comprende las *sefirot* de *biná*, *gevurá* y *hod*.

3. La columna media, que incluye a *daat*, *tiferet* y *iesod*.

La columna derecha se denomina la columna de la bondad, la izquierda es llamada columna del juicio y la central lleva el nombre de columna de la misericordia.

LAS SEFIROT DE JESED, GEVURÁ, TIFERET Y NETZAJ, HOD, IESOD.

Como dijimos anteriormente, lo que caracteriza a la *sefirá* de *jojmá* es su tendencia a expandirse y a influir en los demás de forma ilimitada. Frente a esto, lo que caracteriza a la *sefirá* de *biná* es su tendencia a restringir y limitar. La *sefirá* de *daat*, situada entre ambas, se caracteriza por su tendencia a resolver "el enfrentamiento", y a integrar y conciliar entre ambas.

Las *sefirot* de la columna derecha se desprenden de la *sefirá* de *jojmá* y llevan sus características. La *sefirá* de *jesed* comprende en sí la calidad y la esencia de la *sefirá* de *jojmá*, que es la entrega a los demás de forma ilimitada, aunque en una proporción inferior a la de *jojmá*. La *sefirá* de *netzaj* porta iguales características, pero en grado inferior, que la *sefirá* de *jesed*.

Estas tres *sefirot* (*jojmá*, *jesed*, *netzaj*) componen la columna derecha, que es la línea de la entrega, de la bondad. La *sefirá* de *jojmá* constituye la raíz de la columna derecha.

Las *sefirot* de la columna izquierda se desprenden de la *sefirá* de *biná* y portan sus cualidades. La *sefirá* de *gevurá* se caracteriza por su restricción y limitación, pero lo hace en un nivel inferior y de menor magnitud que la *sefirá* de *biná*. Lo mismo acontece con la *sefirá* de *hod*.

En el lenguaje cabalístico la limitación y la restricción son denominadas *din* (juicio), y por eso las *sefirot* de la columna izquierda se caracterizan por limitar la bondad. Por eso el concepto de "izquierda" hace referencia al juicio y, en contraposición, el concepto de "derecha" caracteriza a la bondad. Debido a que la *sefirá* de *biná* es la raíz de las *sefirot* de la columna izquierda, encontramos en el libro *Etz Hajaim* (cap. 6) que el juicio se despierta en *biná*, y aunque la *sefirá* de *biná*, en realidad, pertenece a las tres primeras *sefirot* (que debido a su altísimo nivel, se consideran la bondad y entrega absolutas), sin embargo se la considera la raíz del juicio.

La columna central comprende la *sefirá* de *daat* (que media entre *jojmá* y *biná*), la *sefirá* de *tiferet* (que media entre *jesed* y *gevurá*), y la *sefirá* de *iesod* (que media entre *netzaj* y *hod*).

Según esta división distinguimos entre la columna derecha, que es toda bondad y entrega a los demás; la columna izquierda, que es mera limitación y restricción de la bondad; y la columna media, que es la que al fin decide y sentencia entre la columna derecha y la izquierda.

Estas tres columnas conforman las tres categorías del poder directriz de bondad, juicio y misericordia. Más adelante elaboraremos este concepto.

DIVISIÓN DE LAS SEFIROT EN PRINCIPIO, MEDIO Y FIN

De acuerdo con esta división *jojmá*, *biná* y *daat* son las *sefirot* que forman el grupo del principio o la cabeza, es decir, son los cerebros –*mojín*– de las *sefirot*. El segundo grupo está formado por *jesed*, *gevurá* y *tiferet*, que es el grupo del medio o interior, y representa a las virtudes y los sentimientos. El tercer grupo es netzjaj, *hod*, *iesod*, que es el grupo del fin, quien trasmite las decisiones recibidas más arriba para que la *sefirá* de *maljut* las concretice.

El grupo de la cabeza es quien guía y dirige a *jesed*, *gevurá* y *tiferet*, y éste, el grupo del medio, dirige al grupo del fin, ne-tzaj, *hod* y *iesod*. La explicación es que a nivel del cerebro –*mojín*– existe supuestamente un debate entre *jojmá* y *biná*, a nivel de pensamiento y de planificación, y la *sefirá* de *daat* es el árbitro que decide y transmite la decisión al grupo del medio formado por *jesed*, *gevurá* y *tiferet*. Ahora allí se produce un apasionado debate entre *jesed* y *gevurá*, y en este caso es la *sefirá* de *tiferet* la que dictamina el fallo y transmite la decisión al grupo final de *netzaj*, *hod* y *iesod*. También entre *netzaj* y *hod* se delibera y la decisión la toma *iesod*, quien la transmite a la *sefirá* de *maljut*. Esta, la *sefirá* del *maljut*, como por sí misma no posee nada, transmite lo recibido de las nueve *sefirot* a los seres creados.

Para entenderlo mejor usaremos un ejemplo, y de éste podremos concluir que todo lo existente atraviesa este proceso descrito en las diez *sefirot*.

Un padre que ama profundamente a su hijo ve que su comportamiento comienza a deteriorarse, que come inadecuadamente y bebe sin medida. En un comienzo se despierta en el padre la voluntad de hacer algo al respecto; podemos decir que esta voluntad es castigar a su hijo para que retome el buen camino. En un segundo momento el padre piensa cuáles serán las implicaciones negativas de lo que su hijo hace, y entonces planea cómo actuar. El pensamiento y la planificación corresponden al nivel de la *sefirá* de *jojmá*. Si el padre hubiera actuado de acuerdo con las "recomendaciones" de la *sefirá* de *jojmá*, habría castigado duramente a su hijo porque la característica de ésta es actuar sin límites. (Debemos comprender que si se tratara del caso contrario, de dar un premio por buena conducta, lo que sugeriría la *sefirá* de *jojmá* sería también dar un premio sin límites). El padre reflexiona entonces y se imagina que tal reacción de su parte puede traer aparejada una conducta aún peor de parte del hijo. En este punto interviene la *sefirá* de *biná* y supuestamente le dice al padre (es decir, a las recomendaciones que el padre recibió de la *sefirá* de *jojmá*), que en realidad el comportamiento del hijo no es tan terrible y que no hay que exagerar imaginando que es el fin del mundo. De este modo la *biná* limita las sugerencias de la *sefirá* de *jojmá*. Después del enfrentamiento entre estas dos *sefirot*, el padre toma una decisión, que en realidad es un punto medio entre lo recomendado por *jojmá* y las limitaciones sugeridas por la *biná*. El fallo lo determina finalmente la *sefirá* de daat. Y ahora, la *sefirá* de *daat* transmite la decisión recibida en el ámbito de las *sefirot* superiores al nivel de *jesed, gevurá* y *tiferet*.

Hasta aquí nos hemos referido a las frías consideraciones y cálculos del nivel del pensamiento. De aquí en adelante comienza la fase referente al nivel emocional. Por un lado (desde la perspectiva de *jesed*) vemos cómo la cólera se apodera del padre, y su enojo lo supera, de modo que quiere hacer lo que le recomiendan *jesed, biná* y *daat*. El motivo de esto es justamente porque el amor del padre a su hijo es tan intenso que desea ayudarlo. Si le diera a *jesed* la posibilidad de decidir, su cólera se sobrepondría sin ningún freno y así el padre castigaría severamente a su hijo. Aquí interviene la *sefirá* de *gevurá*, que restringe y limita los consejos dados por *jesed*. Esta interferencia limita el entusiasmo despertado en la *sefirá* de *jesed*, y pone sus límites al arrebato de cólera, apaciguándolo. La decisión última entre las recomendaciones de *jesed* y lo propuesto por *gevurá* es tomada por *tiferet*, la "representante" de la columna del centro.

Al final de todo el proceso el padre castiga a su hijo, y la acción misma es realizada por la *sefirá* de *maljut*. Pero entre el momento de la decisión emocional y el de la puesta en práctica, existe una etapa intermedia, la de las *sefirot netzaj, hod* y *iesod*, cuya característica es traspasar las decisiones tomadas en el ámbito emocional a la acción misma. En otras palabras, las *sefirot netzaj, hod* y *iesod* representan el paso y la transición del estado teórico al práctico, de la potencia al acto. También en este plano existen disquisiciones entre las *sefirot* de *netzaj* y *hod*. La primera, *netzaj*, es una *sefirá* que pertenece a la columna derecha, y cuya característica es la expansión y entrega ilimitadas. La recomendación de *netzaj* es ejecutar la decisión tomada en las *sefirot* superiores –castigar al hijo– sin límite de tiempo o cantidad, es decir, darle un castigo inmediato y completo. La *sefirá* de *hod*, por el contrario, restringe e impide la ejecución sugerida por *jesed*. Aquí también la *sefirá* de *iesod* es decisiva, transmitiendo la decisión a la *sefirá* de *maljut* para ser ejecutada. Cuando al final de este proceso el padre castiga a su hijo, lo efectúa a través de la *sefirá* del *maljut*.

Recordemos que las *sefirot* no crean la realidad sino que generan las raíces en que ésta se apoya y se sustenta. A partir de esto, dichas raíces generan una realidad *ex nihilo* –creación a partir de la nada– por mediación de un poder especial que no pertenece a las *sefirot*.

En resumen: en todo proceso encontramos la etapa de planificación, el entusiasmo, y la transición a la acción. Las *sefirot jojmá, biná* y *daat* sientan las raíces de todo lo conectado al pensamiento y planificación; las *sefirot jesed, gevurá* y *tiferet* sientan las raíces de todo lo referente al entusiasmo y a la emoción; y las *sefirot netzaj, hod* y *iesod* representan las raíces de la transición de la potencia al acto. Por último, la *sefirá* de *maljut* forja las raíces de la puesta en práctica, o sea, la acción.

V
EL PODER DIRECTIVO (HANHAGÁ) Y LA PROVIDENCIA (HASHGAJÁ)

EL SIGNIFICADO DEL TÉRMINO HANHAGÁ EN LA CÁBALA

En el lenguaje cotidiano un líder –*manhig*– es un hombre que guía a otros hacia una meta determinada y el Poder Directivo –*hanhagá*– es la cualidad que caracteriza al líder. En la terminología cabalística, el Poder Directivo, tiene un sentido más amplio. Cuando decimos que el Creador dirige su mundo, estamos diciendo que Él abastece al mundo con todo lo necesario y que completa toda carencia.

En la Cábala, el Poder Directivo representa una dimensión espiritual, ya que el mismo se ejerce por medio de las *sefirot*, las cuales actúan a nivel espiritual. Las *sefirot* "conforman" las raíces de la realidad material creada *ex nihilo*. Sin las raíces espirituales no tendría existencia la realidad material.

Existen tres tipos de Poder Directivo:

1. de la bondad *(jesed)*
2. del juicio *(din)*
3. de la misericordia *(rajamím)*.

Cuando decimos que el Creador dirige a su mundo con bondad, nos referimos a que las *sefirot* de la columna de la bondad, de la columna derecha, son las predominantes; éstas son las responsables de sentar las raíces espirituales que vitalizan y sostienen a la realidad material. Tras asentarse estas raíces, un poder de iluminación especial las lleva de la potencia al acto. Estas raíces, que fueron formadas bajo la directiva de la bondad, son manifestaciones de la voluntad del Creador de dirigir a su mundo con benevolencia. La diferencia entre el Poder Directivo de la bondad y el del juicio reside en que, cuando se entrega la directriz a las *sefirot* de la columna del juicio, la columna izquierda, la cantidad y calidad de las raíces espirituales serán inferiores y de menor grado que las del Poder Directivo de bondad. Como resultado de esto la realidad material que no es más que la "traslación" de dichos poderes espirituales, también será menor en cantidad y calidad.

Estamos hablando de dos tipos de "abundancia" que llegan a los seres creados:

1. Abundancia espiritual, que es la totalidad de las luces emergentes de las *sefirot*.

2. Abundancia material, creación *ex nihilo*, que es la traslación de dichos poderes espirituales para el usufructo del hombre.

En contraste con el hombre que necesita convertir la abundancia espiritual en material, hay criaturas más elevadas, como por ejemplo los ángeles, que no necesitan nada material, ya que carecen de cuerpo, y la abundancia que les llega de las *sefirot* es puramente espiritual.

A continuación nos referiremos a la relación existente entre los distintos tipos de Poder Directivo y las *sefirot*.

EL PODER DIRECTIVO EN LAS SEFIROT
JESED, GEVURÁ Y TIFERET

A pesar de que el Poder Directivo del mundo se divide en diez *sefirot*, las mismas se subdividen en tres categorías principales:

a) la de la bondad, b) la del juicio, c) la de la misericordia. Y si bien estos tres tipos se adaptan a las *sefirot* de *jesed, gevurá* y *tiferet*, los sabios cabalistas que recibieron su sapiencia del profeta Elías, nos enseñaron que durante los seis mil años de existencia del mundo los seres humanos no lograrán adaptarse a estas tres categorías, debido a su bajo nivel espiritual.

La explicación es la siguiente: puesto que la esencia de la bondad es brindar generosamente, sin límites, se necesita un enorme nivel espiritual para sobreponerse al instinto que inclina al individuo a apropiarse de la abundancia material y espiritual provenientes del Poder Directivo del *jesed*, en lugar de dirigirlo por completo al servicio del Creador. Ya que durante los seis mil años no logramos los medios para recibir todo este bien, el resultado inevitable ha de ser olvidarnos de Quien nos lo proporcionó, tal como está dicho: "Y Ieshurún engordó y luego pateó" (*Deuteronomio* 32:15).

Por otro lado, el mundo no puede soportar la severa crítica que caracteriza al Poder Directivo del juicio. E incluso el Poder Directivo de misericordia, que es el Poder Directivo verdadero en su mayor esplendor, no se adapta a las criaturas que no han llegado aún al nivel de la verdad. Por consiguiente, vemos una realidad por espacio de seis mil años, en la que ninguno de los tres principios rectores (bondad, juicio y misericordia) se adapta. Es por eso que el Creador emanó para este período un Poder Directivo combinado entre las *sefirot* de *netzaj, hod* y *iesod* y las *sefirot* de *jesed, gevurá* y *tiferet*, creando un tipo particular de conducción adaptado a este tiempo.

LA DIVISIÓN DE LAS DIEZ SEFIROT Y EL PODER DIRECTIVO

La característica de la *sefirá* de *keter* es la abundancia de bondad y misericordia ilimitadas para con lo creado, sin importar los méritos del receptor. Al respecto escribe el *Talmud*: "Mostraré compasión cuando elija mostrar compasión" a pesar de que no lo merezca (Tratado *Berajot* 7a). Desde este punto de vista, tanto la *sefirá* de *jojmá* como la de *biná* representan un gran nivel de bondad, debido a su alto nivel espiritual. En otras palabras, cuando el Creador dirige su mundo a través de las *sefirot* de *keter, jojmá* y *biná*, una gran abundancia viene al mundo, sean sus criaturas merecedoras o no. Y aunque la *biná* sea la raíz de la columna izquierda, los juicios sólo provienen de la *sefirá* de *gevurá*. La *biná*, por formar parte de las tres *sefirot* primarias, es poseedora de bondad y misericordia absolutas. Por eso, cuando decimos en nuestras plegarias "Sea Tu voluntad" –*iehi ratzón*– estamos pidiendo a El Eterno que actúe y guíe a su mundo a través del nivel de Su voluntad –*ratzón*–, el mismo de *keter, jojmá* y *biná*, de modo que recibamos abundancia de generosidad y misericordia, independientemente de nuestros méritos.

Lo que caracteriza a las tres primeras *sefirot* es la cualidad de influir el bien en abundancia sin discriminar entre el justo y el malvado. Mas la *sefirá* de *jesed*, cuya cualidad es proporcionar generosidad en abundancia, la otorga sólo a quien la merece. La *sefirá* de *gevurá* se caracteriza por su limitación y restricción, y éste es el juicio en que se sentencia a cada uno según sus actos. *Tiferet* es la *sefirá* que media entre *jesed* y *gevurá*, pero tiende más a la derecha, hacia la bondad.

La cualidad de la *sefirá* de *netzaj* es la de guiar de acuerdo a la bondad –*jesed*–, pero no según la bondad pura sino integrada con el juicio. Por ejemplo: cuando un hombre es castigado y considera que se le ha hecho un mal, a este Poder Directivo se lo denomina "un hombre justo que está sufriendo" –*tzadik verá lo*. Y si preguntamos: ¿Qué clase de bondad es ésta? La respuesta es que El Eterno hace un gran bien con él, porque, como quiere beneficiarlo posteriormente, lo castiga en este mundo para expiarlo y quitar toda inculpación hacia él así podrá recibir el bien eterno en el mundo por venir. Este es un ejemplo de la bondad integrada con el juicio.

La cualidad de la *sefirá* de *hod* es el juicio integrado con la bondad, y un ejemplo de esto es "un hombre malo que prospera", –*rashá vetov lo.* Al malvado le parece que le están haciendo un bien, pero la verdad es que lo que está recibiendo es la retribución a los pocos méritos que obtuvo en este mundo; lo que de verdad se merece lo recibirá en el mundo venidero. Este es un ejemplo del juicio integrado con la bondad.

La *sefirá* de *iesod* es la que media entre las *sefirot* de *netzaj* y *hod*, pero se inclina hacia la izquierda.

Vemos que el Poder Directivo de estas seis *sefirot* –*jesed, gevurá, tiferet, netzaj, hod* y *iesod*– se realiza de acuerdo al comportamiento humano, y por eso al Poder Directivo de estas se lo denomina "el Poder Directivo de la justicia". Frente a este, la directiva de *keter jojmá* y *biná* es absolutamente independiente de las acciones humanas.

Lo propio de la *sefirá* de *maljut* es recibir de las *sefirot* y supervisar a las criaturas, para revelar el reinado Divino en el mundo.

LA SEFIRÁ DE MALJUT: CONEXIÓN ENTRE EL CREADOR Y SUS CRIATURAS

El objetivo de la creación es revelar la unidad del Creador. Para lograrlo El Eterno quiso que Su presencia y providencia se extendieran sobre sus criaturas. En otros términos, el Creador quiso que las criaturas, poseedoras de libre albedrío, supieran que existe una realidad espiritual que las conecta con el Creador y que todas sus acciones conllevan una reacción apropiada en los mundos superiores. La realidad espiritual que conecta a las criaturas inferiores con su Creador es denominada *Shejiná*, la Divina Presencia, lo cual implica que el Creador habita entre ellos.

En términos de *sefirot*, la *Shejiná* es la *sefirá* de *maljut*. Ella capta el servicio a Dios que realizan los hombres, y transmite lo que recibió a la *sefirá* de *iesod* que se encuentra por encima de ella.

Debemos recordar que la mano que se mueve, la boca que habla y el cerebro que piensa, son meros instrumentos, ya que la esencia del acto, del habla y del pensamiento es el alma humana. El alma de cada persona en particular es la esencia misma del Infinito, la "representante Divina" en el hombre. Aquí podemos comprender cómo el servicio a Dios, que es una labor física, recibe significado espiritual de santidad y pureza. De hecho, lo que hace el alma humana es "traducir" las acciones físicas a valores espirituales. La *sefirá* de *maljut* percibe el servicio a Dios a través del alma.

Pongamos un ejemplo. Un hombre come para satisfacer su apetito y para conservar su salud. La comida atraviesa un proceso digestivo; los componentes de este alimento que beneficiarán al cuerpo serán conservados y el resto será expulsado fuera del organismo. La parte que queda dentro del cuerpo atraviesa procesos digestivos, y abastece de energía al cerebro. Dicho más claramente, un hombre que no se alimenta adecuadamente dañará sus células cerebrales y, por ende, su pensamiento se verá afectado. De aquí que el invento de un gran genio no es más que el resultado de un compuesto físico. ¿Cómo es posible algo así? Sin duda existe una fuerza que supuestamente "transforma" el alimento físico en energía espiritual.

También en la analogía, si durante el cumplimiento de los preceptos "físicos" (como es el ponerse las filacterias, *tefilín*) logramos unir el pensamiento a la entrega y dedicación que acompañan al precepto, ese acto no será un mero acto físico sino una acción que vitaliza al alma, la "representante Divina". Aquí actúa la *sefirá* de *maljut* y traduce la acción del precepto, que es la voluntad del Creador, en valores espirituales que se elevan así al grado de la *sefirá* de *iesod*.

EL PODER DIRECTIVO (HANHAGÁ) Y LA PROVIDENCIA (HASHGAJÁ)

Debemos distinguir entre dos dimensiones, cuyas esencias difieren: el Poder Directivo y la providencia.

La providencia es la supervisión del Creador, la cual recompensa a los hombres justos y castiga a los impíos. Por otra parte, las reglas de cómo, cuánto y de qué manera habrá de retribuirse, son estipuladas por el Poder Directivo.

Hay veces en que el Creador dirige a Su mundo con extrema bondad, hasta el punto que perdona a los malvados, y a veces rige a Su mundo haciendo extremo juicio, de modo que hasta los justos son castigados. Otras veces guía a Su mundo bajo la línea media. Estos tres ejemplos reflejan el poder director de bondad –*jesed*–, juicio –*din*– y misericordia –*rajamím*–, referidos anteriormente. La abundancia que llega a las criaturas depende del Poder Directivo.

Por ejemplo, si una acción está siendo juzgada en el Juzgado Supremo, si el Poder Directivo usado es el de la bondad, gran abundancia llegará al mundo, y si el mundo está siendo regido por el Poder Directivo del juicio, sólo llegará una parte ínfima de dicha abundancia.

Nos referimos entonces a dos dimensiones:

1. La voluntad del Creador de aceptar el despertar espiritual de Sus criaturas realizando Su voluntad, para así poder retribuirles de acuerdo a sus actos. Esta es la dimensión de la providencia.

2. Todas las leyes y reglamentaciones fijadas por el Creador acerca de cómo retribuirles a sus criaturas por sus actos. Esta es la dimensión del Poder Directivo.

El Poder Directivo pertenece a las Sefirot, pero su consecuencia es la abundancia material

Como explicamos anteriormente, la abundancia que llega a los seres creados depende del tipo de Poder Directivo que aplica el Creador en el mundo. A pesar de que el Poder Directivo es un asunto espiritual por tratarse de la raíz de todas las cosas, de todas maneras la consecuencia de estas raíces se expresa por medio de la abundancia material o espiritual que llega a los seres creados.

La realidad material en su totalidad está compuesta por cuatro elementos: fuego, aire, agua y tierra. Cuando el Creador rige a su mundo con bondad, la consecuencia de su Poder Directivo en el mundo material es el elemento del agua (no nos estamos refiriendo sólo al elemento agua, sino a la materia en que el elemento agua predomina). Cuando el Creador rige a su mundo bajo la característica del juicio, la consecuencia en el mundo material es el elemento del fuego. Cuando el Creador rige a su mundo bajo la característica de la misericordia, la consecuencia es el elemento del aire.

Esto indica que cuando el Creador rige a su mundo bajo la característica de la bondad, emergen raíces espirituales especiales cuyas consecuencias materiales (la forma en que se traducen al plano físico) se manifiestan en el elemento del agua, y cuando el Creador rige a su mundo bajo la característica del juicio, emergen raíces espirituales especiales cuyas consecuencias materiales cobran formas de fuego; y la medida de la misericordia echa las raíces espirituales cuya consecuencia es el aire.

Estos tres principios, en conjunto con la tierra, que es *maljut*, componen toda la realidad de los niveles inanimado, vegetal, animal y humano.

LAS SEFIROT DE JOJMÁ, BINÁ Y DAAT
SON LA GUÍA DEL PODER DIRECTIVO

La base del Poder Directivo se encuentra en las *sefirot jesed, gevurá* y *tiferet*. Estas *sefirot* son las encargadas de establecer las reglas de la dirección del mundo. Pero es necesaria otra decisión que determina la intensidad de este poder, o en otros términos, la cantidad y calidad de bondad, juicio o misericordia que ha de llegar a los seres creados. En las *sefirot jesed, gevurá* y *tiferet* se determina si el Poder Directivo será del tipo de bondad, juicio o misericordia y en las de *jojmá, biná* y *daat* se estipula la intensidad de este poder.

Por ejemplo, si se determina que el Poder Directivo sea del tipo de bondad, en *jojmá, biná* y *daat* se decidirá qué clase de bondad, si bondad ordinaria o extraordinaria. La diferencia se encuentra en la cantidad y también en la calidad. Bajo la directiva de bondad ordinaria cada uno recibe de acuerdo a sus acciones, y bajo la directiva de suma bondad también los impíos se ven beneficiados, aunque no sean merecedores.

Para ilustrar lo anterior se puede describir a la relación de las *sefirot* entre sí como centelleos de iluminación. Es como si una *sefirá* enviara iluminaciones y destellos de luces y la otra los recibiera. Desde el punto de vista intelectual, las *sefirot* son poderes mentales cuya relación depende del mutuo acuerdo entre la *sefirá* dadora y la receptora. En este caso, las *sefirot jojmá, biná* y *daat* actúan como dadoras e influyen abundancia porque son el "cerebro" de las *sefirot*. Las *sefirot jesed, gevurá* y *tiferet* son las que reciben este poder y actúan conforme a él. En otras palabras, las *sefirot* de *jojmá, biná* y *daat* rigen y guían a las *sefirot jesed, gevurá* y *tiferet* y por eso son consideradas las guías del Poder Directivo.

En lenguaje cabalístico decimos que las *sefirot jojmá, biná* y *daat* se revisten en las *sefirot jesed, gevurá* y *tiferet*, y cuanto más completo sea ese proceso, cuanta mayor aceptación y acuerdo exista entre las *sefirot*, más notoria será la influencia de las *sefirot jojmá, biná* y *daat*.

Ya vimos antes que el Poder Directivo de las *sefirot jojmá, biná* y *daat* es el más elevado, porque las raíces que salen de ellas son las más prominentes cuantitativa y cualitativamente. Por eso cuando percibimos un alto grado de iluminación y de elevada intensidad ejercido por las *sefirot jojmá, biná* y *daat* en *jesed, gevurá* y *tiferet*, el Poder Directivo de *jesed, gevurá* y *tiferet* será de mayor calidad y poder.

En otras palabras, cuando las *sefirot jojmá, biná* y *daat* resplandecen en las de *jesed, gevurá* y *tiferet* con gran intensidad, aumentará el grado de bondad que surja de *jesed, gevurá* y *tiferet*; y cuando *jojmá, biná* y *daat* quitan su fuerza de *jesed, gevurá* y *tiferet*, el resplandor de bondad que salga de *jesed, gevurá* y *tiferet* decrecerá.

LA TRANSICIÓN DEL PODER DIRECTIVO A LA PROVIDENCIA

Hemos definido a las *sefirot jesed, gevurá* y *tiferet* como lo principal del Poder Directivo, y a las *sefirot jojmá, biná* y *daat* como su guía. La *sefirá* de *maljut* es la ejecución misma de la acción. Tomando el caso del hombre, vemos que no le es suficiente pensar con el cerebro y sentir con el corazón, sino que requiere de una fuerza adicional para lograr llevar las decisiones mentales al plano de la acción. Lo mismo sucede al nivel de las raíces espirituales. Las *sefirot netzaj, hod* y *iesod* tienen la cualidad de traspasar lo que se encuentra en *jesed, gevurá* y *tiferet* a *maljut*, y así echar las raíces de dichas fuerzas.

Ahora podemos dividir las *sefirot* desde un nuevo punto de vista: las *sefirot* del Poder Directivo y las *sefirot* de la providencia.

Las *sefirot* del Poder Directivo son nueve, y se dividen así: *jesed*, *gevurá* y *tiferet* —el Poder Directivo principal; *jojmá*, *biná* y *daat* —la guía del Poder Directivo— y *netzaj*, *hod* y *iesod* —la transición del Poder Directivo a la providencia. La *sefirá* de *maljut* es la providencia en sí.

CADA SEFIRÁ ESTA COMPUESTA POR DIEZ SEFIROT

Hasta aquí, cuando nos referimos a las diez *sefirot*, causamos la impresión de que cada *sefirá* obra de acuerdo a su definición. Por ejemplo, la *sefirá* de *jesed* actúa única y exclusivamente con bondad, y la *sefirá* de *gevurá*, sólo con valentía. Mas esto no es así ya que cada *sefirá* está compuesta a su vez de diez *sefirot*.

La *sefirá* de *jesed* está compuesta por *keter* de *jesed*, *jojmá* de *jesed*, *biná* de *jesed*, *jesed* de *jesed*, *gevurá* de *jesed*, *tiferet* de *jesed*, *netzaj* de *jesed*, *hod* de *jesed*, *iesod* de *jesed* y *maljut* de *jesed*. Esto ocurre en todas las *sefirot*, y de hecho, estamos hablando de un sinfín de *sefirot*, ya que cada una de estas subdivisiones, a su vez, está subdividida en otras diez.

Se puede considerar a la Emanación de las *sefirot* como una "versión" saliendo de la anterior. De acuerdo a esto la primer "versión" es la de las diez *sefirot* del Mundo de la Emanación, y de cada una de ellas se desprende un sinfín de *sefirot*. Cada *sefirá* que surge de la anterior es un poder espiritual, expansión de la Divina voluntad, que recibe su fuerza y su vitalidad de la causa que la generó.

Visto desde otra perspectiva, cada "nueva" *sefirá* se torna causa y raíz de una realidad material, o, como lo definimos anteriormente, cada *sefirá* se convierte en la forma de una determinada materia. Así, la suma de todas las distintas versiones de las *sefirot* conforman el total de formas de la realidad material. La *sefirá* de *jesed* del Mundo de la Emanación es la "primera versión". En la segunda "versión" aparece *jesed* de *jesed* o *gevurá* de *jesed*, y en la tercera *gevurá* de *jesed* de *jesed*, o la *gevurá* de la *gevurá* de *jesed*, y así sucesivamente. En cada versión la iluminación es más específica, es decir, se adapta más exactamente a una realidad particular. Y así como no existe una iluminación similar a otra, tampoco existe una realidad material idéntica a otra.

Así, y tal lo aprendido, el Mundo de la Emanación es el pensamiento de la creación, y las diez *sefirot* del Mundo de la Emanación incluyen en sí todas las raíces espirituales de todo lo que acontece en sus más ínfimos detalles. Por ejemplo, la *sefirá* de *jesed* del Mundo de la Emanación, incluye todas las raíces de todos los acontecimientos y las acciones que sustraen su fuerza de la *sefirá* de *jesed*. Lo mismo sucede con el resto de las *sefirot*.

TODA REALIDAD ESTÁ COMPUESTA POR LAS DIEZ SEFIROT

Mencionamos anteriormente que toda realidad se conforma y está regida por las diez *sefirot*. De hecho, cuando dos realidades se distinguen entre sí, lo que realmente sucede es que las diez *sefirot* que las componen se diferencian. El Gaón de Vilna escribe en su obra sobre el *Sifra Detzniuta*: "Las diez *sefirot* resplandecen en todos los seres creados pues cada uno posee una fuerza que actúa de acuerdo a su nivel de creación, y por eso las diez *sefirot* de uno no son similares a las del otro". En otros términos, la existencia y supervivencia de cada creación proviene del poder del Infinito –*Ein Sof*– que actúa en ella. Cada unidad de esta fuerza actuante se compone por diez *sefirot*, ni más ni menos. Lo que ocurre es que la criatura de menor nivel tiene menor capacidad de recepción, y en esto reside la diferencia entre los seres creados.

Ya que toda *sefirá* está compuesta por diez *sefirot*, es como si tuviésemos diversas "versiones", cada una de ellas de menor magnitud e importancia que la versión que la originó, siguiendo el principio del desarrollo gradual. Recordemos que cada fuerza actuante es, de hecho, una unidad compuesta por las diez *sefirot*. Con esto se explica el tema de los infinitos niveles de la fuerza actuante, los cuales se adaptan a cada realidad de acuerdo a su nivel.

LAS ACCIONES HUMANAS
PROVOCAN EL DESPERTAR DE LAS SEFIROT

Al igual que las ciencias naturales hablan de la ley de conservación de la materia y la energía, la Cábala se refiere a la "ley de la conservación de las fuerzas espirituales" o "ley de la conservación de la obra del Creador". Todo lo que hacemos, hablamos o pensamos, trae aparejada una reacción en los mundos superiores, es decir, en la raíz de todas las cosas.

Como ya mencionamos, el Creador quiso que su Divina Presencia habitara entre los seres por Él creados para preservarlos y cuidar sus actos. La Presencia Divina es la *sefirá* de *maljut*. Además, toda persona posee un alma que es una "representante Divina" situada en su interior, de modo que todo lo que hace está permanentemente conectado con su alma. Cuando decimos que la *sefirá* de *maljut* "capta" o "percibe" por un lado el servicio a Dios que el hombre realiza y, por el otro, sus malas acciones, nos referimos a que la *sefirá* de *maljut* está ligada al alma de esta persona. Así una esencia espiritual (la *sefirá* de *maljut*) se conecta con otra esencia espiritual (el alma). Puesto que el origen de todas nuestras acciones, palabras y pensamientos se encuentra en nuestra alma, la *sefirá* de *maljut* percibe la esencia de todo lo que hacemos, decimos o pensamos.

El rol de la *sefirá* de *maljut* es recibir y transmitir a las *sefirot*. La conexión entre la *sefirá* de *maljut* con la de *iesod* es en dos direcciones. *Maljut* recibe de *iesod* y traspasa a los seres creados, y a su vez recibe de estos y transmite a *iesod*. La *sefirá* de *iesod* transmite lo que recibe de *maljut* en dirección a las alturas espirituales, hasta alcanzar la raíz misma de cada acción. Para entenderlo correctamente citaremos un ejemplo:

> Un soldado que se destaca en una acción militar recibe una medalla, y cuanto más arriesgada haya sido la acción realizada, la condecoración que reciba será de mayor nivel. Así también existen quienes reciben su medalla de un oficial de brigada, hay quienes la reciben del jefe de las fuerzas armadas y hay quienes la reciben del comandante en jefe de todas las fuerzas. En cada caso, antes de entregar una condecoración al mérito, se efectúa un debate. Cuanto más alto sea el rango oficial del que provenga la condecoración, más lo será el número de discusiones que se efectúen a los diferentes niveles.

De modo análogo, cuando decimos que la *sefirá* de *iesod* transmite lo que recibió de la *sefirá* de *maljut* a las *sefirot* superiores, estamos implicando que se establece una especie de debate entre las *sefirot* de *netzaj*, *hod* y *iesod* para resolver si la esencia espiritual recibida de *maljut* es digna de pasar a un nivel más elevado. Una resolución positiva señala que existió un acuerdo entre las *sefirot*, y que consideran que la raíz espiritual del servicio a Dios es sublime y merece ascender. Cuanta mayor devoción y entrega exista en el cumplimiento de un precepto, aunque el mismo haya sido un acto físico realizado por el cuerpo, la raíz espiritual de dicha acción será más sublime y excelsa.

Así como todo acto material conlleva alguna consecuencia, lo mismo sucede en el plano espiritual. Es así como el servicio a Dios a través de los preceptos de la Torá provoca la corrección del alma y del mundo individual de la persona y repercute sobre el resto de almas. Este es nuestro anhelo por el que bregamos: corregir al mundo bajo el Reinado Divino. Este es el propósito de toda la creación.

La sabiduría cabalística define y explica los procesos de esta corrección y especifica cuáles son las fuerzas espirituales que operan para corregir el mundo, y qué correcciones en cadena se provocan. Más aún, explica cuáles son los daños producidos por las transgresiones humanas y qué debe hacer el hombre para remediarlo.

VI
LOS NOMBRES DE LAS SEFIROT
Y SUS APELATIVOS

Es imposible dar un nombre, otorgar apelativos o describir al Creador. De todos modos hallamos en la Torá expresiones que lo califican como "misericordioso", "clemente", y muchas más. Para resolver esta aparente contradicción debemos distinguir entre dos etapas. La primera es anterior al despertar de la voluntad del Creador de emanar los mundos, momento en que toda la realidad estaba unida en perfecta armonía con Su esencia. Durante este período era imposible nombrar o pronunciar apelativos o descripciones acerca de El Eterno. Mas después que el Creador manifestó Su voluntad de crear mundos y darle al hombre, poseedor de libre albedrío, el poder de actuar, Su voluntad se revistió en las *sefirot*, que son Sus atributos. Él quiso que Lo conociéramos y que conociéramos Sus caminos, y ésta es la razón por la que encontramos en la sagrada Torá Sus nombres y apelativos. De acuerdo con los sabios cabalistas, en los pasajes bíblicos no sólo encontramos Sus apelativos sino "los apelativos de los apelativos", y es así como la Torá está totalmente entrelazada por Sus nombres.

Por ejemplo, el nombre E-l (*alef, lamed*), es uno de los nombres sagrados que no pueden borrarse, mientras que nombres como "grande", "misericordioso, "clemente", etc., son apelativos del nombre E-l. Asimismo el nombre *Elokim* es uno de los nombres sagrados que tampoco pueden ser borrados, pero los nombres "poderoso" y "juez" son apelativos de éste. Veremos más adelante, en el capítulo dedicado a los nombres del Creador, todas las variantes que surgen del nombre de las cuatro letras –*iud, hei, vav, hei*. Este nombre es como el tronco de un árbol, y los demás nombres y apelativos son ramificaciones que salen de él, y cada rama a su vez produce su propio fruto.

Cada *sefirá* posee también numerosos nombres y apelativos, los cuales se dividen en dos:

1. Toda *sefirá* corresponde a una variante del nombre de las cuatro letras pero con diferente puntuación. Por ejemplo, la sefirá de *keter* es iud, hei, vav, hei, mas con la puntuación denominada *kamatz*; *jojmá* con la puntuación denominada *pataj*; *biná* con *trire*; *jesed* con *segol*; *gevurá* con *shva*; *tiferet* con *jolam*; *netzaj* con *jirik*; *hod* con *shuruk*; *iesod* con kubutz, y *maljut* sin puntuación. La puntuación recalca una característica especial del nombre de las cuatro letras, y por eso, la falta de puntuación en *maljut* se debe a que ésta no posee nada por sí misma. En el libro de rezos basado en la sabiduría de la Cábala encontramos una puntuación diferente cada vez que aparece el nombre de las cuatro letras en las distintas bendiciones. Por ejemplo, en la bendición "Tú otorgas conocimiento al hombre", el nombre de las cuatro letras está puntuado con *pataj*, ya que estamos apuntando a la Luz Infinita que se revela en la *sefirá* de *jojmá*. En la bendición "Quien bendice los años" el nombre está puntuado con *jirik*, porque apelamos al Creador, al *Ein Sof* revelado en la sefirá de *netzaj*.

2. La segunda categoría de nombres de sefirot son aquellos que se refieren a los Nombres del Creador, o de un modo más exacto, a la esencia del Infinito revelada en las mismas. Estos nombres no son los nombres de las sefirot, ya que éstas son sólo recipientes de la Luz Infinita. Los nombres

son: *alef, hei, iud, hei,* en *keter; iud, hei,* en *jojmá; Elokim* en *biná;* E-l en *jesed; Elokim* (con diferente puntuación que en *biná*) en *gevurá; iud, hei, vav, hei* en *tiferet; iud, hei, vav, hei Tzvakot* en *netzaj; iud, hei, vav, hei* Elokim en *hod; E-l Jai* en *iesod,* y *Ado-nai* en *maljut.* Esto significa que *alef, hei, iud, hei* es el nombre de la Luz del Infinito revelándose en la *sefirá* de *keter,* y así sucesivamente.

Daremos un ejemplo para comprender cómo nuestros sabios decidieron ubicar versículos en diferentes lugares del libro de rezos. A grandes rasgos, el rezo de la mañana está dividido en cuatro secciones, cada una corresponde a uno de los cuatro mundos. Desde el comienzo del rezo hasta "Baruj Sheamar" (Bendito Sea Quien habló...) corresponde al Mundo de la Acción; los "psukei dezimra" (pasajes de los Salmos) al Mundo de Formación; la pronunciación del shemá y sus bendiciones al Mundo de Creación, y el rezo de las dieciocho bendiciones corresponde al Mundo de la Emanación.

Antes de pasar durante la oración del Mundo de la Acción al Mundo de la Formación, al final del rezo referido a los sacrificios, prescribieron los sabios repetir tres veces tres versículos:

1. "El Eterno de los Ejércitos (*iud, hei, vav, hei Tzvakot*) está junto a nosotros..."

2. "El Eterno de los Ejércitos (*iud, hei, vav, hei Tzvakot*), dichoso el hombre que en Ti cree"

3. El Eterno nos salvará, etc.

Dijimos anteriormente que las *sefirot* de *netzaj, hod* y *iesod* son capaces de transmitir desde el nivel de *jesed, gevurá* y *tiferet* al nivel del *maljut,* es decir, de la potencia al acto. Sin duda, cuando estamos por concluir la sección correspondiente al Mundo de la Acción, anhelamos que nuestra plegaria suba a su lugar de origen sin interferencia alguna (sin inculpaciones, como veremos más adelante). Para "agilizar" el paso al Mundo de la Formación, pronunciamos estos tres versículos que hacen referencia a las *sefirot* de *netzaj, hod* y *iesod*. Cuando los pronunciamos con la devoción y el fervor adecuados despertamos a esas *sefirot,* asegurando así que nuestro rezo se eleve a su debido lugar, sin interferencias ni demora.

Al concluir el rezo de las dieciocho bendiciones continúa la sección referida a la petición de abundancia del Mundo de la Emanación. Aquí también solicitamos que la abundancia por la que rezamos nos llegue sin interferencias, y es por eso por lo que recitamos nuevamente estos tres versículos en "Ein KeElokeinu" ("No hay otro como Nuestro Dios"), que se encuentra casi al final de la sección en la cual solicitamos que la profusión descienda al mundo.

UTILIZACIÓN DE LOS VALORES DE LAS SEFIROT
PARA DEFINIR LOS DIFERENTES TIPOS DE SERVICIO ESPIRITUAL

Queremos recalcar que el propósito del estudio de la Cábala es conocer la manera en que El Creador dirige su mundo, para servirlo con amor y apegarnos a Él. Utilizaremos los valores de las *sefirot* para definir los distintos niveles del servicio a Dios. También ahora nos valdremos de un ejemplo sobre la medida de bondad.

Cuando Rubén hace un acto de benevolencia con Shimón, el mismo puede deberse a tres motivos:

1. Rubén posee el atributo de bondad desde el día de su nacimiento, y por eso realizó un acto de afabilidad también con Shimón.

2. Shimón hizo un favor a Rubén anteriormente y ahora éste se lo retribuye.

3. Una fuerte presión social es ejercida sobre Rubén para realizar un acto de bondad a Shimón.

Definamos ahora el tipo de motivación en términos de *sefirot*. Ante todo refresquemos la memoria: las diez *sefirot* se dividen en *jojmá*, *biná* y *daat* (la cabeza y el cerebro), *jesed*, *gevurá* y *tiferet* (el centro, el cual se refiere a las sensaciones y cualidades), y *netzaj*, *hod* y *iesod* (el fin de las *sefirot*). Recor-demos que cada *sefirá* está compuesta de otras diez, de modo que también la *sefirá* de *jesed* está compuesta por *jojmá*, *biná* y *daat* de *jesed*, *jesed*, *gevurá* y *tiferet* de *jesed* y *netzaj*, *hod* y *iesod* de *jesed*.

Cuando, después de considerarlo seriamente, Rubén decide que su amigo Shimón merece recibir bondad, *jesed*, dado que éste es un amigo fiel quien también lo ha ayudado en otras ocasiones, la ayuda (o acto de bondad) que proporcionará Rubén a Shimón será consecuencia de una consideración intelectual. En términos de *sefirot* definimos este acto como *jojmá*, *biná* y *daat* de *jesed*, es decir, que la voluntad de efectuar un acto de bondad se despertó en Rubén como un acto de reflexión mental. Cuando un hombre efectúa una acción después de haberlo considerado intelectualmente, la calidad de la acción será más elevada, cualitativa y cuantitativamente. El intelecto constituye no sólo el mejor elemento causal de la acción, sino que la motivación para realizarla se torna más fuerte aún.

En la terminología cabalística decimos que el cerebro –*jojmá*, *biná* y daat– se revistió en la *sefirá* de *jesed*. El acto de bondad, como podría ser un préstamo económico, es la manifestación exterior de la bondad, mientras que el aspecto interior de la misma es el intelecto y la lógica, o sea la *jojmá*, *biná* y *daat* de *jesed*.

A veces Rubén actúa con bondad sólo porque éste es su carácter, y no porque lo haya considerado racionalmente. Es más, tal vez si lo hubiera considerado detenidamente, no hubiese realizado ese acto de bondad. Lo que sucede es que su buen carácter lo mueve a hacer el bien a sus semejantes. Nuestro patriarca Abraham, tal como lo indican las fuentes místicas, era pura bondad por naturaleza, y por eso cuando fueron a visitarlo los tres ángeles los atendió con suma dedicación a pesar de creer que eran beduinos idólatras. Lo que funcionó aquí no fue la lógica sino que la característica de bondad, arraigada en su alma lo llevó a obrar de tal manera.

En términos de *sefirot* esto corresponde a la *sefirá* de *jesed, gevurá* y *tiferet* de *jesed*. La medida y la calidad del *jesed, gevurá* y *tiferet* de *jesed* es menor y de inferior excelencia que la calidad y medida de *jojmá, biná* y *daat* de *jesed*. Aquí también lo emocional –*jesed, gevurá* y *tiferet*– se reviste con la parte más interior de *jesed*.

A veces Rubén no está nada interesado en realizar actos de bondad pero la sociedad lo presiona para hacerlo. La diferencia esencial entre este motivo y los dos anteriores es que en los dos precedentes la razón era interna, sea desde *jojmá, biná* y *daat* (el intelecto) o *jesed, gevurá* y *tiferet* (el sentimiento). Por el contrario, el agente causal que motivó el tercer acto fue externo. En términos de *sefirot* es el aspecto *netzaj, hod* y *iesod* de *jesed*. Las *sefirot* de *netzaj, hod* y *iesod* no están ligadas a la emoción o al intelecto, y su calidad y cantidad es menor y de inferior excelencia que las de *jojmá, biná* y daat, y *jesed, gevurá* y *tiferet*.

EL DESPERTAR INFERIOR ES EQUIVALENTE AL DESPERTAR SUPERIOR

Podemos efectuar un paralelismo entre el ejemplo anterior y la forma de cumplir los preceptos. El nivel más bajo es el de *netzaj, hod* y *iesod*, y es cuando un hombre cumple los preceptos como si estuvieran forzándolo. Aunque en la práctica realiza lo debido, lo hace sólo cediendo ante presiones del medio. Cuando decimos que la *sefirá* de *maljut* "recibe" el servicio al Creador y lo eleva, debemos discernir si se trata de un servicio de *jojmá, biná* y daat, *jesed, gevurá* y *tiferet* o *netzaj, hod* y *iesod*. El cumplimiento de los preceptos causado por las presiones sociales corresponde al nivel de *netzaj, hod* y *iesod*, y por eso la raíz superior de dicho servicio es de un nivel inferior. Por otra parte, cuando un hombre cumple con un precepto a nivel de *jesed, gevurá* y *tiferet*, con emoción y entusiasmo, la raíz espiritual de dicha acción es más elevada. El nivel es superior aún cuando un hombre cumple con los preceptos Divinos a nivel de *jojmá, biná* y daat.

El despertar de los mundos superiores, o sea, de las *sefirot*, está en función directa a la calidad del servicio a Dios, y la abundancia material y espiritual que llega a cada individuo depende de la excelencia de su servicio.

El servicio al Creador con entrega absoluta

El mayor nivel de servicio a Dios es el realizado a través de la entrega absoluta —*mesirut nefesh*. Este modo de actuar se halla más allá del intelecto. Es más, si esta persona lo consultara con su razón tal vez ésta le sugeriría no hacerlo. Pero hay un impulso especial de santidad que no puede someterse a la lógica intelectual. Los mejores ejemplos son los del profeta Elías y de Pinjás. Si Pinjás hubiera considerado racionalmente entrar en aquella tienda casi sin posibilidades de salir vivo, sin duda alguna no habría entrado (*Números* 25: 6-13). Sin embargo, el impulso del "celo a Dios" que lo llevó a actuar provino de un lugar más elevado que el del intelecto. Si el cumplimiento racional de los preceptos corresponde al nivel de *jojmá, biná* y daat, el cumplimiento por entrega absoluta se identifica con el nivel de la *sefirá* más elevada, el *keter*.

Así como el cumplimiento de los preceptos al nivel de *jesed*, *gevurá* y *tiferet* despierta a las *sefirot* para influir a la altura de *jesed*, *gevurá* y *tiferet* (y lo mismo en el caso de *jojmá*, *biná* y *daat* y *netzaj*, *hod* y *iesod*), así también cuando el hombre sirve a su Creador con entrega absoluta despierta a las *sefirot* para influir a un altísimo nivel: el de *keter*. Como ya señalamos, cuando se despierta en *keter* la voluntad de influir, llega una abundancia "sin fin". Éste es el nivel más elevado en el servicio al Creador.

Conforme a lo antedicho podemos comprender lo enseñado por nuestros sabios: "Hay quienes adquieren su mundo (el venidero) en un instante". Aparentemente suena extraño: ¿Por qué un individuo debe trabajar toda su vida para "ganarse su mundo", mientras que otro, que nunca se destacó en su servicio a Dios, tiene el privilegio de ganárselo en sólo un momento? La respuesta es la siguiente: a veces un precepto realizado con absoluta entrega, acarrea una abundancia tan grande de espiritualidad que equivale a la profusión acarreada por otro individuo durante un período muy prolongado de servicio a Dios. Además, por medio de su absoluta entrega despierta a las *sefirot* para influir desde un lugar muy excelso, cosa que no se logra con el servicio común de otros ni siquiera durante un largo período de tiempo.

VII
LAS SEFIROT Y LA ESTRUCTURA DEL HOMBRE

Job expresó: "Desde mi carne veré a Dios". La Cábala hace frecuente uso de este versículo. Quiso El Creador que conozcamos y reconozcamos Sus atributos y Su manera de regir el mundo para que Lo sirvamos con convicción y conocimiento. Para facilitarnos esta labor hizo al hombre a imagen y semejanza del Hombre Superior, es decir, del Hombre Espiritual. La forma en que El Creador dirige al mundo, y la manera en que la creación fue constituida, se reflejan en el cuerpo del hombre. El número de miembros que lo componen, sus partes y detalles son claves para la comprensión del Poder Directivo en todos sus detalles. En este punto examinaremos el cuerpo humano en general y describiremos las partes del cuerpo en términos de *sefirot*.

Para que este análisis no nos resulte del todo extraño utilizaremos ejemplos de nuestro entorno. El médico ortopedista definirá el acto de caminar desde su punto de vista profesional, describiéndolo en términos de huesos, músculos, nervios, etc. El neurólogo definirá el acto de caminar desde el punto de vista neurológico, así como también el psiquiatra lo hará desde su perspectiva profesional, etc. De igual modo, los sabios cabalistas usan su propio lenguaje y describen todas las cosas y fenómenos en términos de *sefirot*, ya que éstas son la esencia de la realidad, la raíz superior que la forma y la sostiene.

El Hombre Espiritual semejante al hombre corporal

A continuación desarrollaremos el tópico referente al "Hombre Espiritual" o "Hombre Superior". Ahora sólo haremos mención al hombre a que se refiere el versículo del Génesis: "Hagamos un hombre a nuestra imagen y semejanza". Aquí, la Torá no se refiere al hombre de un modo corporal (a la humanidad en general), sino al Hombre Superior, es decir, a la raíz del hombre corporal, a su esencia. En el lenguaje de la Cábala el Hombre Superior corresponde a las diez *sefirot* lineales, que a su vez son la raíz espiritual del hombre físico. El hombre material es una "trascripción" del "Hombre Superior". Como explicamos anteriormente, las *sefirot* se dividen en los tres grupos de *jojmá, biná* y daat, *jesed, gevurá* y *tiferet* y *netzaj, hod* y *iesod*, que son la cabeza, el centro y el fin, o superior, medio e inferior. Paralelamente también el hombre físico se divide en tres partes. La cabeza del hombre está compuesta por *jojmá, biná* y daat, las *sefirot* que corresponden a las partes del cerebro –el hemisferio derecho del cerebro, el izquierdo y el centro– que son las dimensiones de *jojmá, biná* y daat. El cráneo que los circunda es la dimensión de *keter* que rodea al cerebro. La mano derecha es la dimensión de *jesed*, la izquierda *gevurá* y el torso, *tiferet*; la pierna derecha es *netzaj*, la izquierda *hod* y los órganos reproductores *iesod* y *maljut*.

Hasta aquí hablamos en forma general, pero así como la palabra "mano" es un término general, y la misma está definida por la *sefirá* de *jesed* general, es posible también definir las partes de la mano como partes de la *sefirá* de *jesed*. Distinguimos anteriormente versiones de *sefirot*, y vimos que cada una se divide en diez y así sucesivamente. En cada nueva versión encontramos mayor detalle. Del mismo modo cuando hablamos de nuestro tema, a la mano en general la definimos como la *sefirá* de *jesed* en general y a las partes de la mano en todos sus detalles, los definimos como versiones de la *sefirá* de *jesed*. Podemos adaptar cada uno de los detalles de la *sefirá* a una parte específica de la mano, e igualmente con todos los órganos del cuerpo.

En términos de *sefirot* también fijamos que el orden evolutivo es *jojmá, biná* y *daat* –el estadio conceptual y de planificación– *jesed, gevurá* y *tiferet* –el estadio del despertar emocional– *netzaj, hod* y *iesod* –el traspaso a la acción– y *maljut* –la acción misma. Lo mismo sucede en la estructura física del hombre. La cabeza piensa –la dimensión de *jojmá, biná* y daat–, el corazón se entusiasma y siente –dimensión de *jesed, gevurá* y *tiferet*–, las piernas son las que llevan a la acción –dimensiones de *netzaj* y *hod*, así como la *sefirá* de *iesod* traspasa a *maljut* y a su vez ésta lo hace a los seres vivientes. En el hombre físico la función de los órganos reproductores es traspasar del aspecto masculino al femenino.

RELACIÓN Y CONEXIÓN ENTRE LAS DIVERSAS PARTES DEL HOMBRE ESPIRITUAL

Anteriormente distinguimos entre las *sefirot* lineales y circulares. Las lineales simbolizan la providencia Divina, y por eso se dividen en tres: la línea derecha que es la del *jesed*, la izquierda, de la *gevurá* y la media que es la línea del rajamím, la misericordia. A su vez las *sefirot* circulares representan la Creación en sí misma, es decir, el proceso de formación de las cosas y no la dimensión del Poder Directivo Divino. Toda realidad ligada a las leyes naturales recibe su existencia de las raíces que surgen de las *sefirot* circulares, y toda realidad cuya existencia depende del servicio a Dios, recibe su existencia de las raíces provenientes de las *sefirot* lineales.

Las *sefirot* circulares se desprenden una de la otra: *jojmá* de *keter*, *biná* de *jojmá*, *jesed* de *biná*, *gevurá* de *jesed*, *tiferet* de *gevurá*, *netzaj* de *tiferet*, *hod* de *netzaj*, *iesod* de *hod*, y *maljut* de *iesod*. Despúes de todas las distinciones hasta ahora mencionadas, dicha ligazón parece extraña ya que, ¿cómo puede ser que la *gevurá* se desprenda del *jesed*? Aunque resulte insólito desde la perspectiva de la providencia Divina, desde el punto de vista de la providencia general ésta es la manera en que se entrelazan y conforman las cosas.

Cuando tratemos la relación entre las partes del Hombre Espiritual y el vínculo interno de las *sefirot*, nos referiremos a las *sefirot* circulares y no a las lineales.

Intentemos imaginar a las *sefirot* de *keter*, *jojmá* y *biná* como si estuvieran ubicadas una sobre la otra. La *biná*, que está abajo, se conecta con *tiferet* (*tiferet*, en muchos casos, es un nombre genérico que incluye a las *sefirot* de *jesed*, *gevurá* y *tiferet*, y *netzaj*, *hod* y *iesod*). ¿Cómo se efectúa esta conexión? La *sefirá* de *biná* se reviste en la *sefirá* de *tiferet*. Es como el caso de un tubo que se conecta a otro al introducirse en él. El lugar en que los dos tubos se unen se denomina el punto de superposición.

Toda unión y conexión entre las *sefirot* es efectuada por el *netzaj*, *hod* y *iesod* de la *sefirá*. Es así que el *netzaj*, *hod* y *iesod* de la *sefirá* de *biná* (compuesta por diez *sefirot*, al igual que todas las *sefirot*) se reviste en *tiferet* y llega hasta el fin de su tercio superior. Este es el punto de superposición o el lugar en que *biná* se reviste en *tiferet*.

Si queremos ampliar el concepto podemos decir que la *sefirá* de *biná* se reviste en las *sefirot* de *jesed*, *gevurá* y un tercio de *tiferet*.

Los sabios cabalistas usan los órganos del cuerpo humano para describir el revestimiento de las *sefirot*. De acuerdo con esto, *biná* llega hasta el tercio de *tiferet*, el torso, el sitio en el que se encuentra el corazón.

El lugar donde sucede este revestimiento se denomina "el conocimiento expansivo", porque el conocimiento –daat– es quien conecta a las *sefirot* de *jojmá*, *biná* y *daat* (las partes del cerebro) con las *sefirot* de *jesed*, *gevurá* y *tiferet*, *netzaj*, *hod* y *iesod*, y *maljut*. En otras palabras, la *sefirá* de *daat* es quien conecta entre las tres primeras *sefirot* y las siete inferiores.

La explicación conceptual es que la iluminación de la *sefirá* de *iesod* de *biná* se expande hacia abajo, llegando al lugar donde está situado el corazón, o sea, que la *sefirá* de *biná* envía sus iluminaciones a través de *iesod*, porque *iesod* es el medio que posee los atributos adecuados para conectarse y continuar hacia delante. La fuerza de *biná* es limitada, y su iluminación llega sólo hasta el tercio superior de *tiferet*. Por otra parte, la iluminación de *jojmá* llega hasta el fin de *tiferet* pero no avanza más. La iluminación de *keter* continúa más aún, hasta el final de toda la estructura. En resumen: cuanto más elevado sea el lugar de donde proviene la iluminación, más lo será su capacidad de llegar a sitios más bajos.

En el *Zohar* encontramos un concepto similar. Acerca de la plaga de los primogénitos está escrito: "Y pasé por la tierra de Egipto en esa noche" (*Éxodo* 12:12), sobre lo cual los sabios aclaran: "Yo (Dios, pasé) y no un ángel... Yo y no un serafín... Yo y no el mensajero". El *Zohar* explica que la impureza de la tierra de Egipto era de tal magnitud, que el Creador temió que si enviaba a un mensajero sería incapaz de escapar de aquel estado de impureza. Por eso fue necesario que el Creador mismo, Que es la máxima instancia, descienda allí. Sólo Su excelso nivel estaba capacitado para llegar a lo más bajo.

Cuando lleguemos al capítulo sobre los rostros, los "*partzufim*", comprenderemos mejor los variados aspectos del Poder Directivo Divino.

Para completar el tema agregaremos que el *jesed* y la *gevurá* (los brazos derecho e izquierdo), están ligados a *biná*, y por otra parte, *netzaj* y *hod* (la pierna derecha y la izquierda) están ligadas a *maljut*. Desde el punto de vista conceptual dividimos a las *sefirot* en dos grupos: el superior, conectado a *biná* y el grupo inferior, conectado con *maljut*.

EL CUERPO SE DIVIDE EN DOS POR MEDIO DE LA "PARSÁ"

Concluimos el pasaje anterior diciendo que el cuerpo se divide en dos. Citaremos a continuación un párrafo del *Zohar* (*Bereshit* 32) para aclarar esta idea.

> "Dijo Rabí Izjak: hay una membrana en los intestinos del cuerpo humano que separa la parte superior de la inferior, que absorbe de la parte superior y distribuye a la parte inferior. Como también está escrito: 'Y el manto dividirá para ustedes entre el lugar sagrado y el más sagrado de todos'".

Al respecto escribe el Ari que "en cada parte del cuerpo (equivalente a una completa unidad de diez *sefirot*) existe una "parsá" divisoria, a la que refiere el pasaje "Sea el firmamento en medio de las aguas, y sean divididas las aguas de las aguas" (*Génesis* 1).

Vemos nuevamente cómo utilizan los sabios cabalistas los órganos del cuerpo. En este ejemplo el *Zohar* y el Ari se refieren al diafragma que separa entre la parte superior e inferior del cuerpo. La cita del *Zohar* habla de una "membrana" que está situada en el medio de los intestinos, separando la parte superior de la inferior; los intestinos, que son órganos del sistema alimenticio, de los órganos vitales, como son el corazón y los pulmones. Esta membrana absorbe vitalidad de arriba y se la transmite a los órganos alimenticios que se encuentran por debajo. Similarmente en las *sefirot*, que simbolizan al Hombre Superior, la "parsá" divide entre las *sefirot* de *netzaj*, *hod* y *iesod* y *maljut*, pertenecientes a la parte inferior y las *sefirot* de *jesed*, *gevurá* y *tiferet*, pertenecientes a la parte superior.

Desde un punto de vista conceptual la "parsá" posibilita la existencia del nivel de *jesed* y *gevurá*, que son ramificaciones de la parte superior del Hombre Espiritual, y de *netzaj* y *hod*, que son ramificaciones de la parte inferior del Hombre Espiritual. La consecuencia es que las *sefirot* de *jesed, gevurá* y *tiferet* están conectadas con la *sefirá* de *biná* y son denominadas "la carroza superior"; las *sefirot* de *netzaj, hod* y *iesod,* por el contrario, están conectadas con *maljut* y se denominan "la carroza inferior". La conexión entre estas dos es hecha por la *sefirá* de daat, que se expande y conecta entre *biná* y *jesed, gevurá* y *tiferet,* por un lado, y por la *sefirá* de *iesod* que conecta entre las *sefirot net-zaj, hod* y *iesod* y *maljut* por el otro.

La *sefirá* de *maljut* comienza en el corazón, en el lugar donde finaliza la *biná.* Teóricamente, el corazón está ubicado en el lugar de encuentro entre el mundo mental y el de la acción, y en términos de *sefirot:* entre *biná* y *maljut.* La *sefirá* de *maljut* llega hasta el fin de toda la estructura.

RESUMEN DEL TEMA DE LAS SEFIROT

Para concluir el tema de las *sefirot* citaremos un texto maravilloso y haremos una especie de revisión general de lo aprendido. Estos conceptos han sido compilados del libro *La Sabiduría del Alma –daat Tevunot–* del sabio cabalista Moshé Jaim Luzzatto, de acuerdo al comentario del Rabino Jaim Fridlander, bendita sea su memoria.

«El Eclesiastés (*Eclesiastés* 10:15) dice: "La labor de los tontos los fatiga porque no saben cómo ir a la ciudad". Podemos comprender este versículo si lo estudiamos del fin al comienzo. Como no existe un tonto que conozca el camino a la ciudad, el acto de caminar hacia ella le provoca un gran cansancio. Todo individuo se encuentra ocasionalmente perplejo cuando se pregunta cuál es su obligación en su mundo. La confusión es tal que no sabe por dónde comenzar su búsqueda. En realidad todos los datos están frente a él, pero no tiene control sobre ellos y cuanto más examina a su alrededor más confundido se encuentra.»

No cabe duda alguna de que la fe no es suficiente para dilucidar este conflicto, sino que el hombre debe conocer los caminos del Creador estudiando los modos a través de los cuales se creó el mundo.

En una primera etapa, vemos solamente las capas más externas, y por eso nos resulta difícil hallar la conexión entre un suceso y otro; tampoco sabemos a qué atenernos en el futuro por no saber qué suceso proseguirá a otro de acuerdo a Su voluntad. Pero, en contraste con la exterioridad de las cosas, podemos encontrar el significado y conexión interno de todo esto en la sagrada *Torá*. Dijeron nuestros sabios, en el *Midrash:* "El Eterno miró la Torá y creó el mundo". La *Torá* es el Plan, y El Creador dirige su mundo de acuerdo al mismo. En la *Torá* se revela el pensamiento de la Creación, y de éste podemos estudiar el secreto del Poder Directivo Divino (la verdadera dirección Divina que es el Poder Directivo de la unidad de Dios), y es por eso que se la llama "la Torá de la verdad". La Torá le fue entregada al pueblo de Israel porque la raíz de Israel proviene de la *sefirá* de *tiferet*, similar a la raíz de la Torá.. y por eso se puede traer el *tikun* (la corrección o restauración de la armonía mundial) por medio del cumplimiento de los preceptos de la Torá.

La persona puede ser aprehendida de dos maneras:

1. La esencia del hombre, o sea el cuerpo y sus cualidades, por un lado y, el alma y sus características, por el otro.

2. Las acciones del hombre.

Cuando una persona desea estudiar su "yo", lo primero que debe preguntarse es qué debe hacer con su vida, qué acciones debe realizar y con qué fin, y sólo después preguntar acerca de su esencia.

Efectivamente, la respuesta a este interrogante es que todo ser humano posee libre elección y que durante su vida debe cumplir lo prescrito por el Creador para gozar de vida eterna. Ahora vamos a explicar la relación entre el cumplimiento de los preceptos y las acciones del hombre, con su esencia.

El hombre físico (la humanidad) fue creado a imagen y semejanza del Hombre Superior. El Hombre Espiritual se halla dividido en 613 partes (como veremos posteriormente en el análisis sobre los rostros –*partzufim*–, cada unidad del Poder Directivo Divino está compuesto de diez *sefirot* y dividida en 613 partes) de modo que también el cuerpo del hombre posea 365 tendones y 248 órganos. El alma humana también está dividida en 613 partes, y la Torá en 613 preceptos. Cuando un hombre cumple los preceptos del Creador, la *sefirá* de *maljut* (que es la raíz de los seres vivientes) capta el servicio a Dios y lo envía a la *sefirá* inmediatamente superior, *iesod*. (Esta transmisión es una acción de adherencia y unión, un asunto de acuerdo espiritual entre las *sefirot*) La *sefirá* de *iesod* traspasa lo captado a la *sefirá* que se encuentra por encima de ella, y así sucesivamente, hasta que el servicio Divino de ese individuo llega al lugar de origen de todas las *sefirot*, al *Ein Sof*, el Infinito.

Ya que las *sefirot* tienen nombres y apelativos veremos cómo la observancia y cumplimiento de los preceptos puede explicarse en términos de unificación de las *sefirot* y unificación de los nombres de las *sefirot*.

Las tres unificaciones principales son:

137

1. La unificación entre el nombre *iud, hei, vav, hei* y el nombre *alef, hei, iud, hei,* la cual deviene en *iud, alef, hei, hei, vai, iud, hei, hei.*

2. La unificación entre el nombre *iud, hei, vav, hei* y el nombre *Elokim,* la cual deviene en *iud, alef, hei, lamed, vav, hei, hei, iud, mem.*

3. La unificación entre el nombre *iud, hei, vav, hei* y el nombre *Ado-nai,* el cual deviene en *iud, alef, hei, dalet, vav, nun, hei, iud.*

Cada unificación oculta una ligazón entre las *sefirot,* unas con otras, insinuando así los diversos niveles de iluminaciones de las mismas, tal como veremos posteriormente.

Para comprender esas tres unificaciones recurrimos a una cita del *Shaar Hakavanot* del Ari: "Estas tres unificaciones pueden explicarse de dos maneras. Una es que el nombre *iud, hei, vav, hei* es el rostro conocido como Zeer Anpín (Imagen Pequeña), tema que explicaremos posteriormente; pero el Zeer Anpín tiene tres clases de unificaciones: el primero es su unificación con la Madre Superior (es decir, con la *sefirá* de *biná*) llamada *alef, hei, iud, hei.* Esto ocurre cuando ella entra y se expande dentro suyo, y entonces se une el Zeer Anpín con la Madre, y ese es el secreto de la unificación del nombre *iud, hei, vav, hei* con el nombre *alef, hei, iud, hei.* La segunda es la unificación con Lea (más adelante lo explicaremos) llamada *Elokim,* porque carece de *jesed* (bondad) y está compuesta por juicios; ésta unificación se llama *iud, hei, vav, hei Elokim.* La tercera es la unificación con Rajel (que es *maljut*), y ésta unificación se denomina *iud, hei, vav, hei Ado-nai".*

Retornemos ahora al tema de la esencia y preguntémonos: ¿En qué contribuye el cumplimiento de los preceptos al alma humana? Ante todo, digamos que no existe mayor placer que llenar el vacío que experimentamos en nuestro interior. Todos sabemos que cuanto mayor sea el anhelo por conseguir algo, cuanto mayor sea la privación o carencia, tanto mayor será el placer que sintamos cuando llenemos esta ausencia y el deseo se cumpla. Es por eso que no existe mayor ansia que la aspiración del alma de regresar y unirse a su Fuente. El profeta Isaías lo expresó diciendo (*Isaías* 58:14): "Entonces te regocijarás con El Eterno", lo cual significa que la perfecta comunión del alma con su fuente se efectuará cuando sus 613 partes estén apegadas a las 613 partes de las *sefirot* (que son la raíz de las almas), lo cual se logra a través del cumplimiento de los 613 preceptos de la Torá.

Cuando nuestros sabios hablan de "vida eterna", no se refieren a la eternidad física del cuerpo sino a que el alma y todas las partes que la componen se apegarán al Creador que es su fuente originaria. Dice al respecto el libro del Deuteronomio (*Deuteronomio* 4:4): "Pero vosotros que os apegáis a El Eterno, vuestro Dios, estáis vivos todos vosotros el día de hoy", porque sólo se considera vida cuando el alma se apega a su raíz. Los 613 preceptos de la Torá son las acciones, que, si las realizamos, o nos abstenemos de efectuarlas en el caso de las prohibiciones que dicta la ley, sólo ellas nos moverán al apego anhelado. La Cábala explica de qué manera influye cada mandamiento para lograr el apego de cada individuo en particular y del pueblo en general.

VIII
EL ENSAYO "PATAJ ELIAHU"

Para una comprensión más profunda del tema de las *sefirot* citaremos algunos pasajes del ensayo "Pataj Eliahu" extraído de *Tikunei Hazohar*, con algunas explicaciones anexas.

1. Este ensayo comienza diciendo que el *Ein Sof*, el Infinito, no está incluido en la cuenta de las diez sefirot, ya que éstas son luz emanada del *Ein Sof* a fin de revelar Su voluntad limitada. Mas la luz del *Ein Sof* es infinita, es decir, ilimitada, y por lo tanto no cabe la posibilidad de comparar entre las *sefirot* y el Infinito.

2. Debido a que existen varios mundos que están ocultos incluso ante las sefirot del Mundo de la Emanación (se refiere al infinito número de mundos del Adam Kadmón –Hombre Primordial–) el *Ein Sof* está por encima de todos esos mundos.

3. A los seres creados nos es imposible aprehender la esencia divina. No sólo a las criaturas materiales, sino también a las más sublimes criaturas como son ángeles y serafines les resulta imposible comprenderla.

4. El Infinito emanó diez "tikuním" o vestiduras de Su propia esencia, a través de las cuales creó, formó e hizo toda

la realidad, a la que sostiene y mantiene viva. (El tema de las vestiduras se aclarará más adelante).

5. A los diez "tikuním" los denominamos diez *sefirot*, que son, por así decirlo, luces que brillan de la Luz Infinita, que es su origen.

6. A través de las diez *sefirot* el Infinito dirige todos los mundos, los mundos de la Emanación y Creación, que están ocultos y que no podemos conocer, y los mundos que sí se pueden percibir a través del intelecto humano. El Mundo de la Emanación es la misma Divinidad y el Mundo de Creación es el mundo de las almas. El Mundo de la Formación es el mundo de los ángeles y el Mundo de la Acción incluye toda la creación, es decir, las raíces del mundo material.

7. En esas *sefirot*, denominadas "tikuním" o vestiduras, se encubre El Eterno del hombre. Los roles de las vestiduras son dos:

   a) cubrir al cuerpo;
   b) revelar las intenciones de dicho individuo.

Cuando el rey se reviste con ropa de combate, revela su intención de salir a la guerra, y cuando se viste con atuendo real es porque quiere manifestar su esplendor. Del mismo modo el *Ein Sof* se reviste (por así decirlo) en las *sefirot*, y actúa a través de ellas. Como ya explicamos, cuando el Creador quiere obrar con bondad, se reviste en la *sefirá* de *jesed*, es decir, que las *sefirot* son una vestidura Suya. Asimismo el *Ein Sof*, por decirlo de alguna manera, se oculta de los seres humanos actuando a través de las *sefirot*.

8. El Creador conecta a las *sefirot*, unas con otras y así ellas se relacionan unas con otras para obrar en conjunto como si fueran una. Más adelante veremos que en el Mundo del Caos –*olam hatohu*– cada sefirá obró por sí misma, lo que produjo la ruptura de las vasijas –*shevirat hakelim*. Y sólo en el Mundo de la Restauración –*olam hatikun*– se conectaron las sefirot para obrar como un rostro –*partzuf*–. El *Ein Sof* conecta a los rostros para que obren en conjunto, a fin de dirigir los mundos.

9. El Creador es una completa, simple e infinita unidad, y es totalmente inapropiado hablar de divisiones cuando nos referimos al Infinito, *Ein Sof*. Su luz se expande en todas las sefirot como si fueran una sola; por eso quien sostiene que la luz de una *sefirá* es diferente a la luz de otra *sefirá* es como si estuviera separando la luz del *Ein Sof*, Dios no lo permita.

10. Las *sefirot* emanan bajo un orden fijo y predeterminado según el misterio de *jesed*, din y rajamím –bondad, juicio y misericordia– los cuales son paralelos a las tres dimensiones: largo, corto y medio. El largo se relaciona con el *jesed*, lo corto con el din y el medio se relaciona con integración de los dos extremos, es decir, el rajamim. La *sefirá* de *jojmá* es la raíz de la bondad, *biná* es la raíz del juicio y la *sefirá* de *daat* es la raíz de las *sefirot* que arbitran y deciden.

11. Si bien es verdad que el Creador actúa por medio de las *sefirot*, la acción esencial es realizada en el *Ein Sof*, y las *sefirot* actúan sólo debido a esta fuerza.

12. Ya que Dios colma y circunda a todos los mundos, Él los dirige a todos. El Gaón de Vilna agrega que a pesar de

que las *sefirot* se concatenan, no podemos decir que una *sefirá* es la causa de la que se encuentra por debajo suyo, o que la sefirá que se encuentra por encima es quien guía a la que está por debajo, sino que la luz del *Ein Sof* es quien dirige a todas las *sefirot* en todas partes.

13. El Mundo de la Emanación es el mundo de las sefirot en quien se reviste el Deseo Supremo del *Ein Sof*. Puesto que el Creador quiso revelar Su luz de manera gradual, revistió de ornamentos al Mundo de la Emanación, o sea, a los mundos externos a las sefirot. El primer atuendo es el Mundo de la Creación, que reviste al Mundo de la Emanación; el Mundo de la Formación reviste al Mundo de la Creación y el Mundo de la Acción reviste al Mundo de la Formación. De aquí podemos concluir que el Mundo de la Acción es el más externo de todos los mundos, y que está guiado por el Mundo de la Formación. El Mundo de Formación está guiado por el Mundo de la Creación y el Mundo de la Creación está guiado por el Mundo de la Emanación. En conclusión: el Mundo de la Emanación guía a todos, o, en otras palabras, es el alma de todos los mundos.

14. El Mundo de la Creación es el mundo de las almas, y las almas son creadas sólo de las vestiduras del Mundo de la Emanación. El alma es una fuerza espiritual, y como toda fuerza espiritual, es el resultado de la copulación de dos fuerzas espirituales. Las almas elevadas provienen de la copulación realizada en el Mundo de la Creación, y las almas más bajas provienen de la copulación realizada en el Mundo de la Acción. Sólo las almas de los más grandes justos provienen de la copulación efectuada en el Mundo de la Emanación. El Mundo de la Creación es conocido también como "la cantera de las almas".

15. Así como la vestimenta recubre al cuerpo, así el mundo externo recubre al mundo interno. El mundo interno se reviste del mundo externo. Tal como el cuerpo es lo principal y su atavío es subordinado a él, así el mundo interior se reviste y dirige a sus atavíos externos. En pocas palabras, el mundo externo es inferior a él. Es así como El Eterno creó un infinito número de mundos; cada uno se reviste de otro y recibe vitalidad y sustentación del mundo que está por encima suyo.

16. Ahora retornamos a las diez sefirot y les damos nombres análogos a los órganos del cuerpo humano: *jesed* es el brazo derecho; *gevurá* el brazo izquierdo; *tiferet* es el cuerpo; *netzaj* y *hod* son las dos piernas; *iesod* es el final del cuerpo, la señal del pacto sagrado. *Maljut* es la boca relacionado a la Torá Oral que es denominada "boca"; *jojmá* es el cerebro; y *biná* el corazón que comprende.

Esta no es una descripción casual, sino que el *Zohar* nos insinúa una forma de comportamiento diario. Por ejemplo, el hombre debe tratar de usar su mano derecha para fortificar de esa manera el *jesed*, la bondad del Hombre Espiritual, que es el Hombre Supremo. También, por ejemplo, vemos en el *Talmud* que todas las orientaciones del Templo estaban dirigidas exclusivamente hacia el lado derecho, ya que el objetivo es acrecentar el *jesed* bondad que corresponde generalmente a la línea derecha, como vimos previamente en la diferenciación de las *sefirot*.

17. Las dos sefirot de *jojmá* y *biná* nos están ocultas. A través de nuestros sentidos podemos comprender y ver el resto de los atributos Divinos. El *jesed*, la bondad de Dios llena la tierra, y el poder Divino –*gevurá*– se manifiesta de diversas maneras en la naturaleza, como por ejemplo las

lluvias. En oposición a esto, con respecto a *jojmá* y *biná* está escrito: "¿De dónde proviene la sabiduría? ¿Y cuál es el lugar del entendimiento?" (*Job* 28:20).

18. *Keter* no pertenece a las *sefirot* ni está conectada a ellas; al igual que la corona, no es parte del cuerpo del rey sino un atuendo para su cabeza. *Keter* es la más elevada y la más excelsa de las *sefirot;* es la suprema voluntad, el origen de todas las voluntades. Por el otro lado, *keter* está unida a *maljut* ya que el propósito de la creación es la revelación de Su unidad, y la revelación se encuentra en *maljut.* Aquí subyace el fundamento de la concepción general del servicio al Creador, o sea, de la forma en que Él dirige al mundo: "Su fin se encuentra en Su comienzo" o "El fin de la acción comenzó en el pensamiento". *Keter* dirige absolutamente todo, y también al Poder Directivo para revelar la unidad de Dios. Esta revelación se efectúa en *maljut.*

19. La *sefirá* de *keter* y los tefilín (filacterias) aluden a la abundancia que llega de las *sefirot* a *maljut.* La *sefirá* de *keter* se encuentra por encima de las demás, y por eso no recibe nada de ellas.

20. Al igual que cada *sefirá* tiene su actividad específica y a través suyo manifiesta el *Ein Sof* Su voluntad, del mismo modo cada *sefirá* tiene un nombre específico que se refleja en dicha *sefirá.*

21. A veces los ángeles encargados de las actividades de las *sefirot* son llamados por los nombres de las *sefirot.*

22. No se debe dar ningún apelativo al *Ein Sof* porque es inmutable y no tiene fin; no se lo puede encasillar bajo

ningún atributo ni limitar bajo apelativo alguno. El *Ein Sof* se expande a través de las *sefirot*, las constituye y vitaliza, pero Él mismo carece de nombre o apelativo

23. La perfección de las *sefirot* se debe sólo a la perfección del *Ein Sof* que se expande en ellas.

24. Si la sustancia del *Ein Sof* saliera de las *sefirot*, éstas quedarían como queda un cuerpo cuando no tiene alma.

25. La sabiduría del *Ein Sof* es diferente a la del hombre, al igual que Su entendimiento. El Creador es la fuente de la sabiduría y no existe sabiduría fuera de Él. Es imposible captar este concepto por medio de nuestro intelecto ya que somos incapaces de comprender la sabiduría del Creador. Nos conformaremos con decir que Su sabiduría difiere de la nuestra porque Él mismo es la fuente de la sabiduría.

26. No podemos adjudicar el concepto de "lugar" al Mundo de la Emanación Divina, ya que éste es un término físico y limitado. Todo lo que podemos decir es que el *Ein Sof* se expande en el Mundo de la Emanación Divina y revela sólo una parte de Su grandeza. De este modo expresa Su poder y Su honor para que el hombre conozca Sus caminos.

27. El Creador dirige a su mundo por medio de la justicia y hace juicio de acuerdo al camino y las acciones de las criaturas.

28. Las *sefirot* se dividen en *jesed*, din y rajamím. La justicia es la revelación del juicio y por eso está en *maljut*. La balanza de la justicia corresponde a los aspectos de *netzaj* y *hod*, y la medida de la justicia al aspecto de *iesod*.

29. Todas las *sefirot* y todos los atributos se revelan para que así podamos, con nuestros elementos, reconocer y conocer los caminos por los cuales nos guía el Poder Directivo. Pero el *Ein Sof* mismo es infinitamente más elevado y sublime que todas las *sefirot* y más excelso que todos los atributos.

IX
NOMBRES, GUEMATRÍA Y COMBINACIONES

Agregaremos un plano más a los Nombres sagrados y a los apelativos de las *sefirot*.

En la práctica usual de la guematría, las palabras resultan la suma de los valores de las letras que la componen (*alef* = 1, *bet* = 2, etc.). Pero existe un relleno por el cual el nombre de la letra es deletreada y luego sumada. Por ejemplo, la letra *dalet* es equivalente a 4, por su ubicación en el cuarto lugar del abecedario hebreo, pero si es escrita con su relleno, la *dalet* vale mucho más que 4, ya que pasa a ser la suma de las letras que la componen. En este caso, sumamos *dalet*, *lamed* y *tav*, y obtenemos el valor guemátrico 434 (*dalet* = 4, *lamed*= 30 y *tav* = 400).

Es importante aclarar que la letra *hei* puede rellenarse de tres formas, de acuerdo con la manera en que se escriba. Estas formas son: *hei hei; hei iud* y también *hei, alef*. También la letra *vav* puede escribirse como *vav vav; vav alef vav* o *vav iud vav*.

Por lo tanto, el Tetragrama (*iud, hei, vav, hei*) puede rellenarse de cuatro maneras diferentes. Escrito como *iud-vav-dalet, hei-alef, vav-alef-vav, hei-alef*, o sea, utilizando las variaciones que incluye la letra *alef*, se suma 45. Este nombre es llamado *ma* (*mem, hei*), el cual expresa el valor numérico 45. Pero si el nombre de las cuatro letras se rellena con la letra iud, entonces se lee *iud-vav-dalet, hei-iud, vav-iud-vav, hei-iud* y el resultado es 72. Este nombre es llamado *av* (*ain, bet*). Si el nombre es escrito como *iud-vav-dalet, hei-iud, vav-alef-vav, hei-iud*, es decir, rellenando la letra *hei* con la *iud* y la letra *vav* con la *alef*, el resultado es 63. Este nombre es llamado *sag* (*samej, guimel*). Por último, otra forma de escribirlo es *iud-vav-dalet, hei-hei, vav-vav, hei-hei*, es decir, rellenando con la letra *vav*. Este modo suma 52, y su nombre es *ban* (bet, nun).

De acuerdo con el Gaón de Vilna, la combinación que suma 45 (*mem, hei*) es el Inefable Nombre de Dios, el Tetragrama, que sólo podía ser pronunciado por el Máximo Sacerdote durante el Día del Perdón.

Esos cuatro rellenos se correlacionan a las *sefirot* y a las cuatro letras del Tetragrama mismo. La forma que suma setenta y dos, conocida con el nombre de ain-bet o *av*, corresponde a la *sefirá* de *jojmá*, y a la letra *iud* en el Nombre Divino *iud, hei, vav, hei*. La forma que suma sesenta y tres, conocida con el nombre de *samej-guimel* o *sag*, corresponde a la *sefirá* de *biná*, y a la primera letra *hei* en el Nombre Divino. La forma que suma cuarenta y cinco, *mem-hei*, corresponde a *tiferet* (que incluye *jesed, gevurá, tiferet, netzaj, hod* y *iesod*) y a la letra *vav* en el Nombre. La forma que suma cincuenta y dos, *bet-nun*, corresponde a *maljut* y a la segunda *hei* en el Nombre.

Para explicarlo podemos decir que:

1. La letra *iud* implica bondad, y por lo tanto la forma ain bet tiende al *jesed*, y que corresponde a la sefirá de *jojmá* porque ésta es la raíz de la línea de la bondad.

2. La letra *hei*, está ligada al juicio, de modo que la forma *bet nun*, que está totalmente compuesta por la letra *hei*, corresponde a *maljut* que es ocasionalmente juicio y justicia.

3. La letra *alef* en general está asociada al Poder Directivo intermedio, regido por la misericordia, y como conse-

cuencia la forma *Ma, mem-hei,* donde prevalece la *alef,* corresponde a *tiferet* que es la mediadora en el Poder Directivo.

4. La forma *samej guimel* está compuesta en su mayoría por *iud* y sólo parcialmente por *alef,* y por eso tiende a la bondad.

El Nombre Divino de *alef, hei, iud, hei* ("Seré lo que Seré") puede ser rellenado de tres maneras.

1. La forma en la que predomina la letra *iud* y que suma 161 y se llama *alef, hei, iud, hei,* y apunta a la bondad contenida en este Nombre.

2. La segunda forma en la que predomina la letra *hei,* suma 151 y apunta al juicio en este Nombre.

3. La tercera forma en la que predomina la letra *alef,* suma 143, y apunta al Poder Directivo de la misericordia.

Así también, en el nombre *Elokim,* la letra alef del Nombre puede estar rellena por las tres maneras antes mencionadas. Cuando está rellena por iud se inclina a la bondad, por hei al juicio y por alef a la misericordia.

LAS COMBINACIONES

El Nombre *iud, hei, vav* posee seis combinaciones: *iud-hei-vav, iud-vav-hei, hei-vav-iud, hei-iud- vav, vav-iud-hei, vav-hei-iud,* que corresponden a las seis *sefirot* de *jesed, gevurá, tiferet, netzaj, hod* y *iesod.* La letra inicial de cada combinación simboliza su esencia, de modo que *iud-hei-vav*, *iud-vav-hei* corresponden a *jesed* y *netzaj*, ambos ubicados en la línea derecha de la bondad, comenzando ambas por *iud*, asociada a la bondad. De entre las dos, *jesed* posee más bondad que *netzaj* y por eso la combinación *iud-vav-hei* lo refleja, ya que su segunda letra es vav, mientras que en la combinación *iud-hei-vav*, la segunda letra es la hei asociada al juicio. Las dos combinaciones que comienzan con hei corresponden a las *sefirot* de *gevurá* y *hod*; sin embargo, la combinación *hei-vav-iud* apunta más acentuadamente al juicio que *hei-iud-vav*, y está por lo tanto ligada a *gevurá*, mientras que *hei-iud-vav* está conectada con *hod*. Se continúa con *vav-iud-hei* que está asociada a *tiferet* y *vav-hei-iud* con *iesod*.

El Tetragrama, el Nombre de las cuatro letras, posee veinticuatro combinaciones, y aunque posee dos letras iguales (la letra hei) se las considera a cada una por separado.

El Nombre *Elokim* tiene 120 combinaciones. La regla es que cuando una combinación sigue el orden directo de las letras del nombre, se está apuntando a la misericordia, y la lectura de acuerdo al orden inverso, apuntará al juicio.

3ª PARTE

Tópicos de la Cábala

INTRODUCCIÓN

Tras haber expuesto una idea general de los temas principales sobre los que trata la Cábala, su lenguaje y las *sefirot*, apuntaremos ahora a la pregunta fundamental: ¿Con qué objetivo fue creado el mundo? ¿Para qué creó El Eterno el mundo tal como es? El Ari Hakadosh escribió en *Etz Hajaim*: "Con respecto al propósito de la creación del mundo traeremos dos investigaciones efectuadas por los cabalistas. La primera, hecha por los primeros y últimos sabios, intentó conocer el motivo de la creación de los mundos, y la segunda se cuestiona por qué este mundo fue creado en el momento en que se creó y no antes ni después". Ahora analizaremos la primera investigación y más adelante nos ocuparemos de la segunda.

EL OBJETIVO DE LA CREACIÓN ES BENEFICIAR A LOS SERES CREADOS

El gran cabalista, Rabí Moshé Jaim Luzzatto, escribe en su libro *La Sabiduría del Alma –daat Tvunot*:

"Lo que podemos percibir al respecto (refiriéndose al propósito de la creación del mundo) es que debido a que Dios es la esencia del bien, y la naturaleza del bien es hacer el bien, entonces con ese fin creó a sus criaturas:

para poder hacerles el bien. Ya que si no hay quien lo reciba, ese bien no se puede realizar; y para que ese bien sea perfecto, supo Dios a través de Su suprema inteligencia, que la mejor manera de que una persona se hiciese merecedora de recibir el bien es con el sudor de su frente, para que los beneficiarios no se avergüencen de recibirlo, como si aceptaran una limosna. Dice al respecto el Talmud Jerosolimitano: 'Quien come algo que no es suyo se avergüenza al mirar a su benefactor'".

En otras palabras, el Creador es el bien absoluto, y como quiso beneficiar a los demás, creó un sistema completo de seres para que lo reciban. Si este bien es recibido a modo de caridad, no será perfecto. Por eso el Creador estableció un sistema de castigo y recompensa basado en la libre elección, para que el hombre pudiese hacerse acreedor de dicho beneficio. Por eso El Creador estableció un mundo incompleto y un hombre imperfecto. Al hombre se le brindó la opción de servir a su Creador a través del cumplimiento de los preceptos de la Torá, para mejorar y completar sus falencias. La humanidad, entonces, se perfecciona a sí misma por medio del servicio al Creador, y cuando todos se corrijan, se producirá la anhelada perfección y corrección del mundo. Al respecto se enseña que el objetivo último es "...perfeccionar al mundo bajo el reinado Divino".

El sabio también expone en *Pitjei Jojmá Vedaat*: "Lo que sabemos de la intención del Emanador es que en Su deseo de hacer el bien, creó criaturas que reciban Su bien. Para que el bien sea completo es necesario que sea recibido por mérito y no por caridad, para que el hombre no se avergüence, como si estuviera comiendo la comida de otro. Y para que pueda merecerlo, creó Dios una realidad que debe ser corregida (aunque Dios no tiene necesidad de esto) y cuando el hombre corrige al mundo se gana su derecho. Esta realidad de la que hablamos son las *sefirot*". Estudiaremos luego que la misión del hombre es perfeccionar a las *sefirot*.

El Creador, bendito sea, creó al mundo con un fin: hacer el bien. Esto se efectuó cuando Creó seres vivos para beneficiarlos. El gran beneficio es que al final del proceso en que se hace efectiva la buena voluntad, el alma se eleva a un lugar más elevado de donde se hallaba antes de descender a este mundo.

También el Ari Hakadosh escribió en *Etz Hajaim*: "Cuando despertó Su voluntad de crear el mundo para beneficiar a sus creaciones, a fin de que reconozcan Su grandeza y merezcan conformar la carroza superior y apegarse al Sagrado, bendito Sea". Es decir, la voluntad del Creador de emanar, crear, formar y hacer los mundos fue únicamente con la intención de beneficiar a Sus criaturas, y este bien consiste en darnos la oportunidad de servir al Creador para elevarnos así a los más altos niveles espirituales de apego a El Eterno.

I
EL CONCEPTO DE CONTRACCIÓN
(TZIMTZUM)

Una de las preguntas que todo lector debería formularse es la siguiente: siendo el Creador la perfección absoluta, ¿cómo puede algo imperfecto e inacabado, como el hombre y el mundo, salir de Él?

Para sobreponernos a esta dificultad debemos explicar el concepto de la contracción, el "*tzimtzum*". El secreto del *tzimtzum* es uno de los pilares fundamentales de la Cábala, y la base sobre la cual ésta se asienta. Por eso lo explicaremos en primera instancia.

La connotación más simple del *tzimtzum* refiere al momento en que El Creador contrajo Su perfección y a partir de esto se creó una realidad imperfecta. Antes del *tzimtzum* El Creador llenaba todo de perfección, sin restar espacio para ninguna otra realidad. El *tzimtzum* posibilitó la creación de una nueva realidad, una realidad de voluntad limitada a partir de la determinación de un objetivo y un propósito. En tanto el Infinito llenaba todo, no había lugar para otros mundos. Mas el *tzimtzum* desplazó este Infinito, le puso límites y creó como un espacio vacío en el cual se conformó una realidad limitada, con un fin determinado. Es decir, fue en esta instancia que emanó El Creador los mundos limitados e imperfectos.

Acerca de la posibilidad humana de percibir la esencia del *tzimtzum*, escribe el autor del *Tania* (La unidad y la fe): "No existe individuo alguno capaz de captar intelectualmente la esencia del *tzimtzum*, así como ningún ser creado tiene la posibilidad de comprender la esencia de la creación *ex nihilo...*". De todos modos los grandes sabios de la Cábala proporcionaron ejemplos para facilitar la comprensión del tema. El Rabí Moshé Jaim Luzzatto escribe en un estilo similar.

Consideremos la parábola de un maestro muy inteligente que enseña a un joven alumno. Si el maestro usara toda su capacidad intelectual, y toda su agudeza mental, este principiante no entendería nada. Para que el estudiante pueda comprender la lección su maestro debe limitar su capacidad y adaptarse a las posibilidades de comprensión del alumno. Al efectuar esto, la capacidad intelectual y la sabiduría del maestro no se ven afectadas en absoluto, es más, esto confirma que el maestro tiene una fuerza y una habilidad especial para hacerlo, puesto que no todo maestro es capaz de limitar su pensamiento e ideas a un nivel inferior para ser comprendido por los demás. Sólo gracias a la limitación de sus facultades intelectuales se hicieron claras sus ideas ante el alumno.

Podemos dar un ejemplo más: a pesar de poseer mucha fuerza en las manos, una persona no emplea la misma potencia para golpear con un martillo que para sostener un lapiz. Cuando una persona escribe con suavidad y refrena su fuerza, esto no le impide utilizar su mano con la mayor potencia posible cuando tiene que golpear con el martillo.

Estas explicaciones nos ayudan a comprender cómo El Eterno reveló Su luz y voluntad a un hombre imperfecto, en un mundo incompleto. Esto lo efectuó El Creador al contraer Su verdadera capacidad.

Expusimos más arriba las diferencia entre el origen de la luz y la iluminación. El *tzimtzum* ocurrió en la iluminación, pero la Fuente de la luz permaneció invariable. En el primer ejemplo el maestro representa a la fuente de luz y, ciertamente, en la fuente no se produce cambio alguno; el cambio se genera sólo en la iluminación que de él sale: la sabiduría transmitida a su alumno. Igualmente en el segundo ejemplo, la fuerza de la mano es la fuente y origen de la fuerza, mas, en cuanto a su capacidad, no se produjo mutación alguna.

Cuando el maestro limitó o contrajo su poder, su capacidad no se vio alterada sino que permaneció en potencia y lo que enseñó a su alumno es lo que devino en acto.

De acuerdo con el autor del *Tania*, el *tzimtzum* produjo que la luz del *Ein Sof* se convierta en potencia, mientras que la capacidad limitada y la voluntad limitada pasaron al estado de acto.

LAS CONSECUENCIAS DEL TZIMTZUM: REALIDAD IMPERFECTA, EL BIEN Y EL MAL

Hasta el momento de producirse el *tzimtzum* reinó la perfección. Y nos referimos a una perfección absoluta, totalmente imposible de aprehender por la mente humana, donde el mal no existe y sólo reina el bien. En una realidad con estas características no cabe hablar de elección entre el bien y el mal. El resultado del *tzimtzum* es la existencia del bien y el mal. El *tzimtzum* es la raíz de la realidad imperfecta y del ocultamiento del bien. Sólo cuando existe una realidad carente de perfección se puede plantear la elección entre el bien y el mal.

Vamos a hacer referencia al Ari Hakadosh, en su libro *Etz Hajaim*: "Al principio todo era una simple Luz, llamado *Ein Sof*. No había ningún espacio vacío sino que todo era *Ein Sof*. Cuando despertó Su voluntad de emanar emanaciones, Se contrajo en un punto central de Su Luz, y allí Se contrajo en todo Su contorno y en todas Sus partes, quedando un espacio vacío".

"Esta fue la primer contracción (tzimtzum) del supremo Emanador. La Luz que se contrajo puede compararse a una pileta a la que se arrojó una piedra; el agua que estaba en el lugar que ocupa ahora la piedra no se perdió, sino que se unió al resto del agua. Ese lugar del espacio es la única realidad del espacio, que es circular, equidistante por todas partes, y el mundo de la Atzilut y todo el resto de los mundos se ubican dentro de este espacio."

Lo que enseña el sabio cabalista, el Ari Hakadosh, es muy enigmático y resulta muy difícil comprender su pensamiento. Pero debemos recordar que todos los ejemplos y parábolas utilizadas por él buscan facilitar nuestra comprensión, hasta acostumbrarnos a esas nuevas ideas. En realidad, la sola utilización de alegorías es un ejemplo de *tzimtzum*, porque estamos tomando conceptos espirituales muy elevados y los traducimos a una realidad inferior, excluyendo el significado interno y utilizando sólo su significación externa y superficial. Al respecto, el Tzemaj Tzedek (nieto del autor del *Tania*), enseña en su libro *Derej Mitzvoteja*: "Cada escalón es un nivel superior al que se encuentra por debajo suyo, y el más bajo de todos es una especie de parábola acerca del nivel más elevado".

Por lo tanto, de nuestra experiencia podemos aprender que incluso el ejemplo que escuchamos necesita de un ejemplo anexo, porque las ideas son tan profundas que ni el ejemplo mismo resulta claro, y por eso precisamos otro nuevo ejemplo para explicarlo. Así podemos comprender el *Midrash* que dice que el Rey Salomón tenía tres mil parábolas, es decir, que su sabiduría era tan vasta que se requerían parábolas de parábolas para llegar a la profundidad de sus ejemplos. Éstas eran tan difíciles que se precisaban tres mil ejemplos para entenderlas.

Debido a que los conceptos cabalísticos son tan abstractos, los sabios utilizan ejemplos o parábolas para revestir la espiritualidad con conceptos mundanos. La parábola es sólo una herramienta para aproximar lo referido a nuestra percepción mental, pero debemos tener en cuenta que existe el peligro de errar en la comprensión y la interpretación de la misma.

En resumen, el Ari Hakadosh enseña que el *tzimtzum* sucedió en la iluminación y no en la esencia del *Ein Sof.* Además aprendemos que la Luz Infinita del *Ein Sof* se contrajo, mas no desapareció sino que se dispersó y retornó a su fuente. Asímismo, es importante también enfatizar que la esencia del *Ein Sof* circunda el espacio de modo equidistante. Por último, debemos tener siempre presente que, aún después del *tzimtzum*, quedó una cierta presencia del *Ein Sof* en el espacio creado.

EL TZIMTZUM COMO TRANSICIÓN
DE LA VOLUNTAD SIMPLE A LA VOLUNTAD LIMITADA

El *tzimtzum* es la base de toda la realidad, porque es el que marca la transición de la voluntad simple a la voluntad limitada. El Creador provocó el *tzimtzum*, el cual es una muestra extraordinaria de Su poder. Éste fue hecho con el propósito de crear una realidad limitada, y sólo después del *tzimtzum* hubo lugar para crear mundos limitados. La realidad de la limitación estaba oculta y contenida en la esencia del *Ein Sof,* y se convirtió de potencia en acto cuando el Creador decidió emanar los mundos.

EL EIN SOF INCLUYE LO ILIMITADO
ÚNICAMENTE EN SU NEGACIÓN

Retornemos a la pregunta formulada más arriba: ¿Cómo podemos explicar la existencia de partes en la total perfección? Para contestarla utilizaremos un ejemplo de Rabí Moshé Jaim Luzzatto en su obra *Kelaj Pitjei Jojmá.* Cuando nosotros definimos alguna cosa, generalmente lo hacemos a partir de la cosa misma, o sea, desde sus cualidades. En pocas palabras, a partir de sus características. Por ejemplo, una silla es una estructura de madera o metal, etc. hecha con el propósito de sentarse. Sin embargo, existen conceptos que no se pueden definir por las cualidades que poseen sino que sólo podemos definirlos al negar otras cualidades en relación a éstos. Por ejemplo, los conceptos de vida y muerte. Esta última no tiene una definición por sí misma, ni cualidades con las que podamos identificarla. Para definir a la muerte precisamos valernos de otro concepto, la vida, y decir que la muerte es la negación de la vida. Sin vida tampoco la muerte existiría. De este modo vemos que en la muerte estamos incluyendo a la vida, pero en su aspecto negativo. Cuando hablo de la muerte estoy incluyendo a la vida, pero en su ausencia. Por otra parte, la vida tiene características o cualidades diferentes que nos permiten definirla sin necesidad del concepto de muerte.

Otro ejemplo: un auto que viaja a cien kilómetros por hora. En dicha realidad, el auto no viaja ni a noventa ni a ochenta kilómetros por hora. Por otra parte, todas estas velocidades están incluidas en la velocidad de cien kilómetros por hora, y cuando yo digo que un auto viaja a la velocidad de cien kilómetros estoy diciendo al mismo tiempo que no viaja a las velocidades anteriores. O sea, al señalarla estoy negando las demás velocidades.

Igualmente, antes del *tzimtzum*, toda realidad limitada se encontraba en estado de negación porque existía el estado de "lo ilimitado", un estado de total perfección. El resultado del *tzimtzum* fue la existencia concreta de la limitación. La velocidad de noventa kilómetros por hora estaba sólo en potencia, pero, al apretar un poco los frenos, la velocidad de noventa kilómetros pasa a estar "en acto".

EL CANTO DEL ALMA

POR MEDIO DEL TZIMTZUM
EL CREADOR, LIMITÓ A LA CREACIÓN Y LOS SERES CREADOS

Intentamos explicar "el secreto del *tzimtzum*" y ahora finaliza-
remos con una cita del libro *La Sabiduría del Alma* –daat
Tevunot– de Luzzatto (Cap. 26):

"El Santo, Bendito Sea, podría haber creado al hombre
y a la creación entera totalmente perfectos. Más aún,
esto es lo que se hubiera esperado que Él hiciera, porque Él es la quintaesencia de la perfección, y es sólo
natural que Sus acciones sean perfectas en sí mismas.
Pero Su sabiduría decidió que el hombre debía perfec-
cionarse a sí mismo, y por eso Él lo creó imperfecto,
impidiendo que Su propia perfección y Su suprema
bondad se manifestasen en toda su magnitud en esa
creación: Él le dio la forma más adecuada para lograr
que cumpliera Su sublime cometido. Esto trae consigo
otra idea, que fue formulada por los Sabios (*Jaguigá*
13): '*Shakai*' (uno de los Nombres de Dios), Quien dijo
a Su mundo: '*Dai*' (basta). Durante la creación los cielos continuaron expandiéndose hasta que Él los repren-
dió, como está escrito en el *Midrash*. Es decir que evidentemente Él habría podido crear más criaturas que
las creadas y podría haberlas hecho más grandes de lo
que son. Y si Él hubiese querido hacer que igualasen en
magnitud al Creador, serían ilimitadas como lo es Él y
Su capacidad. Pero Él los creó de acuerdo a su naturaleza prevista. Es decir, les acordó la medida y el carácter adecuados a su cometido. Al hacerlo Él circunscribió Su capacidad infinita, para que ésta no se realizase
plenamente en Sus criaturas, sino en los límites de las
criaturas generadas".

Hemos tratado dos aspectos del *tzimtzum*:

1. El Creador, Bendito Sea, limitó a la Creación de acuerdo a lo que las criaturas puedan recibir.

2. Creó "a priori" seres que fueran incompletos desde el inicio para que pudieran efectuar la labor de completar y corregirse a sí mismos.

II
EL RESHIMO (IMPRESIÓN)
Y EL KAV (EL RAYO DE LUZ)

DEFINICIÓN DEL RESHIMO

Tras haber hablado del *tzimtzum,* la contracción, analizaremos ahora qué es lo que permaneció en el lugar en donde "se alejó" la luz del *Ein Sof.* ¿Acaso una vez que la Luz Infinita se contrajo quedó en su lugar simplemente un espacio vacío y hueco?

Refiramos aquí una cita del Ari Hakadosh: "El *tzimtzum* permitió que la luz y el esplendor del Creador sean percibidos, ya que anteriormente no podían ser vistos. Esa luz que pudo verse antes de las *sefirot* y de la formación de los mundos es conocida como *reshimo,* palabra derivada del vocablo hebreo *roshem,* que significa impresión. O sea, se refiere a la impresión que quedó de la Luz después de ser contraída. El *reshimo* señala el lugar donde existe toda la realidad, porque él otorga existencia a todo, cosa que no podía brindarle lo ilimitado".

Una exégesis a estos conceptos puede hallarse en el libro del *Génesis* (28:10), donde Rashi escribe al respecto: "Nos enseña que la partida de un hombre justo de una ciudad deja una impresión". La explicación es que a pesar de que el justo abandone la ciudad, queda una impresión de él; en otros términos, la santidad que irradió durante el tiempo que estuvo allí, está aún presente. En todo lugar donde reinó la santidad, no es posible borrarla, y aunque la fuente de la misma haya partido, su impresión siempre permanece.

Luego del *tzimtzum,* después que el Creador quitó Su luz ilimitada, quedó en el lugar una santidad que, comparada con la que la precedió, es como la oscuridad frente a la luz, como la sombra del hombre ante él mismo. En relación con nosotros, esta luz es la fuente y raíz de toda la realidad, sitio de todos los mundos.

Retornemos a la afirmación del Ari Hakadosh: "El *tzimtzum* permite que la luz y el esplendor del Creador sean percibidos". Esto señala que antes del *tzimtzum* la luz del *Ein Sof* era completa, y que era imposible discriminar entre luz y luminosidad porque se anulaban ante la luz del *Ein Sof,* tal como la luz de una vela se anula frente a la luz del sol.

El *tzimtzum* posibilitó que esta luz, que es la esencia de la voluntad limitada, sea percibida. Por ejemplo: si yo proyecto una foto en la pared podremos percibir dos cosas: la luz en la pared y las partes que ocultan la luz, que son las que provocan y crean la imagen en la pared. Si sacamos la diapositiva del proyector, la pared se verá recubierta de luz, sin fotografía alguna. Comprenderemos entonces que justamente las manchas oscuras del film son las que crean la imagen. La analogía puede hallarse en el *tzimtzum*, el que posibilitó la percepción de la luz de igual modo que las partes oscuras del film limitaron a la luz para que la imagen pudiera ser vista.

No puede decirse que la luz limitada se renovó para efectuar la Creación, ya que estaba incluida en la luz del *Ein Sof.* Mejor, diremos que es una "luz emanada", es decir, meramente un aspecto de la luz anterior, cuyo poder fue disminuido a través del *tzimtzum.*

Continuamos con el Ari Hakadosh: "Esa luz que pudo verse antes de las *sefirot* y de la formación de los mundos es conocida como *reshimo*". Mencionamos antes que El Eterno quiso crear Su mundo gradualmente, paso a paso, del mismo modo que al construir las cosas acostumbramos a hacerlo por etapas. Efectivamente, El Creador pudo haber creado todos los mundos de una sola vez, pero, sin embargo, procedió gradualmente, de modo similar al maestro que enseña a su alumno de primer grado, leyéndole letra por letra; aunque el maestro tiene la capacidad de leer la palabra entera de una vez, lo hace de modo acorde a las posibilidades de comprensión del niño.

El Eterno creó en un primer momento como un espacio vacío. A pesar de haber podido crear la realidad de las *sefirot* sin necesidad de hacerlo por etapas, Él quiso crear los mundos de acuerdo con la naturaleza de los seres creados, o sea, paso a paso. Entonces, antes de emanar a las *sefirot* creó el *reshimo*, que es la raíz de la realidad futura.

Ahora comprendemos cómo esta progresión gradual fue establecida desde el principio. El Creador quiso continuar el orden "concatenado" (en que una cosa se liga y desprende de la otra) en el cual Su luz y el esplendor de Su santidad aparecen en el mismo nivel.

En el *reshimo* se encuentra enraizado el futuro de la realidad en su totalidad. Y a esto se refiere el Ari Hakadosh al afirmar que: "El *reshimo* es el lugar de todo lo existente".

EL RESHIMO ES LA RAÍZ DE LA IMPERFECCIÓN

El *reshimo* es la raíz de toda la realidad limitada y, por consiguiente, la raíz de la realidad de los seres imperfectos. Ya que el bien es una perfección y el mal una imperfección, resulta ser que el *reshimo* es la raíz del mal.

EL RESHIMO ES EQUIVALENTE A LA SEFIRÁ DE MALJUT DEL EIN SOF

Mencionamos anteriormente que la luz del *reshimo* no es algo que se creó después de alejarse la luz del *Ein Sof* por el *tzimtzum*, sino que el *reshimo* es como una pequeña parte de lo que lo precedió. La diferencia es que antes del *tzimtzum* no era posible reconocerlo. A esta luz se la conoce como el *maljut* del *Ein Sof.* Este término puede sorprendernos porque, tal lo aprendido, el *maljut* es la última parte del proceso de la creación y, ¿cómo podemos decir que el Infinito está compuesto de partes? El sabio cabalista Luzzatto lo explica en *Kelaj Pitjei Jojmá* (cap. 26): "*Maljut* es la raíz de todas las creaciones, y la última parte de cada *sefirá*. Por lo tanto la raíz de las creaciones es el poder último que se encuentra en cada *sefirá*". En otras palabras, la *sefirá* de *maljut* es la convergencia de todas las fuerzas y de todas las raíces. La concretización de la realidad de *maljut* se produjo sólo después que El Eterno determinó las leyes de la realidad de la creación. En consecuencia, antes de surgir la voluntad de crear los mundos, el *maljut* del *Ein Sof* se encontraba en potencia y era la raíz de la realidad concreta establecida una vez que El Creador determinó la ley de existencia de las criaturas.

Por lo tanto, a través de la contracción se estableció la ley de existencia de las criaturas y se quitó la Luz Infinita quedando las últimas fuerzas del *Ein Sof,* denominadas *reshimo* o *maljut* del *Ein Sof.*

Por ende, ambas definiciones se adaptan, ya que tanto el *reshimo* como el *maljut* son las raíces de toda la existencia.

EL RESHIMO ES LLAMADO "ESPACIO VACÍO"

El "espacio" tiene la cualidad de contener o recibir otros entes. Cuando un espacio está vacío, implica que ahí no hay ninguna otra existencia. Cuando un espacio está completo, la cualidad de contener a otros ya no existe en él.

Antes del *tzimtzum* no existió ninguna situación de espacio hueco o vacío sino que todo estaba absolutamente pleno

de la luz del *Ein Sof.* Cuando esta luz se apartó como consecuencia del *tzimtzum,* se generó un espacio vacío. Este
es el *reshimo* y el *maljut* de la Luz Infinita, que es un recep-
táculo y un espacio vacío. Mas si decimos que también
queda un *reshimo* de la luz del *Ein Sof,* ¿cómo podemos
denominar a ese lugar "espacio vacío? La respuesta es que,
en comparación con la luz anterior, la luz del *Ein Sof* y la
perfección que poseía, a ese espacio se lo considera como
espacio vacío.

LA EXPANSIÓN DEL KAV (RAYO DE LUZ) EN EL RESHIMO

Como ya aclaramos, El Eterno quiso crear los mundos
en forma gradual y por eso, en la etapa posterior al *tzimut-
zum* y a la creación del espacio vacío, introdujo una luz
especial que llenó ese espacio. Esa luz se conoce con el
nombre de *kav.*

Citemos al Ari Hakadosh: "Despúes que este espacio (el *reshimo*) fue definido, El Creador quiso emanar las emanaciones
(el Mundo de la Emanación), las creaciones (el Mundo de la
Creación), las formaciones (el Mundo de la Formación) y
los seres de este mundo inferior (el Mundo de la Acción). A fin
de emanar todos los mundos en el lugar correspondiente,
el Creador decretó que se extienda un *kav* (una especie de rayo
de luz), como un angosto tubo de luz del *Ein Sof,* del Infinito,
que lo circunda y penetra en el espacio. La Luz Infinita circundante desciende por medio de este *kav* al espacio en una medida exacta".

Este *kav* decretó un orden en el *reshimo,* y organizó a las
fuerzas que estaban comprendidas en él, surgiendo entonces las
sefirot lineales y las *sefirot* circulares. Por consiguiente, aprendemos que las *sefirot* son quienes llenan ese espacio.

EL PODER DIRECTIVO DE JUSTICIA (HANHAGAT HAMISHPAT) Y EL PODER DIRECTIVO DE UNIDAD (HANHAGAT HAIJUD)

Para continuar debidamente con el tema del *kav*, resulta de suma importancia recordar que el propósito de los seres creados es servir a Dios a fin de manifestar Su Unidad y corregir el mundo bajo el reinado divino. El Eterno creó un mundo incompleto, con criaturas imperfectas, dotadas de libre albedrío. Dios, por su parte, gobierna al mundo bajo el principio de la justicia, tratando al justo y al malvado de acuerdo a sus actos. Esta directiva se denomina *hanhagat hamishpat* (el Poder Directivo de la Justicia). De acuerdo con esto, la verdadera justicia Divina se expresa cuando se adjudica a cada hombre su justo castigo o recompensa. Mas si ésta fuera la única fuerza directiva, tal situación podría extenderse ilimitadamente, generación tras generación, y de ese modo nunca se llegaría a cumplir el propósito de la Creación. Sin embargo, la unidad del Creador implica la corrección del mundo bajo Su reinado, que es la conversión del mal en bien. Por lo tanto, El Creador estableció un Poder Directivo adicional que orienta al Poder Directivo de la Justicia para lograr el propósito de la Creación. Este Poder Directivo es denominado el Poder Directivo de la Unidad, y su propósito es transformar todo el mal en bien.

El Poder Directivo de la Justicia es el Poder Directivo revelado y visible, y concuerda con la lógica humana. El Poder Directivo de la Unidad está oculto, y sólo será revelado cuando se manifieste la unidad del Creador, en un futuro. En otras palabras, al cabo de seis mil años, se revelará que todo lo que sucedió fue dirigido con el fin de corregir el mal. En el transcurso de esos seis mil años habrá situaciones difíciles que provocarán que los más irreflexivos se conviertan en herejes, hasta el punto de afirmar que El Creador, desde el momento en que otorgó al hombre su libre albedrío, no controla más el mundo.

Aquí se comprende la necesidad de creer en una absoluta unidad, la fe en que todo lo que sucede con nosotros provienc únicamente del Creador.

Tomemos un ejemplo para comprender mejor este fenómeno. Un día el jefe de policía de un país recibió un informe sobre el drástico ascenso de muertes por accidentes de tránsito. Después de consultar y discutir con los oficiales de policía, se resolvió cambiar la política y extremar los castigos para las violaciones de tránsito a fin de mejorar la situación. Al día siguiente cada agente recibió nuevas instrucciones de acuerdo a la nueva reglamentación. Los conductores se molestaron por la nueva decisión y expresaron sus quejas, pero esto no modificó la política sino que, gracias a ella, se redujeron los accidentes. En reuniones efectuadas posteriormente con los mismos oficiales de policía se resuelve retornar a la política anterior. Los conductores, al enterarse, se asombraron sobremanera, sin poder comprender este cambio de ideas. Mas cuando la policía publicó su reporte pudieron comprender la política ministerial, la cual antes era desconocida por el público y, por lo tanto, incomprendida e injustificada.

EL RESHIMO (EL PODER DIRECTIVO DE JUSTICIA)
EL KAV (EL PODER DIRECTIVO DE UNIDAD)

Es sabido que todo lo enseñado por el sabio cabalista, el Ari Hakadosh, está escrito en forma de parábolas, y que sólo unos pocos lograron llegar a comprender sus ideas en profundidad y a captar sus analogías. El Gaón de Vilna dijo que el Rabí Moshé Jaim Luzzatto fue uno de ellos. En esta sección vamos a tratar la explicación que el cabalista italiano da acerca del *reshimo* y el *kav*.

El *reshimo* incluye todos los asuntos del Poder Directivo del bien y del mal. Estamos aún en el nivel en que las *sefirot* no se han emanado, y por eso no es posible adscribirle cualidades al

Creador ni discutir los detalles de este Poder Directivo, ya que éste tiene su raíz en las *sefirot*. En el próximo nivel entra el *kav* en el *reshimo* proyectando al *Ein Sof* y estableciendo los órdenes determinados para el Poder Directivo. Antes de que el *kav* entrara en el *reshimo* estaba todo generalizado y, con su introducción, lo general se particularizó en detalles. Los órdenes que el *kav* hizo en el *reshimo* son las *sefirot*, que son a su vez las cualidades del Creador y también los instrumentos de Su Poder Directivo. No estamos diciendo que el *kav* introdujo un nuevo orden, sino que éste ya existía en el *reshimo*, pero en forma generalizada. El *kav* despertó el orden, es decir, a las *sefirot*.

Retornemos a nuestro tema. El Poder Directivo de la Justicia se encuentra enraizado en el *reshimo*, en conjunto con las raíces del bien y del mal. La introducción del *kav* en el *reshimo* es paralela a lo que dijimos antes, que el Poder de la Unidad es el que dirige al Poder de la Justicia y lo guía en pos de su verdadero objetivo. En términos simples: el Poder Directivo del *reshimo* es el Poder Directivo de la Justicia, y el Poder Directivo del *kav* es el Poder Directivo de la Unidad.

EL KAV Y EL RESHIMO COMO EL ALMA EN EL CUERPO

La relación entre el *kav* y el *reshimo* es similar a la relación entre el alma y el cuerpo. Distinguimos dos funciones del alma:

1. El alma construye, mantiene y dirige al cuerpo, o sea, otorga vitalidad a los órganos del cuerpo.

2. El alma purifica al cuerpo de su materialidad.

De igual modo funciona el *kav* en el *reshimo*. Por un lado, el *kav* construye los instrumentos (*sefirot*) que dan vida a todas las criaturas, y por otro intensifica la perfección enraizada en el *reshimo*, lo cual se realiza a través de la corrección de los instrumentos.

RESUMEN

Hemos expuesto dos principios:

1. El Poder Directivo del *reshimo*, que incluye el Poder Directivo de la Justicia, castigo y recompensa, bien y mal.

2. El Poder Directivo del *kav*, el Poder Directivo de la Unidad.

Ambos poderes funcionan como si fueran uno solo, salvo que el Poder Directivo de la Justicia lo hace en forma manifiesta y el Poder Directivo de la Unidad es quien lo dirige y orienta hacia la consecución del verdadero propósito.

4ª PARTE

ADAM KADMÓN
EL HOMBRE PRIMORDIAL

I
EL KAV QUE ENTRÓ EN EL RESHIMO
PUSO EN ORDEN A LAS DIEZ SEFIROT

Mencionamos anteriormente que toda la realidad finita creada tras el *tzimtzum* está enraizada en el *reshimo*, y que lo que no está enraizado allí carece de realidad (o consistencia) en los pasos evolutivos del proceso. Esto se parece a un hombre que presenta un presupuesto: se sabe que todo lo que no esté incluido en el presupuesto no será asequible en la realidad.

Todas las raíces formadas en el *reshimo* se encontraban a un nivel general. Para llegar al próximo paso en la cadena evolutiva, era necesaria una fuerza que organizara y pusiera orden a todas las fuerzas del *reshimo*. Efectivamente, el *kav* que entró en el *reshimo* hizo o fijó los órdenes en el mismo. La consecuencia de la acción del *kav* es una nueva manifestación que deviene en un nuevo eslabón en el proceso de concatenación. Este resultado es la existencia del mundo denominado *Adam Kadmón* –Hombre Primordial– y raíz de las diez *sefirot*. Como veremos más adelante, la revelación de las diez *sefirot* se produjo en el Mundo de la Emanación, que es el último nivel del mundo del Hombre Primordial. De hecho, aquí nos estamos refiriendo solamente a la raíz de las *sefirot*, o sea, al concepto de las *sefirot*.

Acotamos ya en el capítulo de las *sefirot* que todo el Poder Directivo de Dios está contenido en ellas, y que las *sefirot* son los instrumentos dc la luz del *Ein Sof* que se encuentra en las mismas. Las *sefirot* son las vestimentas del *Ein Sof* o, desde otro punto de vista, la luz del *Ein Sof* se reviste en las *sefirot*. ¿A qué se parece esto? Cuando una corriente eléctrica "se reviste" en el acondicionador de aire, el resultado es aire fresco, y cuando esta misma corriente "se reviste" en un horno, el resultado es aire caliente. El acondicionador de aire es la vestimenta de la corriente eléctrica, o, en otras palabras, la corriente se reviste en el acondicionador de aire.

Lo mismo sucede con las *sefirot*. Cuando la luz del *Ein Sof* se reviste en la *sefirá* de *jesed* (bondad), el resultado es bondad, y asimismo ocurre con todas las demás *sefirot*.

Después que el *kav* entró –o se revistió– en el *reshimo*, todo el espacio se llenó de Luz Infinita, que es la luz del Hombre Primordial –*Adam Kadmón*. Es como un árbol que llena el espacio plenamente desde abajo hasta arriba, y todo lo demás son sus ramas, las que son también nutridas por él. El *Adam Kadmón* es el árbol y las *sefirot* sus ramas. Las *sefirot* son las vestimentas del *Adam Kadmón* y él se reviste de ellas. El Hombre Primordial es el alma de las *sefirot* y su interioridad.

El Poder Directivo se consolidó en el Hombre Primordial

En el *Adam Kadmón* se ordenaron las raíces de las *sefirot* lineales con "Imagen Humana", o sea, se asentaron las raíces del Poder Directivo. Antes de entrar el *kav* en el *reshimo*, toda la realidad estaba en proceso de ser. En el *reshimo* se encontraba la raíz de formación de toda la realidad, en todos sus detalles, pero el contenido del Poder Directivo, que es el propósito de toda la creación, fue puesto en el *reshimo* sólo después de entrar el *kav* en él.

Hasta aquí hablamos de los siguientes niveles:

1. El nivel anterior al *tzimtzum*.
2. El *tzimtzum*.
3. La formación del *reshimo*.
4. La entrada del *kav*.
5. La generación del Hombre Primordial, el alma de las *sefirot*.

El Hombre Primordial es la esencia del Poder Directivo ya que las diez *sefirot* son el instrumento del Poder Directivo y el Hombre Primordial es su alma.

En Cábala, "la Imagen Humana" –*dmut adam*– es un concepto que incluye dos partes interrelacionadas como el cuerpo con el alma. El cuerpo es el lugar en que se enraizaron las fuerzas del mal, que son los instintos elementales que el hombre comparte con los animales; el papel del alma es el de guiar al cuerpo. La "Imagen Humana" es el concepto que se conecta con el servicio al Creador, porque la misión principal de tal servicio es sobreponer el bien al mal y el alma al cuerpo.

La primera realidad en la que encontramos la conexión entre el cuerpo y el alma es en la entrada del *kav* en el *reshimo*. Aquí se enraiza en el Hombre Primordial la idea del servicio al Creador, que hace retornar el mal al bien y completar las carencias.

EL HOMBRE PRIMORDIAL: RAÍZ DE "LA IMAGEN HUMANA"

Como explicamos anteriormente, el Poder Directivo general se expresa y revela por medio de las *sefirot*, es decir, las diez *sefirot* resumen al Poder Directivo. Puesto que la idea de las *sefirot* está enraizada en el *Adam Kadmón* (Hombre Primordial), también la idea del Poder Directivo está originada en él. La esencia del Poder Directivo no puede aprehenderse por tratarse de un aspecto de los mundos del *Ein Sof*, ya que la esencia del Poder Directivo está en el mundo del Hombre Primordial. Por lo tanto sólo podemos referirnos a las acciones del Poder Directivo, a las acciones de la Voluntad Divina.

La totalidad de actos efectuados por el Poder Directivo puede dividirse en 613 raíces, y todos los actos restantes son sólo ramificaciones que se desprenden de ellas. Las 613 raíces de los actos del Poder Directivo, que son la voluntad del Creador, son las 613 partes del Hombre Primordial, compuestas por 365 ligamentos y 248 órganos.

Las 613 partes del Poder Directivo conforman "la Imagen Humana". "La Imagen Humana" es una unidad completa del Poder Directivo que incluye todos los componentes de este poder. El mejor ejemplo es el cuerpo físico del hombre, que representa una unidad completa que incluye todos los componentes necesarios para efectuar el servicio a Dios. El cerebro es el instrumento del pensamiento y del intelecto, el corazón el instrumento del sentimiento y de las virtudes, y los miembros del cuerpo tienen por función realizar acciones. El hombre posee en su interior al bien y al mal, y éstos le ofrecen la posibilidad de elegir. El cuerpo físico del hombre está dividido en 613 partes que son instrumentos de las 613 fuerzas del Poder Directivo en detalle, y cada miembro es un instrumento que sirve para hacer efectiva la voluntad Divina en pensamiento, palabra y acto.

El Hombre Primordial es la raíz del Hombre Espiritual al que alude el versículo: "Hagamos un hombre a nuestra imagen", y ésta es la raíz general del concepto "Imagen Humana". Así como "la Imagen Humana" es una unidad completa del Poder Directivo en particular, el Hombre Primordial es la Imagen general del hombre, la raíz de toda "Imagen Humana" y la raíz de todos los actos del Poder Directivo.

EL NOMBRE GENERAL DE DIOS
SE REVELA EN EL HOMBRE PRIMORDIAL

Definiremos ahora al Hombre Primordial desde otro punto de vista. En cada Imagen Humana está insinuado el nombre principal de Dios, el Tetragrama, compuesto por las cuatro letras hebreas *iud*, *hei*, *vav*, *hei*. La *sefirá* de *keter* se sugiere en el punto superior de la letra iud, la *sefirá* de *jojmá* en el interior de esta letra, la *sefirá* de *biná* se sugiere en la letra hei, la *sefirá* de *tiferet* (que incluye las *sefirot jesed, gevurá* y *tiferet* y *netzaj, hod* y *iesod*) se sugiere en la letra vav, y la *sefirá* de *maljut* en la última letra hei. De este modo el Nombre Divino es sugerido en todos los mundos y a todos los niveles.

Puesto que el Hombre Primordial incluye toda "Imagen Humana", y él mismo es la imagen general del hombre, resulta que el Nombre Divino sugerido en el Hombre Primordial es el Nombre Divino general *iud, hei, vav, hei,* que es la raíz de todos los nombres Divinos sugeridos a todos los niveles.

EN EL HOMBRE PRIMORDIAL LAS SEFIROT
SE ENCUENTRAN SÓLO EN UN NIVEL CONCEPTUAL

Varias veces recordamos que el *kav* hizo orden en el *reshimo*, y que dicho orden son las diez *sefirot*. Mas aunque estemos hablando de diez *sefirot*, a esta altura las *sefirot* aún no se han separado, y están ligadas y unidas como si fueran una sola. El orden efectuado por el *kav* en el *reshimo* es la raíz y la idea de las diez *sefirot*. Las *sefirot* mismas estructuradas con Imagen Humana, fueron emanadas sólo en el Mundo de la Emanación, mas aquí se habla del Mundo de Akudim, el mundo de las ataduras, en el cual las *sefirot* se encuentran amarradas y aquí sólo se desarrolla la idea conceptual de la

Imagen Humana. Como veremos luego, el Mundo de Akudim no tiene nada que ver con la directiva de la justicia, la cual es el Poder Directivo del presente –el Poder Directivo de los seis mil años, en los cuales se da oportunidad a los seres de libre albedrío de corregir al mundo bajo la supremacía Divina. El Mundo de Akudim es la suma de las raíces del Poder Directivo futuro, o del Poder Directivo de recompensa, después de haber sido corregidos los mundos. Todo esto se analizará posteriormente en detalle.

LOS MUNDOS DE AKUDIM, NEKUDIM Y VRUDIM

Estos nombres, tomados del libro del Génesis (*Génesis* 30:33), encierran el secreto de la formación de las *sefirot*. En el primer momento las *sefirot* no podían dividirse como diez recipientes, sino que existía un solo recipiente compuesto por diez. Es decir, las diez *sefirot* estaban ligadas en un solo recipiente. A esta altura la división en diez es irreconocible. (Desde el momento en que el concepto de división y de numeración se creó sólo al finalizar la Emanación de las diez *sefirot*, no puede hablarse en este estadio de ninguna división o número alguno). Este es el Mundo de Akudim –*Olam Haakudim*.

La expansión comenzó en el siguiente estadio y de un solo recipiente que incluía a todas, las diez *sefirot* se expresaron en puntos. Este es el llamado *Olam Hanekudim* –el Mundo de los Puntos. Aquí hablamos de los diez recipientes o instrumentos separados uno del otro, o sea que cada *sefirá* es una especie de punto que aún no se ha expandido. Como veremos, el Mundo de los Puntos es un mero estado de transición entre el *Olam Haakudim* al *olam havrudim*.

El *olam havrudim* es el estadio en que los instrumentos, de ser un solo punto, pasaron a un estadio de composición, en el que cada *sefirá* se conformó de otras diez, las cuales a su vez se conformaron en otras diez y así sucesivamente.

El *olam havrudim* es el Mundo de la Emanación. Aquí se encuentra la raíz de la multiplicidad de los seres creados con sus cualidades específicas, tanto en el mundo inanimado como en el vegetal, el animal y el humano.

EL MUNDO DEL HOMBRE PRIMORDIAL ES LA LUZ GENERAL DE TODO EL PROCESO DE CONCATENACIÓN

Todos los estadios enumerados arriba están incluidos de hecho en la voluntad del *Ein Sof* de emanar las *sefirot*. Esta voluntad no se encuentra en la esencia de las diez *sefirot* que fueron reveladas en el Mundo de la Emanación ya que ésta está muy por encima del nivel de las *sefirot*, que son una especie de vasijas. Sin embargo, en esta voluntad sí que se encuentran ya enraizados todos los detalles que habrán de emanarse posteriormente.

Aquí vamos a adelantarnos y a explicar un asunto que sólo se entenderá después de leer el material por segunda vez. El Ari Hakadosh escribe con respecto al Hombre Primordial que las piernas del *Adam Kadmón* finalizan donde termina el Mundo de la Acción, mientras que el Mundo de la Emanación concluye en la membrana –*parsá*– que lo separa de los Mundos de Creación, Formación y Acción. ¿Cómo es esto posible? ¿No es acaso el Mundo de la Emanación inferior al mundo del Hombre Primordial? La explicación es que en el Hombre Primordial la voluntad general está compuesta por toda la realidad, incluyendo también al Mundo de la Acción, ya que incluye la concatenación entera. Por el contrario, el Mundo de la Emanación es sólo un detalle.

LOS MUNDOS DE LA VISIÓN (REIÁ), AUDICIÓN (SHMIÁ), OLFATO (REAJ) Y HABLA (DIBUR)

Ya hemos mencionado que existen mundos superiores y más excelsos que el Mundo de la Emanación, y el Ari Hakadosh escribe al respecto: "Ya sabes que no tenemos poder para ocuparnos de lo que sucedió antes de la Emanación de las diez *sefirot*". De todos modos nosotros intentamos estudiar sólo lo referente a la raíz del Mundo de la Emanación.

El Mundo de la Emanación abarca dos dimensiones:

a) La luz del *Ein Sof* que se expande a todo lo creado, es decir, la expansión de la Voluntad Divina.

b) Los instrumentos por medio de los cuales se esparce esta luz, es decir, las *sefirot*.

Estas dos dimensiones tienen una raíz en los mundos superiores. Los Mundos de la Visión, de la Audición, del Olfato y del Habla son las raíces del Mundo de la Emanación.

Antes de explicar la naturaleza de estos mundos, haremos una pequeña introducción para acercar al lector la metodología utilizada por el sabio cabalista, el Ari Hakadosh.

EL USO DE LOS ÓRGANOS DEL CUERPO COMO ANALOGÍA

El Ari Hakadosh escribió: "Es sabido que en los ámbitos superiores no existe ni cuerpo, ni fuerza corporal. Y esas comparaciones e imágenes no se hacen porque realmente así sucede, Dios no lo permita, sino que se efectúan para hacer comprensibles los asuntos espirituales, de naturaleza superior, que no pueden ser captados ni inscriptos en la mente humana. Por eso nos permitimos hablar en términos comparativos, utilizando imágenes, como lo hace el *Zohar*".

Citamos a continuación un texto del *Nefesh Hajaim*, referido a este punto: "Pero el objetivo es cerrar la boca a quienes hablan y se burlan de aquellos que sostienen que los preceptos cumplidos por el hombre aquí abajo producen grandes correcciones en los mundos superiores. Entonces se trae estos ejemplos para enseñar que, así como no podemos comprender cómo de un acto como la copulación pueda surgir a partir de una mínima gota una maravillosa, completa, inteligente, espiritual y sagrada creación, tampoco podemos conocer el verdadero origen de las correcciones de los mundos superiores y de los elevados poderes que se incorporan a las luces espirituales por medio de los preceptos que cumple el hombre en este mundo"

Los nombres que se toman de nuestro cuerpo son como una imagen, una especie de copia de los mundos espirituales. La estructura del cuerpo humano y sus órganos son la alegoría, y el Hombre Superior, como vemos en el capítulo dedicado al tema, es la realidad a que apunta la analogía. Debemos relacionarnos con los ejemplos del Ari, no como si se trataran de simples ejemplos casuales, sino como imágenes que fueron elegidas con un propósito singular. El Gaón de Vilna escribe con respecto al versículo: "Para entender proverbios y alegorías" (*Proverbios* 1:6) que la Torá Escrita es una alegoría, mientras que los secretos más profundos de la Torá son el contenido a los que ésta se refiere. Es así como los ejemplos elegidos por el Ari en sus escritos fueron seleccionados con gran cuidado y rigor.

Cuando queremos explicar el tema del Hombre Primordial, describimos a un hombre cuya cabeza está arriba, en el cielo, sus pies en la tierra, y cada miembro de su cuerpo es más elevado en un sentido espiritual cuanto físicamente ocupe un lugar más alto. Por ejemplo, la cabeza es más alta que el tórax e igualmente lo es la cabeza del Hombre Espiritual. Es decir, la iluminación espiritual que sale de la cabeza del Hombre Espiritual es más elevada que la iluminación que sale de su tórax. Y en la cabeza misma los ojos se encuentran más arriba que la boca, y también las iluminaciones que emergen de los ojos del Hombre Espiritual son superiores y más excelsas que las iluminaciones que emergen de la boca del Hombre Espiritual. De todo esto podemos inferir el siguiente principio: en todo lugar en donde se habla de ascenso, descenso, derecha, izquierda, etc. se estará refiriendo exclusivamente a la dimensión interna de las cosas.

EXPLICACIÓN DE LOS MUNDOS DE LA VISIÓN, DE LA AUDICIÓN, DEL OLFATO Y DEL HABLA

Las luces de los ojos, es decir, las luces que emergen de los ojos del Hombre Primordial, que son el Mundo de la Visión, son la raíz de la *sefirá* de *jojmá*, que es el rostro relacionado al Padre –*partzuf Aba*. Las luces que emergen de los oídos del Hombre Primordial, que son el Mundo de la Audición, son la raíz de la *sefirá* de *biná*, que es el rostro relacionado con la Madre –*partzuf Ima*. Las luces que emergen de la nariz del Hombre Primordial, el Mundo del Olfato, son la raíz de la *sefirá* de *tiferet* (que incluye a las *sefirot* de *jesed*, *gevurá* y *tiferet* y *netzaj*, *hod* y *iesod*), y es el rostro denominado *partzuf Zeer Anpín*. Las luces que emergen de la boca del Hombre Primordial son la raíz de la *sefirá* de *maljut*, que es el rostro denominado *partzuf Nukva*.

Los grandes sabios cabalistas lo explican del siguiente modo: el sentido de la vista es el más desarrollado, y por eso el hombre puede ver algo a una distancia desde la cual no puede oírlo. El sentido de la audición es superior al mundo del olfato, razón por la cual la persona puede escuchar algo a una distancia desde la que no puede olerlo. El sentido del habla es inferior a todos los demás, porque el resto de los sentidos no son reconocidos por el mundo exterior, mas el sentido del habla es reconocido por las demás personas y, en realidad, sólo es válido al ser escuchado por otra persona.

Otra sugerencia: las luces del Mundo de la Visión son superiores a las luces del Mundo de la Audición, del mismo modo que los ojos se ubican más arriba que los oídos. Los oídos por encima de la nariz y la nariz por encima la boca. Lo mismo sucede con las luces espirituales que salen de ellos.

A continuación veremos cómo el Mundo de la Emanación comienza en el ombligo del Hombre Primordial, mientras que el Mundo de Akudim (donde las *sefirot* aún están indivisas) está por sobre el "cuerpo" del Hombre Primordial. El Mundo de la Acción se encuentra al final del cuerpo del Hombre Primordial, en sus pies.

Recordemos que sólo estamos hablando de iluminaciones espirituales emergentes del "cuerpo" del Hombre Primordial. Más adelante explicaremos la relación existente entre los órganos del Hombre Primordial y los tipos de iluminaciones que salen de ellos. Aunque en un principio resultan extraños, de todos modos, después de revisar y releer los escritos del Ari Hakadosh, el estudiante se acostumbra a este lenguaje y a ese tipo de formulaciones.

LA SENSACIÓN INTERNA SE REVELA EN EL ROSTRO

El rostro del hombre, en tanto que corpóreo, es la parte del cuerpo a la que apunta el alma y a través de él se comunica con el medio circundante. Además, el rostro enseña el estado de ánimo del hombre, si está enojado o calmado, etc. En otras palabras, lo que sucede en el interior –*pnimiut*– se ve reflejado en el rostro –*panim*.

El rostro tiene además una propiedad anexa, que no existe hoy en día, pero que existía en la época de Moisés y de Pinjás: el poder de emitir un resplandor especial como el que tenía Moisés, al punto de tener que cubrirlo con una máscara. También en el caso de Pinjás, cuando la Divina Presencia se posaba en él, su rostro ardía como un rayo centelleante.

El resplandor que se vislumbra en el rostro, lo que denominamos "semblante" es, en realidad, la luz del alma que brilla desde el interior del hombre y se manifiesta en su cara. Por eso quien conoce la sabiduría que estudia las características del rostro puede revelar los secretos ocultos tras el semblante humano.

En resumen, el rostro es el instrumento a través del cual el alma revela y transmite sus sentimientos, pero no todos, porque hay luces más internas aún que no se manifiestan en el rostro.

Cuando establecemos un paralelismo entre el hombre corpóreo y el Hombre Primordial, decimos que el cuerpo del hombre material y sus órganos son paralelos al "cuerpo" del Hombre Primordial, mientras que el alma del hombre corpóreo es paralela a la luz del *Ein Sof*, que es el alma del Hombre Primordial, las luces del Poder Directivo supremo. Continuamos con éste paralelismo: así como en el hombre corpóreo se manifiesta sólo una parte de sus sentimientos, lo mismo sucede en el Hombre Primordial, en el que sólo una pequeña parte de las luces internas nos son reveladas. Asimismo, sólo una muy pequeña porción del Poder Directivo Divino nos es revelado. El motivo nos lo explica Rabí Moshé Jaim Luzzatto: "Y éste es el orden que les es posible alcanzar a los seres inferiores. Ellos pueden ver sólo la superficialidad de una cosa. Y como no poseen suficiente inteligencia para captar algo en su totalidad, incluyendo sus aspectos más íntimos y profundos en toda su extensión, se determinó que debe proporcionárseles una imagen completa y suficiente para comprender el asunto de acuerdo a sus facultades perceptivas. ¿A qué se asemeja esto? Puede compararse a un sabio que desea enseñar su sabiduría a sus alumnos. Si un alumno está inhabilitado para percibir en profundidad la sabiduría de su maestro, le dará una ilustración de dicha sabiduría de modo adecuado a sus facultades perceptivas".

Hemos distinguido dos clases de luces en el Hombre Primordial, aquellas que se revelan en su rostro y las que no lo hacen. Ahora explicaremos las luces que se revelan en el rostro del Hombre Primordial.

LAS LUCES QUE IRRADIAN DEL HOMBRE PRIMORDIAL SON LA RAÍZ DE LAS LUCES DEL PODER DIRECTIVO EN EL MUNDO DE LA EMANACIÓN

Las luces reveladas en el rostro del Hombre Primordial son consideradas como su resplandor –*ziv*. Éste proviene de luces más elevadas que no se revelan en absoluto. La raíz de todas esas luces es la corona (*keter*) del Hombre Primordial, que es el reinado (*maljut*) del *Ein Sof*. En otros términos (y sólo para facilitar la comprensión), la corona del Hombre Primordial es una especie de término medio entre el *Ein Sof* y la realidad posterior a la contracción –*tzimtzum*. Como el propósito principal de la Emanación de las luces era llegar a las diez *sefirot* de la Emanación, que es el mundo en que se arraigó el Poder Directivo de las criaturas dotadas de libre albedrío, esas luces se fueron contrayendo, y luces inferiores se fueron revelando gradualmente, contracción tras contracción, hasta que emergieron luces de los ojos, de los oídos, de la nariz y de la boca del Hombre Primordial (todo esto en forma figurativa). Éstas son las raíces del Mundo de la Emanación.

Desde otra perspectiva, el Nombre Divino, el Tetragrama, sólo se reveló en el Mundo de la Emanación. Esto nos enseña dos cosas:

1. Que el Creador forma y mantiene a los mundos.
2. Que el Creador también dirige los mundos.

La revelación del Nombre Divino sólo aparece después de revelarse las luces de acuerdo al orden fijado por el Pensamiento Superior, es decir, en la concatenación gradual de causa y efecto, y esto se efectuó para dirigir a los hombres dotados de libre albedrío.

Las luces de Ain-Bet
y la sabiduría (jojmá) del Hombre Primordial

La iluminación que emerge de los ojos del Hombre Primordial es un aspecto de la *sefirá* de *jojmá*. Es decir, si nos imaginamos que el Hombre Primordial es una unidad que abarca y dirige a toda la realidad, implica que dicha unidad está compuesta por diez *sefirot* (ya que no existe cosa alguna que no esté compuesta de las diez *sefirot*). Entonces, las luces que emergen de los ojos del Hombre Primordial son un aspecto de su sabiduría. Esa luz es muy elevada, es como el alma del alma, el nivel de *iejidá* –unidad. Es una luz circundante porque, debido a su gran elevación, no entra en el interior del cuerpo.

La revelación de la luz de Ain-Bet (*véase* 2ª Parte, cap.8) se manifiesta a través del cabello de la cabeza; es el resplandor que emerge, como la barba que sale de la cara. (Volvemos a recalcar que no debemos imaginarnos los cabellos o barbas que nosotros conocemos, sino que se está hablando en el plano espiritual. En este caso, al igual que el cabello irrumpe desde el cráneo, las luces de la *jojmá* del Hombre Primordial se manifiestan exteriormente).

LAS LUCES DE SAMEJ-GUIMEL
Y EL ENTENDIMIENTO (*BINÁ*) DEL HOMBRE PRIMORDIAL

Las luces de Samej-Guimel que salen de los oídos del Hombre Primordial son un aspecto de *biná* que estaba oculto en la iluminación de *jojmá*. Las luces de Samej-Guimel son un estadio en la concatenación que viene a revelar el Mundo de la Emanación. Luzzatto explica que sólo en el caso de las luces de Ain-Bet y las subsecuentes inferiores a ellas, utiliza el Ari Hakadosh los términos "ojos", "oídos", etc., porque esas luces son las raíces de la Emanación; sin embargo, sobre las luces superiores, que no tienen contacto alguno con la Emanación, excepto por ser raíces de raíces, ningún órgano humano ha sido mencionado.

Podemos concluir que todas las partes de este resplandor que emerge del Hombre Primordial son luces concatenadas unas a las otras en pos de la Emanación. El inicio de todo reside en las luces de Ain-Bet y, como ya dijimos, son una luz circundante. El fin del proceso de concatenación se ubica en la luz de la boca, donde se conforma la vasija que es el Mundo de la Emanación.

EL CONCEPTO DE VASIJA (*KLI*)
EN LA SABIDURÍA CABALÍSTICA

Considerando que llegamos en nuestro análisis al tema del *kli* (aquí lo denominaremos vasija), lo abordaremos con cierta profundidad.

El *kli* es una realidad que posee la característica de la revelación, mediando entre una realidad y la otra, y transmitiendo de una a la otra. En la formación de la vasija se concluye un proceso que comenzó en la voluntad o en el pensamiento. En ella todo termina de organizarse; es el lugar en el que todos los planes llegan a su fin, y donde comienza el próximo estadio.

Tomemos el ejemplo de un hombre. Todo lo que él haga comienza siempre en la voluntad y el pensamiento. En este estadio la idea es puesta en discusión, pero aún no se trata de la idea final; ésta se halla oculta. Aparece entonces la vasija, el *kli*, ya sea la boca o el habla, y revela la idea. La boca es la mediadora entre la realidad del pensamiento y la realidad de la acción. El habla funciona como intermediaria entre el hombre y sus semejantes. En el estadio del habla se disipan todas las dudas, y la idea llega a su fase final. De aquí en adelante comienza el próximo nivel. Dijimos anteriormente que ni la vista, ni la audición, ni el olfato tienen el poder de conectarse ni de transmitir. Por un lado, comparados con el resto de los sentidos, consideramos a dicha virtud como una debilidad e inferioridad, y por el otro los consideramos superiores. Si tomamos en consideración el carácter de los sentidos, el sentido de la vista es más puro, pero desde el punto de vista de las características de comunicación con el mundo exterior, el *kli* tiene cualidades que no posee la luz que se halla en su interior.

LA EMANACIÓN Y EL HOMBRE PRIMORDIAL

De acuerdo con la definición mencionada anteriormente, el Mundo de la Emanación es el estadio en que se completaron todos los preparativos comenzados en los Mundos del *Ein Sof* en el Hombre Primordial. Aunque comparándolo con los Mundos de Creación, Formación y Acción, el Mundo de la Emanación se considera como el Mundo del Pensamiento, de todos modos, como estamos hablando de los mundos del Hombre Primordial, el Mundo de la Emanación simboliza el fin del estadio de preparación, el fin del estadio de la raíz de la raíz. Es el último de los mundos que están conectados con los seres creados y que median entre un tipo de Poder Directivo (el Poder

Directivo de recompensa –Poder Directivo del futuro) y otro tipo de Poder Directivo (el Poder Directivo del juicio –Poder Directivo del presente).

LA PRIMERA VASIJA FUE CONSTITUIDA EN LAS LUCES DE LA BOCA DEL HOMBRE PRIMORDIAL

Tras el proceso de concatenación de las luces superiores, el orden de la "imagen del Hombre" fue conformado en la boca (es decir, en las luces de la boca) del Hombre Primordial, al nivel adecuado para ser la raíz directiva de los hombres dotados de libre albedrío. En efecto, en la boca del Hombre Primordial se creó la primera vasija, o sea, la primer *sefirá*, pero, como ya dijimos, este fue el Mundo de Akudim, el Mundo de las Ataduras, en el que las *sefirot* aún estaban unidas.

Ninguna de las luces que están más arriba de la boca tiene contacto ni relación con los seres creados. De la luz de la boca salió la primera vasija, y aquí se puede ver la relación con los seres creados, siendo la raíz del Mundo de la Emanación.

Los sabios de la Cábala enseñan que, hasta el nivel de la boca, hablamos solamente de luces, mientras que desde las luces de la boca en adelante, del Mundo del Habla hacia abajo, nos referimos a vasijas. En el primer estadio todas las vasijas estaban unidas, en el segundo emergieron como diez puntos, que son las diez *sefirot* del *Olam Hanekudim*, y en el último estadio los puntos adquirieron la forma de partes y partículas, es decir, toda *sefirá* pasó a estar compuesta por diez *sefirot*, conformando así el *olam havrudim,* el Mundo de la Emanación.

La raíz del *kli* se encuentra en la boca del Hombre Primordial. Si bien antes el tema de las vasijas no aparece, de aquí en adelante hablamos de luces y vasijas. La explicación es que hasta este momento o estadio de desarrollo, las luces eran de tan alto nivel que no tenían posibilidad de conectarse con las criaturas de libre albedrío. De modo que las luces de los ojos del Hombre Primordial conforman una sola unidad, que es circundante, y por eso les resulta imposible conectarse. Lo mismo sucede con la luz de los niveles de *jaiá* y de *iejidá*, que son sumamente elevados y circundan al hombre. Lo mismo ocurre en todos los mundos y asimismo en la raíz superior de todos los mundos. Las luces de los oídos, la nariz y la boca son como paralelos al *nefesh, ruaj, y neshamá*, y es como si se hubieran unido en la boca del Hombre Primordial creando la primera raíz del nivel de vasija. A esto nos referimos al señalar que la boca del Hombre Primordial es la raíz de todas las vasijas.

RESUMEN: LA EMANACIÓN NO EVOLUCIONA A PARTIR DEL HOMBRE PRIMORDIAL SINO QUE SURGE COMO UNA REVELACIÓN

Hemos dicho que todas las divisiones del cuerpo se encuentran también en el rostro, pero que la diferencia reside en la cantidad de revelación efectuada. Las luces de Ain-Bet se relacionan con *jojmá*, y su nivel de revelación es limitado. Las luces de Samej-Guimel se relacionan con *biná* y revelan los misterios de *jojmá*. No debemos confundirnos y creer que las luces de Samej-Guimel encierran lo que no poseen las del Ain-Bet. Se está hablando de una cadena de revelaciones, y todo lo que se encuentra en las luces de Samej-Guimel existía ya en las luces del Ain-Bet, sólo que en las luces superiores el ocultamiento es mayor, y de forma paulatina lo oculto se va revelando.

Todo el proceso de revelación fue realizado para ser, en último término, la raíz del Hombre Primordial. Éste es el Mundo de la Emanación, compuesto por las luces de *mem, hei y bet nun*, que se han unido.

Para concluir añadamos una idea del Baal Shem Tov, el gran maestro jasídico. Ya que el Nombre del Tetragrama está oculto en las *sefirot*, hallamos que las letras iud, hei, vav, hei que lo componen están sugeridas en toda la realidad, ya que no existe realidad alguna que no posea las diez *sefirot*. Por lo tanto, dice el Baal Shem Tov, uno puede encontrar a la Divinidad en todas partes, en todas las cosas y en todos los actos. Está quien halla a la Divinidad estudiando la ley del *Talmud* acerca de, por ejemplo, quien cambia un toro por un burro, y está quien encuentra a la Divinidad en el mercado de venta de animales cuando él mismo cambia un toro por un burro.

5ª PARTE

EL MUNDO DE LOS PUNTOS, EL MUNDO DEL CAOS Y LA RUPTURA DE LAS VASIJAS

INTRODUCCIÓN

Debido a la importancia del tema, haremos un resumen general de lo estudiado hasta aquí. Hemos mencionado que el Hombre Primordial incluye la raíz de toda la creación desde el comienzo al fin. También dijimos que las fuerzas espirituales son la Voluntad Divina, que es el Pensamiento de la Creación y el Poder Directivo. Esas fuerzas son las que constituyen a los elementos separados y quienes les otorgan la continuidad de su existencia. Enseñamos también que toda criatura posee su propia raíz que la conforma y le da vida. Todas estas fuerzas espirituales componen el Pensamiento de la Creación.

A continuación trataremos de explicar cómo entienden los sabios de la Cábala el tema de la concatenación, ilustrándolo con la estructura jerárquica de un ejército.

El rol del ejército es defender a los ciudadanos del país. Sin complicarnos con la terminología militar, nos permitimos decir que el ejército está compuesto por una jefatura general. En el cuartel general se encuentran todos los generales, los jefes de las distintas armas, cuya función principal es la planificación. Los miembros del cuartel general son el equipo pensante del ejército. Todos sus miembros están subordinados al comandante en jefe del ejército, quien dirige al ejército en su totalidad.

Del cuartel general surgen diferentes cuerpos del ejército, y a su cabeza hay un brigadier general, que es a su vez miembro del cuartel general por comandar un cuerpo militar. Como el comandante general está a la cabeza del escalafón militar, resulta ser que los comandantes de las tropas son los intermediarios entre las tropas y la jefatura general. Una parte se conecta con las tropas ejecutantes y la otra con la jefatura de inteligencia general.

Cuando nos concentramos en la tropa misma, vemos que también ahí existe un modelo similar, pero a distinto nivel. Supongamos que en una tropa militar hay cinco divisiones. La tropa tiene un equipo compuesto por cinco comandantes de división, y el comandante del cuerpo es el jefe del equipo general de la tropa. En el comando de las tropas, al igual que en el comando central, la función de sus miembros es elaborar los planes. De modo que el comandante del grupo se divide en dos; por un lado pertenece al equipo de planificación y pensamiento y por otro a la división operativa. Avanzamos más aún. La división está compuesta sólo por cinco brigadas, y en la división, al igual que en la tropa, hay una jefatura general divisional de la que son miembros los cinco comandantes de las brigadas. Lo mismo sucede con los batallones, con los regimientos, etc.

El jefe de Estado mismo es responsable del equipo de inteligencia, que se ocupa especialmente de temas intelectuales tales como programas de investigación, política general, relaciones públicas, etc. Los comandantes de las tropas, por ser jefes de los equipos de las tropas, se ocupan también de los mismos asuntos, pero de un modo más restringido. Lo mismo sucede con los comandantes de divisiones, brigadas, etc. Todos ellos se ocupan de los mismos asuntos pero de modo más restringido.

Podemos corroborar que cuanto más descendemos en la jerarquía directiva, los roles se vuelven más y más operacionales, hasta llegar a un nivel en que el comandante mismo se ocupa de pensar y planificar la acción al igual que de ejecutarla.

Concluiremos nuestra comparación con la estructura militar diciendo que todo el sistema militar, que incluye las tropas de entrenamiento, inteligencia y, por supuesto, las tropas operativas, tiene por objeto defender a los habitantes del país de sus enemigos. A todo este dispositivo, incluyendo los planes operativos para casos de emergencia, se lo denomina "la directiva en tiempos de guerra". Todo el sistema será superfluo cuando reine la paz. Para esta posibilidad es necesaria la Guía Divina, denominada "la directiva en tiempo de paz".

I
CAUSA Y EFECTO:
LA DIMENSIÓN ESPIRITUAL

El orden de concatenación establece que la causa incluye al efecto, y que todo lo que existe en la causa se encuentra también en el efecto. La diferencia es sólo cuantitativa y no cualitativa. Vimos en el ejemplo anterior cómo el comandante en jefe es a su vez el jefe general de las tropas, y asimismo lo es el comandante de las milicias de sus milicias, el comandante de las brigadas de las suyas, y así sucesivamente. Desde el punto de vista de su autoridad y funciones, son prácticamente idénticas en todos estos casos, pero la diferencia es cuantitativa.

Tenemos un ejemplo concreto de la concatenación de causa y efecto en la estructuración del ejército. No olvidemos que la idea de la gradación implica que lo que está contenido en la causa está contenido en el efecto y que toda la diferencia reside en la cantidad, pero no en la esencia ni en la calidad. (Es importante aclarar que existe una concatenación de causa y efecto que no es gradual, por ejemplo, cuando decimos que Isaac es el efecto y su padre Abraham es la causa. Es posible que en este caso la esencia o calidad de Isaac sea diferente de la de Abraham. Entonces aquí tenemos causa y efecto, pero no existe un proceso gradual. Más adelante comprenderemos que esta diferenciación es muy importante porque de acuerdo a esto resulta que el Mundo de la Crea-ción no se desarrolla gradualmente del Mundo de la Emanación, ni tampoco el Mundo de la Formación se desarrolla gradualmente del Mundo de la

Creación, así como tampoco el Mundo de la Acción lo hace del de la Formación.)

Aquí hablamos sobre el Jefe de Estado Mayor, la esencia de su función y de su autoridad. La autoridad del Jefe de Estado Mayor abarca a todo el ejército. Toda orden impartida por un comandante subalterno toma su autoridad del Jefe de Estado Mayor. En la terminología cabalística decimos que la autoridad y el poder de mando del sargento tienen su origen en el oficial; la autoridad que proviene del pequeño oficial tiene su origen en el comandante de división y la suma total de la autoridad de todos los mandos del ejército la posee el Jefe de Estado Mayor.

Podemos elevarnos más alto aún y decir que incluso el Jefe de Estado Mayor toma su autoridad del Ministro de Defensa, y que éste ministro a su vez toma la fuerza de la ley dictada en el Parlamento, etc. Sin embargo, la diferencia reside en que el Jefe de Estado Mayor está considerado por los soldados como parte integral del ejército, mientras que el Ministro de Defensa y los miembros del Parlamento no son vistos como conectados al ejército.

De modo similar el Mundo de la Emanación es el que conforma y da vida a la realidad entera, y desde el punto de vista de los seres creados este mundo es la raíz de toda la realidad. Pero, así como el Jefe de Estado Mayor toma su fuerza de una autoridad superior, así también lo hace el Mundo de la Emanación, que recibe su poder de un mundo superior, del Hombre Primordial, donde se encuentra la raíz del Poder Directivo.

LA RAÍZ ESPIRITUAL ACORDE AL NIVEL DEL SER CREADO

Dijimos anteriormente que una creación inferior posee una raíz de tipo inferior que lo constituye y le da vida. También en el ejemplo anterior vemos que la orden dada a un recluta proviene de un joven oficial, mientras que la orden para realizar una misión compleja proviene de arriba, es decir, de un comandante de alto rango. La orden es el contexto y, por ejemplo, el disparo, es la ejecución de la orden, lo cual ocurre en los grados inferiores. Cuando se da la orden de investigar un suceso en los grados superiores, cuando el oficial piensa e investiga la mayor parte de su labor la realiza con su intelecto. Podemos afirmar entonces que existen distintas gradaciones de órdenes y también distintos grados de ejecución.

La raíz de los seres creados en el Mundo de la Acción son inferiores porque de ellos emergen seres corpóreos. Por el contrario, las raíces de las criaturas del Mundo de la Formación son superiores porque de ellas surgen los ángeles. Por ende las raíces del Mundo de la Creación y del Mundo de la Emanación son más elevadas aún. Las raíces del Mundo de la Emanación se encuentran en el Hombre Primordial.

LOS PODERES DIRECTIVOS DEL PRESENTE Y DEL FUTURO TIENEN SU RAÍZ EN EL HOMBRE PRIMORDIAL

Al principio distinguimos dos tipos de Poder Directivo:

a) La directiva en tiempos de guerra.

b) La directiva en tiempos donde reina la paz.

Paralelamente existen otras dos distinciones:

a) El Poder Directivo del presente, o sea, el Poder Directivo del mundo por un período de seis mil años, que incluye al Poder Directivo de la justicia y la unidad.

b) El Poder Directivo del futuro, o sea, el Poder Directivo al finalizar ese período, posterior a la corrección del mundo, en que no será ya necesaria la justicia ni la unidad. Este Poder Directivo se denomina el Poder Directivo del futuro o el Poder Directivo de la recompensa. Durante este período, después de haberse revelado la unidad del Creador, no existirá más el libre albedrío y el servicio al Creador no se hará cumpliendo los 613 preceptos, como estábamos acostumbrados, sino que será de un nivel superior, similar al de los ángeles.

Así como el Poder Directivo del presente tiene sus raíces en el Hombre Primordial, en el *Olam Hanekudim*, también existe una raíz para el Poder Directivo del futuro en el mundo del Hombre Primordial, en el *Olam Haakudim*, superior al primero.

El Poder Directivo de la recompensa regirá en el séptimo y octavo milenio, cuando el nivel espiritual de los seres creados sea superior. En el noveno milenio, tras una elevación espiritual aún mayor, habrá un Poder Directivo superior, y el Poder Directivo del décimo milenio será el Poder Directivo del Mundo por Venir. Todos estos poderes directivos tienen su raíz en el Hombre Primordial.

Ahora comprendemos más profundamente el significado de la afirmación: "toda la realidad está incluida y enraizada en el Hombre Primordial."

LA DIVISIÓN DEL CUERPO DEL HOMBRE PRIMORDIAL

Aunque no es necesario recalcar que el concepto de Hombre Primordial es totalmente espiritual, encontramos en los escritos del Ari Hakadosh un uso particular del concepto del cuerpo del Hombre Primordial. Antes de introducirnos a detallar y exponer el tema, volvamos a señalar que en forma general los órganos superiores del Hombre Primordial son también los más elevados. El genial cabalista divide al cuerpo del Hombre Primordial y señala que de cada parte emergen iluminaciones espirituales, y cuanto más elevada sea la parte del cuerpo, mayor será también la iluminación que de ella emerja.

Hay luces que emergen de la frente, otras de los ojos, de los oídos, de la nariz, etc. No entraremos ahora en detalles, pero en general cabe afirmar que todas las iluminaciones que emergen de la parte superior del Hombre Primordial, desde la cabeza hasta el ombligo, pertenecen al *Olam Haakudim*, donde se encuentra la raíz del Poder Directivo del futuro.

Veremos que todas las luces que emergen de la parte superior del Hombre Primordial no tienen relación con el servicio espiritual de los seres humanos dotados de libre albedrío, ya que esas iluminaciones son la raíz del Poder Directivo en el cual la libre elección del hombre no juega ningún papel.

Las luces que emergen de la parte inferior del Hombre Primordial, desde el ombligo hacia abajo, se conocen como las luces de *Nekudim*. Aquí se sitúa la raíz del Poder Directivo de la justicia.

Una definición más amplia de luces (OROT) y vasijas (KELIM)

En la jerarquía militar comenzamos con el comando general y dijimos que allí la única ocupación es puramente la de planificación y de pensamiento. Cuanto más descendamos en los rangos jerárquicos veremos que las funciones se componen tanto del pensamiento y la planificación como de la parte operativa. Para analizar el tema vamos a dividir la actividad militar en dos partes:

RABÍ IEJIEL BAR LEV

1. la actividad mental, que está conectada con el pensamiento.

2. la actividad militar, conectada con la puesta en práctica de las operaciones. Para facilitar la comprensión del tema comenzaremos por los estratos superiores.

A pesar de que la ley que otorga al Ministro de Defensa la autoridad de obrar, esta autoridad se encuentra a un nivel conceptual, ya que toda orden operativa extrae su poder de dicha ley. Por eso, cuanto más descendamos en la jerarquía, podremos llegar al punto en que la dimensión teórica y la práctica se encuentran. ¿Cómo se explica esto? El comandante de las fuerzas armadas está más próximo a la ejecución operativa que el jefe de estado. El comandante de una división armada se halla más cercano a las operaciones que el comandante de todas las fuerzas. El comandante de una brigada está aún más cercano a las operaciones, y es posible que él pueda ser considerado el ejecutor.

Para aproximar el ejemplo al plano espiritual pusimos nombres a estas dos dimensiones. Una es la dimensión mental, o sea, los equipos de inteligencia, quienes se ocupan de la parte teórica del combate –a quienes denominamos "luces", y la otra dimensión es la de los que ejecutan la teoría –a quienes designamos como "vasijas". En los rangos de comando más elevados, o incluso más arriba de esos niveles, en el Parlamento, quien dicta la ley que otorga el poder y la autoridad al ejército, sólo las luces son relevantes. Esto significa que no existe conexión alguna con el ala operativa. Si descendemos un nivel más y llegamos al Ministerio de Asuntos Exteriores y al Comité de Defensa, veremos que existe allí un equipo que se ocupa no sólo de la política de la guerra sino también de la política en tiempos de paz. Tampoco ahí tienen contacto alguno con tanques ni armamentos, ya que no es un tema de su incumbencia.

Cuando lleguemos al Ministro de Defensa, estaremos más próximos a las vasijas, los *kelim,* porque el Ministro de Defensa ya se refiere en sus reuniones a una actividad operativa. Sin embargo este ministro habla acerca de política y no entra en detalles, porque no es ésta su función. Cuánto más descendamos en la jerarquía, más cercanos estaremos a las vasijas.

Regresemos al mundo de la Cábala. Allí hablamos del orden de revelación de la voluntad Divina, y de la concatenación que comienza en el *Ein Sof,* el que se encuentra más allá de nuestra concepción y comprensión. La voluntad Divina se revela gradualmente a Sus criaturas. Recordemos el *tzimtzum,* la entrada del *kav* en el *reshimo* y al Hombre Primordial en quien se revelan las luces superiores cuya esencia nos es imposible captar o comprender. Las luces del Hombre Primordial son el contexto de los mundos con los cuales no tenemos relación alguna, ya que son la raíz del Poder Directivo del futuro. Contracción tras contracción llegamos al *Olam Hanekudim,* el estadio en la concatenación en que se revelan las iluminaciones y que sirven como fuente directa para el servicio al Creador por parte de los seres de libre elección. Recordemos una vez más que el sentido del proceso de concatenación es que la voluntad determina leyes ordenadas de modo tal que se adecuen a las criaturas imperfectas. Por supuesto que, desde la perspectiva divina, el Creador podría haber emanado los mundos sin necesidad de esto.

En el lenguaje cabalístico decimos que en los mundos que se encuentran por encima del *Olam Hanekudim,* no se habla en absoluto de vasijas sino solamente de luces. ¿Por qué? Pues porque las vasijas están relacionadas con el servicio del hombre a su Creador, mientras que en esos mundos no se habla de esos temas en absoluto. En los libros de la Cábala esto se expresa en frases como: "Las vasijas se anulan frente a luces tan excelsas".

Podemos comprender esta frase a partir del siguiente ejemplo: cuando los miembros del cuartel general discuten y planifican una compleja operación, todos los problemas marginales son dejados de lado, ya que son nulos en relación con la importancia del tema que está siendo discutido.

Lo mismo sucede aquí: cuando se revelaron esas luces tan excelsas (las luces que emergen de la parte superior del Hombre Primordial), no había lugar para discutir el tema de las vasijas – las *sefirot*– ya que éstas son quienes efectúan la conexión entre el Creador y las criaturas de libre elección. Sin embargo, en los mundos superiores no existe relación a este asunto.

Podemos entonces afirmar que en el proceso de concatenación, el estadio en que cabe fundamentar el Poder Directivo de la justicia es el *Olam Hanekudim*. El cabalista Luzzatto define este mundo como "el poder individual que existe en la imagen del Hombre Primordial para generar el mal". Para lograr el propósito de la Creación, el mal y la carencia deben existir. Por lo tanto se habilitó el mal en forma activa, de modo que pueda ser prácticamente reparado por los seres de libre elección. La corrección del mundo, que implica el poner término a toda carencia y deficiencia, se producirá cuando todo lo existente, desde el Mundo de la Emanación hasta el fin del Mundo de la Acción, desde la *sefirá* más elevada hasta la más baja, se unan en su servicio para la revelación de la unidad del Creador. Ésta es la explicación de la enseñanza de los sabios: "Todo lo que efectúa El Eterno lo hace para Su propósito". La raíz de todos esos poderes se encuentra en el *Olam Hanekudim*.

LA RAÍZ DE LOS ENTES SEPARADOS Y EL *OLAM HANEKUDIM*

Aunque las *sefirot* sean la raíz de todo lo que se encuentra en la realidad, debemos comprender que los seres vivientes no emergen de las *sefirot*, tal como se desprende un pedazo de madera de una mesa. El poder de crear entes separados es un poder especial generado por el *Ein Sof*. Este es un poder adicional a la primer fuerza del Creador de dar realidad a las *sefirot*. La capacidad de producir entes separados no es parte de la fuerza que reside en las *sefirot* mismas. Las *sefirot* son como el pensamiento del hombre; si éste desea hacer algo, diseña en su mente la imagen del objeto. En el siguiente estadio, que es totalmente distinto, el pensamiento es llevado a la práctica. Lo mismo sucede con las *sefirot*: todos los entes separados fueron diseñados en las *sefirot*, y con esto comenzó su existencia. En el estadio siguiente, este diseño, este pensamiento, se vio materializado *ex nihilo* a través de un poder especial que no se halla en las *sefirot*, llamado por el *Sefer Ietzirá: tzur tak*.

Sin ese poder el diseño habría permanecido en el pensamiento de la *sefirá* y no se habría llevado a cabo. Esto ocurre porque las *sefirot* pueden emitir únicamente lo que ellas son, es decir, poderes espirituales, pero no una realidad de entes separados. Así como la realidad física no emite una realidad espiritual, tampoco la realidad espiritual produce una realidad física. Por lo tanto, para producir los entes separados era necesario un poder especial del *Ein Sof*. Podemos hablar entonces de dos poderes:

1. El poder de las *sefirot* de emitir raíces espirituales que son la fuente de la formación y continuación de la existencia de toda la realidad. Este es el Poder Directivo.

2. El poder especial de crear a los entes separados de la nada —*ex nihilo*.

La unión de esos dos poderes, o, para ser más exactos, la ley que les da realidad, es la esencia del *Olam Hanekudim*. En un lenguaje más sencillo podemos decir que una parte del *Olam*

Hanekudim es la raíz de los poderes espirituales que se encuentran en el Mundo de la Emanación, Creación, Formación y Acción. La segunda parte es la raíz de los entes separados.

Los Mundos de la Emanación, Creación, Formación y Acción no se suceden de modo concatenado

Cuando decimos que un mundo emergió gradualmente de un mundo superior a él, nos estamos refiriendo a que todo lo que se hallaba en el mundo superior, que es el motivo causal, se encuentra también en el mundo inferior, que es su efecto o resultado. La diferencia entre los dos mundos es cuantitativa. En nuestro ejemplo anterior, la definición de la autoridad del Jefe de Estado es idéntica a la definición de la autoridad del comandante de las tropas, con la diferencia que el primero es el jefe del equipo general y el segundo el jefe del equipo de las tropas. La diferencia reside en la cantidad y no en la calidad. Lo mismo se aplica al comandante de una división, una brigada o un batallón: todos son comandantes, y tienen responsabilidad por su propio dominio, con la excepción de que uno tiene un dominio mayor y otro menor. A diferencia de esto, cuando en un mundo determinado existen poderes que no se encuentran en el mundo inmediatamente superior, aunque el superior es la causa de éste, la gradación es de otro tipo. Aquí existe concatenación pero no existe gradación.

Si reflexionamos acerca de la relación que existe entre los Mundos de Emanación, Creación, Formación y Acción, veremos que el Mundo de la Creación tiene el poder de generar almas, el Mundo de la Formación tiene el poder de generar ángeles y el de la Acción posee el poder de dar existencia a creaciones materiales. Luego puede concluirse que los Mundos de Emanación, Creación, Formación y Acción no se desprenden gradualmente, sino que ellos mismos constituyen niveles, uno más alto que el otro, donde todos juntos son la causa de lo que es necesario para todos ellos. O sea que estos mundos forman una unidad para lograr el mismo fin, que es el propósito de la Creación. La relación entre esos mundos o niveles consiste en que el Mundo de la Emanación es el alma y los Mundos de Creación, Formación y Acción son sus vestiduras.

No cabe duda que todos los aspectos del Poder Directivo fueron totalmente completados en el Mundo de la Emanación, y en el pensamiento de la Creación ya estaba todo previsto, incluyendo los más mínimos detalles. Sin embargo la revelación se efectúa en los Mundos de Creación, Formación y Acción. El Mundo de la Emanación concierne al pensamiento y la planificación, y los demás mundos son la revelación de la Emanación.

Más adelante continuaremos con este tema. De momento, mientras exista esta relación en la que la Emanación es el alma de los Mundos de Creación, Formación y Acción, y éstos sus vestiduras, diremos que esos mundos no son considerados como independientes sino secundarios al Mundo de la Emanación.

En tanto la Emanación guíe a la Creación, Formación y Acción, todo funciona adecuadamente, y el bien tiene la fuerza de sobreponerse al mal. Pero, para que exista una realidad del mal, es decir, una falta de perfección, el Pensamiento Supremo quiso efectuar una separación entre el Mundo de la Emanación y los Mundos de Creación, Formación y Acción. Así estos últimos podrían convertirse en mundos por sí mismos, totalmente independientes, y en esta situación, no recibirían el Poder Directivo de la Emanación y así el mal lograría sobreponerse al bien.

En resumen, cuando los Mundos de Creación, Formación y Acción se subordinan al de la Emanación, no están considerados como mundos independientes, sino como vestiduras de la

Emanación. Cuando ellos obran en forma independiente, entonces sí son considerados mundos separados, y cada mundo posee diez *sefirot*.

La raíz del mal en los Mundos de Creación, Formación y Acción, tras separarse de la Emanación

A esta altura podemos recibir una explicación parcial de cómo emergió el mal del bien. Al principio hablamos del *tzimtzum*, explicamos que el *reshimo* es la fuente de la imperfección y que todo lo referente al mal posee sus raíces en el *reshimo*. Es cierto que la idea de la deficiencia o falta de perfección se hallaba presente en el pensamiento de la Creación, dado que el regreso del mal al bien es la condición para la revelación de la unidad del Creador. La idea tiene ya sus bases en el *reshimo*, pero la aparición del mal sólo sucedió después de nuevas concatenaciones y revelaciones anexas. El lugar específico donde emergió el mal es en las vestimentas de la Emanación, y los mundos que están por encima del Mundo de la Emanación no tenían ni siquiera una fuente para el mal. Por lo tanto, la fuente de la imperfección, la raíz del mal, se encuentra en el *Olam Hanekudim*.

En el ejército, todo el sistema que se ocupa de los crímenes militares, no se ejecuta a nivel del comando mayor sino a un nivel inferior. Del mismo modo, la existencia del mal comienza en los últimos estadios del proceso de revelación de la Voluntad Divina. En otras palabras, primero hubo una revelación de las luces que son la fuente de la perfección, es decir, del Poder Directivo del futuro. Este es el estadio del *Olam Haakudim*. Inmediatamente después, en el siguiente eslabón del proceso de concatenación, se revelaron las luces del *Olam Hanekudim*, que son la raíz del Poder Directivo del bien y del mal, el Poder Directivo de la justicia, y por lo tanto es aquí donde se encuentra enraizado el mal. El lugar correspondiente al *Olam Hanekudim* no se ubica en la Emanación misma sino en las vestimentas de la misma, es decir, después de que los Mundos de Creación, Formación y Acción se separaron del Mundo de la Emanación.

Si dijéramos que los Mundos de Creación, Formación y Acción se desprendieron gradualmente del Mundo de la Emanación, esto implicaría que lo que está en esos mundos se encuentra también en el Mundo de la Emanación. Esto es totalmente incorrecto porque la Emanación es completa divinidad y por lo tanto no posee deficiencia alguna; por el contrario, debemos afirmar que, como ya se explicó, como los Mundos de Creación, Formación y Acción no se concatenan en forma gradual, es por eso por lo que la base del mal se encuentra en ellos y no en la Emanación. La realidad del mal es una creación independiente, una creación especial para una meta especial, pero que no se desprende del bien absoluto.

II
LA RUPTURA DE LAS VASIJAS
(*SHVIRAT HAKELIM*)

Dijimos anteriormente que las *sefirot* son las vasijas —*kelim*— que sirven para que la luz del *Ein Sof* pase a través de ellas. Las *sefirot* son los instrumentos que ejecutan el Pensamiento Supremo produciendo las raíces adecuadas y, a partir de ellas, las criaturas son creadas *ex nihilo*.

Cuando el Creador quiere actuar con bondad, envía una iluminación a la *sefirá* de *jesed*, y el resultado es lo que conocemos por "bondad". En el ejemplo del ejército, cuando el comando mayor decide activar bombarderos, otorga poder y autoridad al comandante de la fuerza aérea, y después de pasar del comandante a su asistente, y de su asistente al comandante de la base, y de éste al jefe de la escuadrilla de aviones, es justo entonces cuando el piloto alza vuelo. Cuando el comando mayor desea activar un tanque, se dirige al comandante de la artillería.

La autoridad es la luz, mientras que quien obra en el campo, es la vasija. Mencionamos anteriormente que la luz y las vasijas deben ser aprehendidas de modo relativo. Por ejemplo, en comparación con el Jefe de Estado Mayor, el comandante de la fuerza aérea es un *kli* —vasija—, y en comparación con su asistente, él es la luz. En tanto las vasijas que mencionamos (del comandante de la fuerza aérea al oficial de los reclutas) actúan y son guiadas bajo un orden establecido en pos de un cierto objetivo, todo marcha correctamente. En este caso el objetivo es la defensa de los ciudadanos. Cada uno conoce su lugar en la jerarquía, es consciente de los límites de su autoridad, y actúa de acuerdo con estos límites. El problema comienza cuando no existe liderazgo y cada *kli* obra de acuerdo a su propia voluntad. Imaginemos una situación en que el Jefe de Estado Mayor desaparece y los miembros de la plana mayor se pelean entre sí, y cada uno dice "yo reinaré". La situación que se ha creado es de "ruptura de las vasijas", lo que significa que, en lugar de que las vasijas funcionen acorde a su jerarquía, se genera una situación en la que cada vasija obra como quiere. Cuando, por ejemplo, un oficial de reclutas se extralimita abusando de la autoridad, y usándola más allá de sus posibilidades, no podrá hacerse cargo de la situación, la cual lo terminará por quebrar.

En el lenguaje de la Cábala decimos que una gran cantidad de luz entró en la vasija, y por eso la vasija se rompió. Mientras la Emanación guiaba a los Mundos de Creación, Formación y Acción, no se produjo ruptura. Por el contrario, el bien corregía al mal y no había lugar para la existencia real del mal, ya que los Mundos de Creación, Formación y Acción eran nulos frente al de Emanación y estaban conectados y unidos a él. Cuando la voluntad suprema pensó dar lugar al mal, separó la Emanación de la Creación, Formación y Acción, y con esto el Poder Directivo cesó sus funciones. Como consecuencia de esto los Mundos de la Creación, Formación y Acción se convirtieron en mundos independientes, y supuestamente las *sefirot* de cada mundo comenzaron a decir "yo reinaré". Aquí se produjo la ruptura de las *sefirot* de los Mundos de Creación, Formación y Acción, es decir, que la ruptura fue en las vasijas de estos mundos.

El tema de la ruptura de las vasijas está insinuado en el libro del *Génesis* (36:31): "Y éstos son los reyes que reinaron en la tierra de Edom". En este corto episodio son mencionados siete reyes, y sobre todos se dice "Y reinó... y murió", excepto el octavo rey, el rey Hadar, respecto al cual no se dice "Y murió". Por esta razón las siete *sefirot* inferiores *jesed, gevurá, tiferet, net-*

zaj, hod, iesod y *maljut* del *Olam Hanekudim* son denominadas "los siete antiguos reyes", en referencia a los siete reyes de Edom que precedieron al Reinado de Israel.

EL MUNDO DEL CAOS (OLAM HATOHU)

La ruptura de las vasijas produjo que la Emanación se alejara de los Mundos de Creación, Formación y Acción, y a esto se denomina "el Mundo del Caos". En esta situación todavía no se han efectuado los procedimientos necesarios para que el hombre pueda, de acuerdo a sus acciones, corregir el mundo. El próximo paso del proceso de revelación de la Voluntad Divina, fue el Mundo de la Corrección –*olam hatikún*. Aquí se dan las condiciones para que los hombres puedan reparar todo el daño y corregir las imperfecciones acaecidas en el proceso de ruptura.

Antes de pasar de lleno al análisis del Mundo de la Corrección explicaremos el tema desde un punto de vista conceptual. El autor del *Tania*, en su libro *Torá Or*, señala que la perfección de algo sólo puede lograrse cuando está oculto, o sea, cuando el hombre se anula a sí mismo considerándose "nada". Sólo entonces se posa en él El Resplandor Divino y atrae hacia sí santidad. Por el contrario, cuando el hombre se considera "algo" y su orgullo aumenta, aparta de sí a las fuerzas de la santidad y a toda perfección posible.

Este principio se aplica tanto al hombre como a todo poder espiritual, ya que éstos, en su totalidad, incluyendo las *sefirot*, sirven al Creador cada uno a su manera. Por lo tanto, siempre que los poderes espirituales de los Mundos de Creación, Formación y Acción se sometieron ante la Emanación, reinó en ellos la perfección. Pero cuando, conducidos por la Voluntad Suprema, se apartó la Emanación del Poder Directivo de los Mundos de Creación, Formación y Acción, entonces desapareció de ellos el nivel de perfección. En el estado de falta de perfección cada una de las *sefirot* dijo "yo reinaré" porque cada una se consideraba "algo". De este modo se rompieron las vasijas.

La ruptura de las vasijas se produjo sólo en las siete *sefirot* inferiores –*jesed, gevurá, tiferet, netzaj, hod, iesod* y *maljut*– mientras que las tres superiores –*jojmá biná* y daat– no sufrieron daño alguno, debido a que por su altísimo nivel, quedaron igualmente sometidas ante la presencia del Poder Directivo de la Emanación.

Desde el punto de vista práctico el tema cobra suma importancia. Cuando decimos que la ruptura no dañó a las tres *sefirot* de *jojmá, biná* y daat, la implicación empírica de esto es que no se permite al Satán aproximarse a estas tres *sefirot*, ya que en las rupturas de las vasijas quedó enraizado el deterioro futuro. Mas como el daño en sí no tuvo efecto sobre las *sefirot* de *jojmá, biná* y daat, tampoco en el futuro éstas serán dañadas. Las *sefirot* de *jojmá, biná* y *daat* corresponden a la dimensión del pensamiento humano; y como este dominio no fue dañado en la ruptura de las vasijas, significa que tampoco se dañó la dimensión del pensamiento. Por ende, todas las limitaciones e impedimentos que experimenta el hombre suceden en el campo de la acción, mientras que en el mundo del pensamiento no existe interferencia. El mal instinto no interviene en el pensamiento mismo, porque no se le permite penetrar en la dimensión conectada a las *sefirot* de *jojmá, biná* y daat. El hombre no tiene impedimento alguno en pensar o planificar correctamente, y los problemas surgen en el plano de la acción, nivel donde el Satán comienza a perturbar.

EJEMPLOS PRÁCTICOS DE LA RUPTURA DE LAS VASIJAS

Esto puede compararse al caso de un hombre a quien se anuncia una excelente noticia pero no es capaz de tolerar un bien de tal magnitud. El resultado puede ser desastroso e incluso su razón puede verse alterada. Estudiamos en el *Midrash* que cuando los hijos de Jacob encontraron dinero en sus costales, estuvieron a punto de morir y "sus corazones se estremecieron y temblaron..." (*Génesis* 42: 28). También en el caso de Rabí Akiva, cuando su esposa, después de tantos años vio la grandeza espiritual de su marido, estuvo a punto de desfallecer. De modo similar, los hijos de Jacob enviaron a Seraj, la hija de Asher, para que le sugiriera que José aún vivía, para no sorprenderlo demasiado. Por eso, un hombre a quien sorprende repentinamente una gran alegría, puede sentirse paralizado al punto de apoderarse de él un caos y una confusión general. No puede controlar sus sentimientos, que se acrecientan sin límites dentro suyo. También el plano fisiológico se ve dañado y tal individuo comienza a respirar con dificultad y su corazón palpita rápidamente. El cuerpo no hace caso a las órdenes emitidas por el cerebro, y cada órgano apunta hacia otra dirección. No existe un Poder Directivo. Este hombre está en un estado de "ruptura de vasijas".

Las diez *sefirot* fueron consideradas como "reyes en el mundo del caos" porque cada una de ellas se fortificó tremendamente y, por eso, no podían actuar de un modo conjunto. En el estado correcto, cuando la *sefirá* de *jesed* actúa, si bien predomina su influencia, no lo hace sólo con la fuerza de *jesed* ya que a su vez está compuesta de las diez *sefirot*. En otras palabras, existe una colaboración entre las fuerzas que se encuentran dentro de las *sefirot*. Y cuando, por ejemplo, la *sefirá* de *gevurá* actúa, aunque ella sea la predominante, estará obrando en forma mancomunada con el resto de las *sefirot*, y por eso se produce "la mitigación del castigo". Es decir, la *sefirá* de *jesed* está influyendo de algún modo a *gevurá*. Esta característica de participación entre las *sefirot* sucede cuando éstas se someten. Sin embargo en la ruptura de las vasijas las *sefirot* se hallaban en un estado de fortificación, cosa que es totalmente contraria al sometimiento; en dicho caso no era posible mitigar el castigo, no había perdón ni cooperación alguna, y por lo tanto se produjo la ruptura.

El autor del *Tania* explica la diferencia entre los ángeles y animales por un lado, y los hombres por el otro. La raíz del alma proviene del Mundo de la Emanación hacia abajo, que es un estadio posterior al de la corrección. Dijimos que en el Mundo de la Corrección las *sefirot* estaban incluidas unas en otras, cada una estaba compuesta de diez *sefirot* y además que existía una integración entre todas ellas. Las *sefirot* de *jesed* y *gevurá*, a pesar de contraponerse, funcionan en unidad y crean raíces y fuerzas espirituales constituidas por la integración de esta antítesis. Dado que el alma humana es producto de estas *sefirot*, se puede explicar por qué el carácter del ser humano es cambiante. A veces está enojado y otras es dócil, a veces es orgulloso y otras humilde, a veces es piadoso y otras cruel, y esto se debe a que todas esas fuerzas están incluidas en la raíz de su alma. Como posee libre elección, de él depende que sobreponga el bien al mal y sus rasgos positivos de carácter a los negativos.

En los animales, por contraposición al hombre, no encontramos nunca un leopardo que sea a veces piadoso y otras cruel. Tampoco vimos a una víbora con tendencia a la bondad. Cada animal tiene su propia naturaleza, de modo que es irrelevante hablar de cambios esenciales en ellos. El autor del *Tania* explica que los animales tienen su origen en el Mundo del Caos, donde no existía el estado de interrelación de las *sefirot*. Lo mismo sucede con los ángeles. El rostro del ángel Mijael mira hacia la derecha y el de Gabriel hacia la izquierda, el primero es *jesed* y el segundo *gevurá*, uno es agua y el otro fuego.

Desde este punto de vista los ángeles se encuentran estáticos. En ellos no existe el elevarse o descender, y carecen de elección. Los ángeles sirven a su Creador de acuerdo a su nivel y constantemente lo hacen de igual modo. El hombre, por el contrario, con su libre albedrío, puede cambiar e incluso llegar a un nivel superior al de los ángeles.

El autor del *Tania* nos da otra aproximación al tema. La ruptura de las vasijas involucra la separación de las partes y su desconexión, y por lo tanto la pérdida del sentido. Por ejemplo, la palabra *baruj* (bendito) en hebreo está formada por cuatro letras. Cuando las letras se unen unas a las otras adquieren sentido, el intelecto se reviste en ellas y éstas contienen el significado de bendición. Si las separamos, aunque las letras no sufran ningún cambio, su contenido desaparecerá.

En el Mundo del Caos, cuando el Mundo de la Emanación se alejó y se produjo la ruptura, las vasijas se separaron en partes y la luz, su contenido, desapareció. Esto condujo a la caída de las vasijas las cuales cayeron desde el nivel superior en que se encontraban antes, apegadas a la Emanación, hacia abajo, hacia los Mundos de Creación, Formación y Acción. El objetivo de la ruptura fue generar los entes separados, o sea, a los seres imperfectos. Y ¿por qué la ruptura? En la esencia del Creador no existe separación ni división, sino que todo es unidad absoluta. Incluso en el Mundo de la Emanación existe una unidad absoluta, allí no hay división entre las luces y las vasijas. La separación del Mundo de la Emanación dio lugar a la ruptura de las vasijas y a la imperfección. Con la ruptura de las vasijas éstas se separaron en pequeñas partes de modo tal que cada criatura posee una esencia independiente. Ya no existe una fuerza espiritual común a dos realidades separadas.

LA CAÍDA SUCEDIÓ EN TODAS LAS FUERZAS ESPIRITUALES

La caída sucedió no sólo en las *sefirot* sino en todas las fuerzas espirituales. Por ejemplo, en el Mundo de la Creación hablamos del Trono de Gloria, que posee cuatro animales sagrados: un león, un toro, un águila y un hombre.

Los cuatro animales sagrados son los cuatro campamentos de la Divina Presencia. Cuando había unidad con el Mundo de la Emanación, el campamento de Mijael se unía al campamento de Gabriel, y esto significa que había unidad entre *jesed* y *gevurá*, y también entre el resto. Cuando se rompieron las vasijas se produjo una separación entre los campamentos de los ángeles, los serafines y los animales sagrados. El ángel Mijael se dividió y de él emergieron ciento ochenta y seis mil ángeles, conocidos como el campamento de Mijael, que es el león en la Carroza Divina. Lo mismo sucedió con el ángel Gabriel, que es el toro de la Carroza Divina.

ALMAS INFERIORES Y SUPERIORES
TRAS LA RUPTURA DE LAS VASIJAS

También las almas sufrieron consecuencias similares ya que descendieron de un mundo superior a uno inferior, y con cada caída continuaron dividiéndose en partes y subpartes. Cuando las almas estaban en el Mundo de la Emanación existía una perfecta unidad, y sumaban seiscientas mil almas originales. Con la ruptura de las vasijas, éstas descendieron de un mundo al otro, y en cada caída se produjo una nueva separación. Como hay almas que se detuvieron y no continuaron cayendo, existen aquellas cuya raíz proviene de un mundo más elevado y otras de un mundo inferior. Cuanto más elevado sea el mundo del cual proviene, más general es, ya que posee más partes que un alma que continuó cayendo. Un hombre que ha merecido tener un alma más elevada puede alcanzar fácilmente niveles superiores que quien no la posee. Esta persona siente una atracción especial a todo lo relacionado con el espíritu. Aparentemente, dicho individuo tiene una ventaja inicial en el servicio al Creador, pero por otra parte, cuanto más alto es el nivel de la persona, mayor es su inclinación al mal.

EL GAÓN DE VILNA Y LA RUPTURA DE LAS VASIJAS

En el libro *Pitjei Shearim* se escribe en nombre del Gaón de Vilna que nuestras transgresiones estás enraizadas en el Mundo del Caos, antes de la aparición de la *mitkala* en el Mundo de la Corrección, y por eso las fuerzas espirituales no estaban equilibradas. (La *mitkala* refiere a la balanza, al secreto de la *sefirá* de daat, cuya función es integrar a *jojmá* y *biná* y traspasar esto a las *sefirot* inferiores). En el Mundo del Caos arraigó el concepto de "desequilibrio", y por eso un hombre peca únicamente cuando un espíritu de insensatez se apodera de él, o sea, cuando la comprensión lo abandona. En el Mundo de la Corrección el *daat* actúa. En dicho mundo existe equilibrio entre *jojmá* y *biná*, y el *daat* transmite este equilibrio a las *sefirot* inferiores. Paralelamente, cuando un individuo utiliza su daat, lo que hace en realidad es poner en la balanza sus acciones antes de actuar.

LA GRANDEZA DEL ARREPENTIMIENTO

A partir de aquí podemos comprender la grandeza del arrepentimiento. Cuando un hombre utiliza el *daat* en sus deliberaciones y decide, con abnegación, renunciar a sus deseos materiales en que se halla sumergido, asciende entonces a los estadios superiores del alma, y logra corregir todos sus mundos espirituales. Esto se debe a que la raíz del alma animal se identifica con las luces de *bet nun*, y la fuente que posibilita la entrada del espíritu está en las luces de *mem hei*. Vemos entonces cómo, a través de sus acciones, la persona provoca que en su mundo aparezcan las luces de *mem hei* para corregir a las luces de *bet nun*. Cuando esto es realizado con entrega absoluta, a nivel de *keter*, se produce un despertar sin límites en los mundos más elevados.

LA RUPTURA DE LAS VASIJAS
Y LA *SITRA AJRA* (EL OTRO LADO)

El nombre *sitra ajra* abarca todas las fuerzas del mal, las que se oponen a la *sitra* de *kedushá* (el lado sagrado). Con respecto a esta fuerza se dice que "Dios hizo a uno en contraposición al otro", es decir, que el número de fuerzas que existe en la *sitra* de *kedushá*, incluyendo todos sus niveles, es idéntico al que poseen las fuerzas del mal, quienes se oponen a la santidad. Todas las fuerzas conocidas como *sitra ajra* promueven la pérdida y la reducción de la iluminación en todos los órdenes de la santidad. Esta pérdida o merma es provocada por las acusaciones efectuadas por la *sitra ajra*. El conjunto de estas fuerzas dañinas son denominados *sitra ajra*, y son considerados como una estructura completa que se opone a los órdenes paralelos de santidad.

6ª PARTE

EL MUNDO DE LA CORRECCIÓN
(OLAM HATIKUN)

INTRODUCCIÓN

En el Mundo del Caos, cuando se produjo la ruptura de las vasijas, el Creador no quiso que las *sefirot* estuvieran regidas por un solo Poder Directivo, sino que cada *sefirá* actúe de modo independiente respecto de las otras. Es como si cada una de las *sefirot* hubiese reclamado: "Yo reinaré".

En esta etapa el mal se hizo efectivo. La ruptura de las vasijas generó una realidad de falta de perfección, conocida como "mal", creándose así las bases y el contexto adecuado para efectuar el servicio al Creador por los seres dotados de libre albedrío. Esta labor consiste en transformar el mal en bien y corregir las deficiencias.

En el Mundo del Caos regía el Poder Directivo de la justicia, lo cual significa que no había cooperación alguna entre las *sefirot*. Esta directiva impidió la expansión de los niveles de pensamiento (*jojmá, biná* y *daat*) en las *sefirot* del Mundo de los Nekudím, con lo cual también se evitó la existencia del Poder Directivo de *jesed*, din y rajamim.

Las *sefirot* del *Olam Hanekudim* son las vasijas de las luces de bet nun, y en estas *sefirot* enraizó el Creador todas las imperfecciones.

Repetimos nuevamente que la iluminación está relacionada a la expansión de la Voluntad Divina. Sin embargo, las luces de *bet nun* son revelaciones de la Voluntad Divina para guiar al bien y al mal, es decir, para que exista una realidad de bien y mal. Los instrumentos para efectuar este Poder Directivo son las diez *sefirot* del *Olam Hanekudim*. Dios quiso que estas diez *sefirot* sean regidas por el Poder Directivo de la justicia, de modo que el mal sea generado, y por eso la raíz del mal emergió con la ruptura de las vasijas.

Las luces de *bet nun* son la raíz de lo que conocemos como *Nukva*, la cual se relaciona con el juicio y con la contracción. Para usar el lenguaje cabalístico diremos que la ruptura de las vasijas se produjo bajo la influencia de *Nukva*, es decir, que la ruptura se produjo bajo el Poder Directivo del juicio.

El Creador quiso que parte de las vasijas que se rompieron se corrigieran por sí mismas. En otras palabras, El Eterno determinó que las luces de *bet nun* corrijan por sí mismas las deficiencias producidas por la ruptura de las vasijas. Tales luces lo efectuaron separando el mal de las *sefirot* que cayeron del elevado nivel de Emanación en que se hallaban antes de la ruptura. Por medio de esta separación es como si las piezas hubieran ascendido a un nivel superior, mereciendo nuevamente recibir luces espirituales. Esta separación continuó hasta que el Creador decidió generar una nueva iluminación, conocida como "la Imagen del Hombre de la Emanación". Cuando se reveló esta iluminación, comenzó una nueva fase del Mundo de la Corrección: el Mundo de la nueva Emanación.

Intentemos explicarlo. Antes de la ruptura de las vasijas, las *sefirot* de los mundos de la Creación, Formación y Acción estaban subordinadas al Mundo de la Emanación, de modo que estos tres mundos no se sostenían por sí mismos. En el Mundo del Caos, en el que se produjo la ruptura, se separaron los Mundos de la Creación, Formación y Acción del Mundo de la Emanación, y descendieron de nivel. Las *sefirot* del Mundo del Caos son también las *sefirot* del *Olam Hanekudim*, por lo cual la ruptura de las vasijas afectó a todas ellas.

Debemos agregar también que cuando las vasijas se rompieron en el Mundo del Caos, se elevó el Mundo de la Emanación, mientras que los Mundos de Creación, Formación y Acción permanecieron en el lugar al que habían descendido. En el Mundo de la Corrección –*olam hatikún*– apareció una nueva luz y de los Mundos de Creación, Formación y Acción que quedaron, se formaron ahora cuatro mundos: el Mundo de la nueva Emanación (posterior a la ruptura de las vasijas), el de Creación, el de Formación y el de Acción. Las luces superiores que formaban el Mundo de la Emanación antes de la ruptura, se elevaron y quedaron en niveles superiores. El Mundo de la nueva Emanación del que estamos hablando (posterior a la ruptura de las vasijas) es el resultado de las luces de *mem hei* provenientes del Hombre Primordial.

Por lo tanto, después de que parte de las vasijas fueran reparadas por las luces de *bet nun*, el Creador quiso extraer las luces de *mem hei* de la frente del Hombre Primordial. Comienza aquí una nueva fase en la cual las luces de *bet nun* dejaron de separar al mal en todas sus manifestaciones, y todas las imperfecciones y deficiencias que quedaron en las *sefirot* después de la ruptura fueron consignadas al hombre para que efectúe la corrección por medio de su servicio a Dios.

Para esto era necesario cambiar el Poder Directivo de la justicia que existió hasta entonces. Por lo tanto, la luz de *mem hei* que extrajo Dios de la frente del Hombre Primordial trajo aparejada consigo "la Imagen del Hombre de la Emanación". Esas luces son las que constituyeron el Mundo de la nueva Emanación. En el futuro, cuando el mal retorne al bien, lo que ahora son los cuatro mundos, los de Emanación, Creación, Formación y Acción, se convertirán nuevamente en los tres mundos de Creación, Formación y Acción, los cuales se someterán a la directiva del Mundo de la Emanación original.

EL HOMBRE DE LA EMANACIÓN

Como explicamos anteriormente, el Creador quiso que parte de las imperfecciones creadas en la ruptura de las vasijas sean corregidas por las luces de *bet nun*, y que el resto sea corregido por el hombre. La raíz del ser humano, dotado de libre albedrío, es "el Hombre de la Emanación".

El Hombre de la Emanación es un concepto espiritual que incluye iluminaciones especiales, creadas con el propósito de dar origen al hombre. En la imagen del Hombre de la Emanación hallamos por vez primera la raíz apropiada para el ser humano, compuesto de cuerpo y alma, bien y mal. Hasta la aparición de estas luces, no existía ninguna realidad espiritual que pudiera servir de raíz para el hombre de libre elección, compuesto de bien y mal, y entonces era necesaria una creación especial que pudiera servir de raíz para las cualidades humanas. ¿Cómo surgió esta iluminación? Diremos, en términos muy generales, que las luces del Hombre de la Emanación son el resultado de la copulación de las luces de *bet nun* con las de *mem hei*. Por su parte, las iluminaciones de *mem hei* son el resultado de la copulación de las luces de *ain bet* con las de *samej guimel*, del Hombre Primordial. (La explicación de estos términos se encuentra en la 2ª parte, cap. 9)

EL CONCEPTO DE COPULACIÓN
EN LA TERMINOLOGÍA CABALISTA

El concepto de copulación en el lenguaje de la Cábala se refiere a un profundo acuerdo. Según la explicación anterior, el lado masculino es el que entrega y el femenino quien recibe. Dicho en otros términos: una realidad de entrega, de influencia a los demás, es una acción masculina (*dujra* en idioma arameo), mientras que la realidad receptora de la abundancia es una función femenina (*nukva* en arameo). La copulación entre ambos se produce cuando existe un acuerdo entre el aspecto masculino, de dar, y el femenino de recibir. El lado masculino emite iluminaciones espirituales y el femenino las recibe. El resultado de la copulación es una nueva iluminación, una nueva revelación de la Voluntad Divina. Más adelante ofreceremos explicaciones más extensas sobre este tema.

COPULACIÓN DE AIN BET CON SAMEJ GUIMEL Y DE MEM HEI CON BET NUN

Cuando El Eterno quiso crear una nueva iluminación, a la que denominamos la imagen del Hombre de la Emanación, provocó la copulación entre las iluminaciones de *ain bet* con las iluminaciones de *samej guimel* del Hombre Primordial, y de su unión surgió una nueva luz de la frente del Hombre Primordial: las luces de *mem hei*. Más tarde se produjo la copulación de las luces de *mem hei* con las luces de *bet nun*, y esta unión creó la raíz del Mundo de la nueva Emanación.

Lo particularmente especial del Poder Directivo es que está conformado por bien (las luces de *mem hei*) y mal (las luces de *bet nun*). Asimismo el Poder Directivo de la Emanación está compuesto por el aspecto masculino, que entrega (las luces de *mem hei*) y el femenino, que recibe (las luces de *bet nun*). El Mundo de la Emanación es el resultado de la copulación de las luces de *mem hei* y *bet nun*. Hasta el momento en que el Creador decidió emanar el Mundo de la Emanación nueva, las luces de *bet nun* corrigieron las deficiencias creadas por la ruptura de las vasijas, y con la aparición de esa nueva luz –la imagen del Hombre de la Emanación– se creó un nuevo orden, conforme al cual las *sefirot* ya no actuarán por separado sino de común acuerdo.

El funcionamiento de las sefirot

Este es el lugar propicio para explicar el concepto del funcionamiento de las *sefirot*. Su función general es conformar y sostener con vida a una creación determinada, y es como una especie de raíz espiritual para dicha realidad. Cuando el hombre realiza el servicio Divino, se crea una nueva realidad a un cierto nivel de los mundos superiores, ya sea en el Mundo de la Acción o de la Formación, etc. Esta nueva realidad es consecuencia de la copulación entre las *sefirot*, la cual se produce como resultado del servicio Divino, cuyo objetivo es lograr el acuerdo de las *sefirot* para emitir una nueva iluminación. Cuanto más elevado sea el nivel del servicio a Dios, más elevada será la nueva iluminación. Podemos imaginarnos una especie de discusión entre las *sefirot* cuando este servicio llega a ellas y, cuando se logra un acuerdo entre sus partes, el aspecto masculino otorga lo necesario al femenino para producir una nueva iluminación que funciona de igual manera que el resto de las *sefirot*, es decir, se convierte en la raíz de una nueva realidad.

Así podemos explicar, en términos generales, cómo a través del cumplimiento de los preceptos Divinos somos recompensados también en este mundo. Y por eso cuando un hombre cumple un precepto, su servicio espiritual se recibe en los mundos superiores y las *sefirot* se unen para crear una nueva iluminación. Ésta se convierte en raíz de una realidad material que es la recompensa por tal cumplimiento. Esta realidad material como recompensa a su esfuerzo proviene *ex nihilo*, es decir, que a través del servicio al Creador se generó una luz completamente nueva, la que a su vez genera una nueva realidad también completamente renovada. A veces la recompensa al servicio a Dios no se manifiesta materialmente sino aumentando el nivel de iluminación de su alma. De acuerdo a esto se puede comprender la afirmación de que "la recompensa de un precepto es otro precepto", lo cual refiere que el cumplimiento del precepto trae consigo una elevación espiritual, que a su vez provocará un nuevo y excelso servicio a Dios.

El acuerdo entre las distintas partes de las *sefirot* mencionado anteriormente, se refiere al consentimiento entre el aspecto femenino y masculino de las mismas. Toda acción de las *sefirot* se realiza a través de la copulación o acuerdo entre la parte masculina y la femenina de la *sefirá*. Este orden comienza a actuar en el Mundo de la Corrección, y por lo tanto la copulación entre la parte masculina y la femenina es resultado del servicio Divino de los seres dotados de libre albedrío. Cuando los hombres realizan correctamente el servicio Divino, provocan la copulación de las luces de bet nun (femenino) y mem hei (masculino). El aspecto masculino influye bondad –*jasadím*– al aspecto femenino, y las luces de bet nun, en donde se originaron todas las deficiencias, son reparadas. El objetivo de los hombres, poseedores de libre albedrío, es corregir todas las imperfecciones que aún no se han corregido, y cuando esto suceda se revelará la unidad de Dios. Este es, de hecho, el propósito de toda la creación.

LAS LUCES DE *MEM HEI*
Y EL PODER DIRECTIVO DE LA EMANACIÓN

El Poder Directivo de la Emanación es conocido también con otros nombres:

1. el Poder Directivo del Mundo de la Corrección
2. el Poder Directivo del bien y del mal
3. el Poder Directivo del juicio
4. el Poder Directivo de los seis mil años
5. el Poder Directivo del castigo y la recompensa

En el Mundo de la Emanación se ordenaron las *sefirot* en tres grupos:

a) la línea derecha,
b) la línea izquierda,
c) la línea del centro.

En otros términos, el Poder Directivo de la bondad, el juicio y la misericordia.

En el Poder Directivo de la bondad, la *sefirá* de *jesed* es la predominante entre las *sefirot*. Pretendemos destacar que en cada mundo existe la coparticipación y acuerdo de las diez *sefirot* y por eso enfatizamos que la sefirá de *jesed* es la primordial en el Poder Directivo de bondad. Esto mismo es válido para el juicio y la misericordia en sus respectivos poderes directivos.

Este orden conforma la raíz del comportamiento humano, y posibilita que cada acción atraviese por este proceso de cooperación y consentimiento. Esto sucede porque no hay ninguna acción que no contenga un poder que actúe sobre él y este poder pertenece a las diez *sefirot*. En la realización de todo acto existe siempre un consenso y una cooperación mutua entre las *sefirot*.

LA DIFERENCIA ENTRE
LAS SEFIROT LINEALES Y LAS CIRCULARES

Conforme a las leyes de la naturaleza distinguimos que cada fenómeno determina un resultado o consecuencia lógica. Por ejemplo, la mezcla de oxígeno e hidrógeno en las proporciones adecuadas produce un nuevo fenómeno: el agua. Aquí no interviene en absoluto la intención o los móviles del investigador en el momento de crear el agua, ni influye, por ejemplo, el hecho de haberse colocado las filacterias ese día. El desarrollo de fenómenos de esta índole es el resultado de órdenes establecidos en las *sefirot* circulares, y es lo que llamamos Providencia general. Al referirnos a las *sefirot* circulares no nos referimos a las discusiones o acuerdos efectuados entre sus aspectos masculinos y femeninos. En el comportamiento humano, por el contrario, un fenómeno no condiciona un resultado determinado sino que todo depende del uso del libre albedrío para cumplir el servicio al Creador. En otras palabras, el hombre puede alterar un desarrollo previsto. La explicación es que los seres humanos están regidos por una Providencia particular cuyo origen son las *sefirot* lineales, donde se producen las discusiones entre los aspectos masculinos y femeninos que mencionamos arriba. Cada fenómeno es debatido por sí mismo, y esta discusión entre las *sefirot* produce sus consecuencias, y el resultado depende del servicio a Dios realizado por cada persona.

Resumen

Las diez *sefirot* del *Olam Hanekudim* son la causa de todo lo que se encuentra en este mundo. Con el rompimiento de las vasijas, descendieron las *sefirot* por debajo de su nivel y se crearon todas las imperfecciones. Parte de las deficiencias se repararon a sí mismas por medio de las luces de bet nun hasta que apareció la nueva luz de mem hei. Entonces las *sefirot* fueron organizadas bajo un nuevo orden de acuerdo a la imagen del Hombre de la Emanación, y este Poder Directivo está relacionado con el Mundo de la Corrección. Este mundo de la nueva Emanación posibilitó la aparición de la realidad que nos rodea. Lo que se renueva en el Mundo de la Corrección es que a través de la copulación de las luces de bet nun y mem hei se revela la raíz de los seres humanos, llamada el Hombre de la Emanación. En el Mundo de la Corrección se creó el orden, conforme al cual, todo lo que había de acontecer, a todo nivel, saldría de la copulación de los aspectos de lo masculino y lo femenino en el Mundo de la Emanación, que es un estadio del Mundo de la Corrección. Todo aspecto de la realidad es el resultado de la copulación y consenso entre los aspectos masculinos y femeninos de las *sefirot*, que son los componentes de dicha realidad. Todo esto se fundamenta en la copulación de mem hei con bet nun.

La ruptura de las vasijas está mencionada en la Torá: "Y esos fueron los reyes que reinaron en la tierra de Edom". En esta sección se mencionan los siete reyes que murieron, que corresponden a las siete *sefirot* de bet nun del *Olam Hanekudim* que descendieron, mientras que el octavo rey, el rey Hadar y su esposa Meheitabel, corresponden a las luces de mem hei. Cuando el rey Hadar vino a corregir a los reyes anteriores, se convirtieron todos en su aspecto femenino, y por eso no se hace mención a la ruptura en lo que atañe al rey Hadar.

En el mundo del caos las *sefirot* no estaban conectadas entre sí, y cada una funcionaba por separado. En el Mundo de la Corrección se creó un nuevo orden de las *sefirot* de acuerdo al concepto de los rostros –*partzuf*. Entonces, toda acción espiritual pasa a estar compuesta por la copulación de los aspectos masculinos y femeninos. En el capítulo sobre los rostros explicaremos el tema con mayores detalles.

7ª PARTE

SOBRE LOS ROSTROS:

PARTZUFIM

INTRODUCCIÓN

Después de la aparición de la luz de mem hei comenzó una nueva etapa: el Mundo de la Corrección o Mundo de la Emanación. El *Olam Hanekudim* no es una etapa de la concatenación sino una especie de estado de transición, parte del proceso que comenzó en la Emanación de las diez *sefirot* del Hombre Primordial, que son el *Olam Haakudim*, y el fin de este proceso es la Emanación de las diez *sefirot* de la imagen Humana, que constituyen la raíz adecuada para el Poder Directivo del hombre con libre albedrío. De acuerdo a esto, el *Olam Hanekudim* no existe por sí mismo en forma independiente y no es la raíz de la realidad existente. El objetivo del *Olam Hanekudim* es revelar las raíces del mal y, por lo tanto, al producirse la ruptura de las vasijas, podría decirse que aparentemente concluyó su labor, y que inmediatamente con el Mundo de la Corrección ya no hacemos referencia a las *sefirot* de *nekudim* que fueron reparadas sino a las *sefirot* del Mundo de la Emanación. En contraste, el *Olam Haakudim* es la raíz del séptimo milenio y subsiguientes, es decir, de la era de recompensa.

En el Mundo de la Corrección las *sefirot* están organizadas de acuerdo con el sistema espiritual de rostros y a partir de aquí podremos entender mejor el tema del Poder Directivo. Hasta aquí describimos al Poder Directivo en términos de *sefirot*, y ahora lo haremos en términos de rostros. En esto reside la diferencia entre la Cábala de Najmánides y la del Ari Hakadosh. La innovación del Ari fue definir y dar nombres a la intensidad del Poder Directivo.

La función de las *sefirot* es revelar la Voluntad Divina. Cuando el Creador desea guiar al mundo con bondad, esas serán las *sefirot* predominantes. Lo mismo acontece con el juicio y la misericordia. Esto es según el sistema de Najmánides, que define al Poder Directivo en forma generalizada, denominándolo "el Poder Directivo de bondad" o "el Poder Directivo del juicio" etc. Pero de este modo no se logra definir la intensidad de esta bondad o de este juicio. Es claro que una *sefirá* no siempre obra con el mismo grado de intensidad, y a veces usa su fuerza mínima. Vemos entonces que la definición de Poder Directivo en términos de *sefirá* no es tan clara ni exacta, y es por esta razón por lo que la Cábala del Ari agrega una nueva terminología para definirlo.

El Ari no agrega nada a las diez *sefirot* ni tampoco a los tres tipos de Poder Directivo (bondad, juicio y misericordia). Los rostros son formas particulares del Poder Directivo, sea el Poder Directivo de bondad, del juicio o de la misericordia. Las *sefirot* son la base del Poder Directivo, y por eso no existe rostro sin *sefirá*. El cabalista Luzzatto se refiere a esto en su obra *Klaj Pitjei Jojmá (*cap. 17): "No es difícil comprender cómo interpretó Najmánides el Zohar basándose solamente en las *sefirot*. Sin duda todo el Poder Directivo depende de las *sefirot*, pero a través de ellas se conoce el Poder Directivo en general y no en particular. Pero al conocer al rostro podemos saber qué parte de la *sefirá* es la que produjo tal abundancia. De modo que cada rostro es en el comienzo una *sefirá*, y la *sefirá* es el fundamento sobre el cual se construye esa estructura específica, el rostro".

Las diez *sefirot* se dividen en cinco rostros. En cada rostro hay 613 fuerzas con Imagen Humana, de modo que el uso de los rostros nos brinda una clara y amplia comprensión del Poder

Directivo. Si retornamos al ejemplo del ejército, podemos decir que el mismo está dividido en las fuerzas terrestres, marítimas y aéreas. Supongamos que nos enteramos de una maniobra militar. Podemos conformarnos con saber que la maniobra fue efectuada por las fuerzas terrestres. Si queremos definirlo con más precisión, podemos decir que la acción fue realizada por la artillería. Si deseamos especificar más aún, describiremos a la unidad militar. De manera general podemos decir qué salió de cada *sefirá*, mas no podremos decir de qué parte surgió.

El Mundo de la Emanación se divide en diez *sefirot* generales. Esas diez *sefirot* se dividen en cinco rostros. Así como cada *sefirá* está compuesta por diez *sefirot*, lo mismo sucede con los rostros, ya que cada rostro está compuesto asimismo por diez *sefirot*. Resulta que cada rostro está compuesto, de hecho, por cinco rostros, y así sucesivamente hasta un infinito número de rostros de modo que cada rostro es la fuerza particular, exacta y definida de cada cosa.

I
LOS ROSTROS

El rostro en el lenguaje de la Cábala

El rostro es un concepto espiritual que indica un cierto orden o leyes específicos que nos posibilitan definir la actividad de las *sefirot* y de ese modo revelar su capacidad. Para comprender el tema observaremos la relación entre el cuerpo y el alma.

Sabemos que el alma incluye numerosos poderes, como el de la audición y el de la vista. Estos poderes sólo se manifiestan cuando funcionan dentro del cuerpo humano; entonces el poder auditivo se revela en el oído, el poder visual en los ojos, etc. Si observamos el sentido de la vista y el sentido de la audición por separado, ¿podemos recibir una correcta impresión de la capacidad del alma? ¿En qué consisten la vista y la audición si no son parte del sistema del cuerpo humano que los conecta a una unidad integral? Por lo tanto, para explicar el tema, diremos que el cuerpo humano es un concepto espiritual que conecta todas las fuerzas individuales que en él funcionan, y a través del cual se reconoce el poder del alma.

Cuando cada *sefirá* funciona en forma independiente, sólo se revela una pequeña parte de su capacidad. Pero cuando las *sefirot* funcionan en el contexto del rostro, la capacidad de la *sefirá* se revela al máximo. Por eso, en el Mundo del Caos, cuando cada *sefirá* funcionaba en forma independiente, no se podía llevar a las *sefirot* al estado ideal del Poder

Directivo, que es el Poder Directivo de la unidad. La situación sólo cambió en el Mundo de la Corrección.

La unidad de las *sefirot*, la capacidad de actuar en conjunto en el rostro, es la esencia del Mundo de la Corrección. El Mundo de la Corrección incluye las mismas luces especiales de *mem hei* (*véase* 2ª parte, cap. 9) que generó el Creador para unir y conectar entre las *sefirot*.

Recordemos que las *sefirot* son los instrumentos que sirven a la luz del *Ein Sof* que está dentro suyo. En el Mundo del Caos las *sefirot* tenían una capacidad limitada, ya que cada *sefirá* estaba capacitada para servir a un solo atributo.

La *sefirá* de *jesed* podía funcionar sólo en la forma de *jesed*, la *sefirá* de *gevurá* servía únicamente al atributo de *gevurá*, etc. Aunque toda *sefirá* esté compuesta por diez, como no existía unidad entre las *sefirot*, tampoco había unidad entre las partes de las *sefirot*.

En el Mundo de la Corrección, después de la iluminación de *mem hei*, se creó una nueva situación, en la cual cada *sefirá* se une con las demás y de esa manera se acrecienta la capacidad o el poder de la *sefirá*.

El rostro es la conexión entre las diez *sefirot* y contiene 613 fuerzas. Esas 613 fuerzas se fusionan entre las partes de las *sefirot*. Hay *sefirot* de las cuales se pueden fusionar 613 partes, y este tipo de *sefirá* es un rostro por sí mismo. Sin embargo, a veces es necesario un grupo de *sefirot* para alcanzar las 613 partes. Así la *sefirá* de *keter* constituye un rostro completo, porque tiene 613 partes. También la *sefirá* de *jojmá* constituye un rostro completo, y lo mismo con respecto a *biná*. Las seis *sefirot* de *jesed*, *gevurá* y *tiferet*, *netzaj*, *hod* y *iesod* se fusionan en un solo rostro. La *sefirá* de *maljut* conforma un rostro completo. Más adelante estudiaremos el significado de esas 613 partes.

LOS NOMBRES DE LOS ROSTROS (PARTZUFIM)

Los rostros que surgen de las diez *sefirot* son:

1. El rostro Arij Anpin, que incluye el rostro Atik Iomin, proveniente de la sefirá de *keter*.
2. El rostro Aba proviene de la sefirá de *jojmá*.
3. El rostro Ima proviene de *biná*.
4. El rostro Zeir Anpin proviene de las sefirot *jesed*, *gevurá* y *tiferet*, *netzaj*, *hod* y *iesod*
5. El rostro Nukva proviene de *maljut*.

LA ESTRUCTURA DE LOS ROSTROS EN EL MUNDO DE LA EMANACIÓN

Los cinco rostros de la Emanación fueron constituidos por las diez *sefirot* de las luces de *mem hei* y bet nun. Ahora pasamos a describir cómo se dividieron esas diez *sefirot*.

En general, todos los aspectos masculinos de los rostros derivan de las diez *sefirot* de *mem hei*, y los aspectos femeninos derivan de las diez *sefirot* de *bet nun*. El detalle de su división es el siguiente: el rostro Atik está compuesto por masculino y femenino, y ambos aspectos están unidos eternamente, aunque en teoría existan diferencias entre ellos. Cada aspecto masculino del rostro Atik se constituyó a partir de la *sefirá* de *keter* de las diez *sefirot* de *mem hei*. El aspecto masculino del rostro Arij Anpin fue compuesto por la *sefirá* de *jojmá* de mem hei. Ambos rostros en conjunto son denominados el *keter* de la Emanación.

Los rostros de Aba (padre) e Ima (madre) son llamados *jojmá* y *biná* de la Emanación y están generados por la *sefirá* de *biná* de las *sefirot* de mem hei. Los aspectos masculinos y femeninos del rostro de las siete *sefirot* inferiores de la Emanación están generados por las *sefirot jesed, gevurá* y *tiferet, netzaj, hod iesod* y *maljut*; el rostro Zeir Anpin (masculino) está compuesto por las *sefirot jesed, gevurá* y *tiferet, netzaj, hod* y *iesod* y el rostro Nukva (femenino) está compuesto por el *maljut* de las *sefirot* de mem hei.

Ahora explicaremos cómo fueron divididas las *sefirot* bet nun. El rostro Atik toma las cinco primeras *sefirot* de *keter* de las diez *sefirot* de bet nun (cada *sefirá* está compuesta por diez), las tres primeras de *jojmá*, las cuatro primeras de *biná* y las siete *sefirot* de *keter* de las siete *sefirot* (*jesed, gevurá* y *tiferet, netzaj, hod iesod* y *maljut*) de bet nun. El rostro Arij Anpin construye su rostro Nukva (aspecto femenino) de las últimas cinco *sefirot* de *keter* de bet nun. El rostro Aba toma las siete *sefirot* inferiores de *jojmá* de bet nun. El rostro Ima toma las seis *sefirot* inferiores de la *sefirá biná* de bet nun. Los rostros del Zeir Anpin y Nukva toman todas las partes de las *sefirot jesed, gevurá* y *tiferet, netzaj, hod iesod* y *maljut*, menos las *sefirot* de *keter* que fueron tomados por el rostro Atik.

EL ROSTRO Y LAS PARTES DEL CUERPO

El hombre físico fue creado "a imagen y semejanza", es decir, las partes de su cuerpo no fueron creadas al azar sino con un propósito determinado: servir al Creador. El Eterno quiso crear un hombre cuya estructura, sus miembros y las conexiones entre ellos fueran a imagen del Hombre Espiritual, el Hombre de la Emanación. Cuando el hombre cumple los preceptos de la Torá, tanto en el pensamiento como en la palabra, y los cumple con todo su cuerpo y con todas sus partes, corrige al Hombre Espiritual.

Sin entrar en detalles diremos que el Hombre Espiritual constituye una unidad íntegra de corrección, la cual está compuesta por 613 luces que conforman la esencia y la raíz del hombre físico. El Creador quiso que conociéramos y supiéramos acerca de la existencia de tal Hombre Espiritual, y por eso hizo al hombre a imagen y semejanza del Hombre Superior. Por eso, si queremos conocer e investigar al Hombre Espiritual debemos conocer antes al hombre físico, tal como nos enseñaron los sabios de la Cábala. Al respecto dijo Job: "Desde mi carne veré a Dios" (*Job* 19:26).

En el hombre físico distinguimos dos dimensiones, el cuerpo y el alma, que son lo externo y lo interno. Lo mismo sucede con el rostro espiritual: el alma del rostro, su parte interior, es la luz del *Ein Sof*, y su parte externa las *sefirot*, o sea, los instrumentos de la luz del *Ein Sof*.

Los órganos del cuerpo humano se dividen en internos, externos y medios, y lo mismo sucede con las *sefirot* del rostro espiritual. El modo en que se unen las partes del cuerpo alude al modo en que se unen las *sefirot*.

Más adelante explicaremos que en cada parte del cuerpo humano existe una sección correlativa en el rostro, de modo que es posible adjudicar nombres a todas las partes del cuerpo en términos del Hombre Superior, no sólo a los órganos sino a cada uno de sus ínfimos detalles.

Mas no sólo el cuerpo físico, sino que también el carácter espiritual del hombre tiene origen en el rostro. A grandes rasgos podemos decir que el hombre físico y todos sus miembros son un reflejo del Hombre Espiritual. Por lo tanto, cuando queremos explicar el rostro utilizamos las partes del cuerpo.

Hasta ahora hemos definido el devenir de la existencia y los tipos de Poder Directivo en términos de *sefirot*. De aquí en adelante lo haremos en términos de rostros.

Los rostros no difieren en su esencia
sino en sus características

El rostro es un instrumento del Poder Directivo supremo.
Cada rostro se compone de dos fuerzas básicas:

1. la fuerza masculina, caracterizada por la bondad que
   influye permanentemente.

2. la fuerza femenina, caracterizada por el juicio, la fuerza
   que limita a la ilimitada bondad masculina

La copulación de estas fuerzas da origen a una tercera fuerza,
compuesta también de aspectos masculinos y femeninos. Este
orden es la esencia del rostro, y por lo tanto existe en todos.
Es importante que el resultado de la copulación de lo masculino
y lo femenino contenga también estos aspectos, por lo siguiente:

1. Ya que hablamos del Poder Directivo del castigo y la
   recompensa, luego toda fuerza debe estar comprendida
   por bondad y juicio, que son la esencia del castigo y la
   recompensa; con abundancia de bondad por un lado y
   merma de éste por el otro.

2. Cuando la abundancia llega al lugar designado, debe haber
   un acuerdo entre todas esas fuerzas, de modo que todas las
   fuerzas espirituales sean capaces de influir bondad o juicio
   en forma apropiada. Esto significa que la abundancia
   misma requiere una combinación de bondad y juicio.

3. Ya que los seres humanos tienen libre albedrío, a diferencia de los animales, poseen cualidades contradictorias
   (por eso a veces la bondad acrecienta y otras lo hace el

juicio). Esta realidad tiene su raíz en las luces del Poder Directivo, por lo tanto, las fuerzas directivas están compuestas por fuerzas tanto masculinas y femeninas, lo cual establece la raíz de los opuestos en el hombre.

Hasta aquí nos referimos a la esencia del Poder Directivo, y dijimos que en todos los rostros existe el mismo modelo y las mismas leyes, para recalcar que no existe una diferencia esencial entre los rostros. Por otra parte, como las Luces Divinas son raíz de la realidad física de los aspectos masculino y femenino, también entre dichas Fuerzas Divinas deben existir diferencias como las que vemos en la práctica. Por eso entre los rostros distinguimos también entre rostro masculino y rostro femenino, aunque aquí la diferencia no resida en la esencia sino en las características.

La explicación es que tanto lo masculino como lo femenino fueron creados con el mismo fin –corregir al mundo bajo la supremacía Divina– de modo que su esencia es la misma. Toda la diferencia reside en sus cualidades. Así sucede en las alturas, en su raíz superior, en los Poderes Directivos. La diferencia principal entre masculino y femenino se ubica en los órganos reproductivos o, en términos cabalistas, en sus respectivas *sefirot* de *iesod*.

Lo mismo sucede con los rostros. Ambos, tanto el masculino como el femenino, están compuestos por 613 fuerzas de Poder Directivo, en ellos se encuentra la luz del *Ein Sof*, en ambos la Imagen Humana y toda la diferencia reside en su respectiva *sefirá* de *iesod*.

LA RELACIÓN ENTRE LA FUNCIÓN DEL ROSTRO Y SU APLICACIÓN EN LA VIDA COTIDIANA

Como escribimos anteriormente, cada rostro está compuesto por los aspectos masculino y femenino que son, por un lado, la fuerza de entrega de bondad y, por el otro, la fuerza de merma establecida por el juicio. Cuando lo masculino y lo femenino se unen, el varón influye bondad –*jesed*– a la mujer. Cuando la mujer recibe este *jesed*, los juicios que se encuentran en ella son mitigados. Cuanto más completa sea la copulación y más tiempo dure, es decir, cuanto mayor acuerdo exista entre lo masculino y lo femenino, mayor mitigación habrá en los juicios de lo femenino, y el resultado emergente de esta unión será una gran bondad y abundancia a todos los seres creados.

Esta copulación espiritual es el resultado del servicio a Dios de los hombres de libre albedrío, los cuales pueden producir la copulación o la separación de los aspectos masculinos y femeninos. Cuando lo masculino y lo femenino se unen, se producen iluminaciones espirituales. Dichas iluminaciones son la raíz de la abundancia material que llega a los seres creados. La copulación es, como ya se dijo, resultado del servicio a Dios por parte de los hombres de libre albedrío, y cuando este servicio es defectuoso se produce una división entre masculino –Zeir Anpin– y femenino –Nukva. El resultado de tal separación es que no surgirán nuevas iluminaciones. Cuando existe una división total entre masculino y femenino, la abundancia no llega a los seres creados debido a que no existe realidad alguna que no sea generada y mantenida por fuerzas que son el resultado de dicha copulación espiritual. Por otro lado, cuando la copulación es incompleta, es decir, que no hay completo acuerdo entre la voluntad masculina de influir bondad y la femenina de recibirlo, decimos que lo masculino no mitigó los juicios de lo femenino, y entonces el resultado incluye un cierto grado de juicios que pasan a constituir las raíces de la abundancia relativa que llega a las criaturas.

Debido a que toda copulación implica la unificación de los rostros, o sea, la unidad de las *sefirot*, la importancia del cumplimiento de los preceptos y el servicio al Creador es incalculable. En términos simples, cuando un hombre dotado de libre albedrío sirve al Creador de forma apropiada, produce el despertar de las fuerzas del Poder Directivo y la unificación de las *sefirot* en los mundos superiores. Este es el propósito de nuestra vida sobre la tierra, ya que tales unificaciones corrigen las imperfecciones que se produjeron en las *sefirot* como consecuencia de la ruptura de las vasijas. En el lenguaje cabalista "perfección" significa "conexión" y "unificación" entre masculino y femenino. El papel del Mal es separar los aspectos masculinos de los femeninos. Todo el tiempo que los seres de libre elección continúen sirviendo a Dios debidamente, la copulación y la unificación continúan y entonces no cabe lugar a las acusaciones y a las corrupciones provenientes del Mal, ya que la abundancia sigue llegando. Por otra parte, el Mal, o sea la imperfección, existe cuando los aspectos masculinos y femeninos se separan.

Conforme a esto podemos comprender el significado de la oración "Con el propósito de provocar la unidad del Santo, Bendito Sea y la Presencia Divina..." que solemos decir antes de realizar un precepto. La expresión "El Santo, Bendito Sea", es un apelativo del rostro llamado Zeir Anpin, el cual representa el aspecto masculino, y la expresión "Presencia Divina" es un apelativo del rostro de Nukva el cual representa al aspecto femenino. Cuando cumplimos un precepto la intención es que provoque la unión entre masculino y femenino y ello mueva a perfeccionar el nivel al cual llegaron nuestros rezos.

DIFERENCIAS ENTRE LOS ROSTROS MASCULINOS

Hasta aquí mencionamos que existen diferencias entre los rostros masculinos y los rostros femeninos en sus respectivas *sefirot* de *iesod*. Ahora explicaremos la diferencia entre los rostros masculinos, es decir, en sus propias cualidades. De este modo pasaremos a responder a lo siguiente: si todo rostro está compuesto por las diez *sefirot*, y posee imagen Humana, ¿cuál es la diferencia entre los rostros? La gran diferencia reside en sus características, y en esta diferencia está encerrado todo el principio del Poder Directivo.

En general, la diferencia esencial reside en la perfección del rostro. Definimos anteriormente que la perfección es un estado de completa unidad entre los aspectos masculino y femenino. Cuanto más tiempo perdure esta unidad mayor será el grado de perfección. Aquí reside la diferencia entre los rostros. Existen rostros en los que reina la más perfecta unidad y en los que la copulación de los aspectos masculinos y femeninos es permanente. En este rostro no hay din (limitación de la abundancia), sino sólo *jesed* (bondad). Por otra parte, existen rostros en los que la perfección es menor, porque lo masculino y lo femenino no siempre están unidos.

II
EL ROSTRO ATIK IOMIN

En el rostro Atik Iomin la unión entre femenino y masculino es perfecta y perpetua. Es más, en este rostro no podemos distinguir en absoluto entre lo masculino y lo femenino ya que están totalmente unidos. La única diferencia entre ambos aspectos es que lo masculino influye desde una perspectiva frontal, y lo femenino desde una perspectiva dorsal. Cuando decimos que la influencia es de tipo frontal nos referimos a una gran abundancia, como quien sonríe placenteramente al otorgar algo a su amigo. De tipo dorsal es el caso de un hombre que entrega algo a su amigo por su espalda, sin mirarlo de frente.

En el rostro Atik no existe el Poder Directivo del juicio, sólo existe una cantidad infinita de bondad. Además, como la unión es permanente, en este rostro existe la perfección, y la abundancia que transmite es independiente de la calidad del servicio al Creador. Cuando el Poder Directivo es otorgado al rostro Atik, llega una gran abundancia a los seres creados, sean merecedores de esta bondad o no. Debemos recordar que la transmisión del Poder Directivo a este rostro ocurre en casos excepcionales. Por ejemplo, cuando un soldado se sacrifica en una batalla y recibe un galardón del Jefe de Estado, no habrá objeción alguna a nada de lo que pida el soldado en ese momento y todo le será concedido, sea merecedor o no. Más tarde desarrollaremos este tema y volveremos a este ejemplo.

Desde otra perspectiva, como en Atik la unión es permanente, la *sitra ajra* (el Mal) no tiene oportunidad de acusar, y por ende no puede separar lo masculino de lo femenino. Dado que los aspectos masculinos y femeninos del rostro están unidos por completo, obviamente el mal no puede penetrar.

El Poder Directivo del rostro Atik Iomin es el Poder Directivo de la Unidad

En general, salvo raras excepciones, el Poder Directivo del rostro Atik no es el Poder Directivo del castigo y recompensa o el Poder Directivo de la justicia –Poder Directivo del mundo en que vivimos– sino el Poder Directivo de la unidad –que reinará al cabo de los seis mil años. De modo que el Poder Directivo fundamental del rostro Atik Iomin busca revelar la unidad del Creador.

Por ejemplo, cuando la conducta humana se tornó insostenible, si hubieran dependido del Poder Directivo de la justicia, el mundo se habría destruido. En este caso el propósito de la Creación no se hubiera logrado. Entonces, el Poder Directivo del rostro Atik intercede y toma el lugar del Poder Directivo de la justicia, considerando el objetivo de la Creación del mundo: la revelación de la unidad del Creador. Por eso al Poder Directivo del rostro Atik se lo denomina el Poder Directivo de la Unidad.

Tomemos otro ejemplo. Si un hombre fuese juzgado de acuerdo a sus actos y de acuerdo a su situación actual en base al Poder Directivo de la justicia, este hombre estaría condenado al castigo y al exterminio. Pero cuando este mismo individuo está siendo regido bajo el Poder Directivo del rostro Atik Iomin, no sólo se le tendrá en cuenta su estado actual, sino también otros factores, tales como la posibilidad de que en el futuro pueda arrepentirse, o surja de él algo que le sume méritos.

EL ROSTRO ARIJ ANPIN

Como explicamos anteriormente, cuanto mejor sea la copulación espiritual mayor será el grado de perfección, porque la abundancia de bondad que de ella provenga será mayor. El rostro Atik, es, por definición, el más elevado de todos porque es la perfección absoluta.

En Arij Anpin también la unión entre masculino y femenino es completa y perpetua, y el Poder Directivo del rostro está por encima del Poder Directivo de la justicia y también del intelecto humano. Más adelante veremos que el propósito central de Atik Iomin es mitigar los juicios provenientes del Poder Directivo del rostro Zeir Anpin, que es el Poder Directivo de la justicia. Cuando hacemos referencia a los milagros manifiestos que sobrepasan el mundo natural, estamos diciendo que esos milagros son el resultado del Poder Directivo del rostro Arij Anpin. El *Zohar* explica el versículo del Éxodo: "¿Por qué me gritas a Mí? ¡Háblales a los hijos de Israel y que viajen!", diciendo que El Creador le dijo a Moisés que en la situación actual del pueblo de Israel no cabía lugar para el rezo, porque la plegaria sólo llega hasta el rostro de Zeir Anpin, que es el Poder Directivo de la justicia; mas lo que ellos necesitaban era un Poder Directivo superior para poder producir milagros. El *Zohar* escribe: "Dios dijo a Moisés: 'Lo que tú pides depende del Poder Directivo del rostro Atik Iomin, porque únicamente el Poder Directivo de este rostro influye formas superiores de bondad sin considerar la situación del beneficiario'. Por ende, para lograr la directiva de Atik Iomin, deben efectuarse actos de abnegación y entrega. Sólo un acto de este tipo puede cambiar el Poder Directivo del mundo del Poder Directivo de la justicia al del Atik Iomin. Esto implica que el mundo será regido con total bondad.

Una acción de este tipo provoca el despertar de una voluntad especial en El Creador de obrar en contraposición a las leyes de la naturaleza por Él determinadas. Es así como el *Midrash* explica que sólo después de que Najshón, hijo de Aminadav, se arrojara al mar sucedió el milagro, y el mar se partió en dos. Con el hecho de arrojarse, expresó Najshón su fe absoluta en el mandato del Creador cuando ordenó "Háblales a los hijos de Israel y que viajen". Najshón estaba dispuesto a entregar su vida para cumplir esta orden.

LA SEFIRÁ DE KETER INCLUYE
LOS ROSTROS ATIK IOMIN Y ARIJ ANPIN

Explicamos que el rostro Arij Anpin proviene de la *sefirá* de *keter*. En realidad esto no es exacto porque de *keter* también se conforma el rostro Atik Iomin. Más específicamente, podemos decir que *keter* se divide en dos partes: una parte tiende a su lugar de origen, que es la luz oculta del *Ein Sof*, y la segunda parte se esfuerza por concretar la Voluntad divina, que es la *sefirá* de *jojmá*. El rostro Atik Iomin es el nexo de unión entre los mundos ilimitados del *Ein Sof* y los mundos limitados, además de conectar al Poder Directivo de la justicia con el Poder Directivo del futuro. El rostro Atik se reviste o se conecta con el rostro Arij Anpin, y éste es quien une a la segunda parte de *keter* con *jojmá*, que conforma el rostro Aba. Veremos luego que el rostro Aba es más próximo al Poder Directivo de la justicia.

EL ROSTRO ATIK Y EL MUNDO DE LA EMANACIÓN

A pesar de que el rostro Atik no se considera parte del Mundo de la Emanación, se lo considera como Emanación. El motivo es porque a Atik se lo considera parte del Hombre Primordial (*Adam Kadmón*), ya que representa a la *sefirá* de *maljut* del mismo. A pesar de esto, Atik Iomin es considerado como una parte del Mundo de la Emanación, porque se reviste en el rostro del Arij Anpin, que es la esencia del Mundo de la Emanación, y lo conecta al Hombre Primordial, de modo tal que la rama esté conectada con su raíz y el rostro Arij Anpin sea guiado a través del *maljut* del Hombre Primordial, que es el rostro Atik.

EL ROSTRO ATIK GUÍA AL ROSTRO ARIJ ANPIN

Al igual que todos los rostros, también Atik está compuesto por diez *sefirot*, que se dividen en las tres primeras (las *sefirot* superiores) y las siete inferiores. Debido a que el rostro Atik es la primer raíz y la más excelsa del Mundo de la Emanación —más allá del rostro Atik sólo podemos referirnos al Hombre Primordial y a los mundos del *Ein Sof*–, que en él se encuentra enraizado todo el Poder Directivo y, por lo tanto, el rostro Atik guía al rostro de Arij Anpin.

Agregaremos que el rostro Arij Anpin es, de hecho, todo el Mundo de la Emanación, y que los rostros restantes son ramificaciones de él. Si Atik Iomin rige a Arij Anpin significa que dirige todo el Mundo de la Emanación. Entonces resulta que en el rostro Atik se encuentra la raíz del Poder Directivo de los seis mil años.

RADLA: LA RAÍZ DESCONOCIDA POR EL HOMBRE

En el *Zohar* se denominan Radla a las tres primeras *sefirot* del rostro Atik, lo cual refiere a la raíz desconocida por el hombre, la raíz que rige a este excelso rostro. A pesar de que el Creador reveló el orden de las emanaciones, es decir, el orden concatenado de los poderes directivos, no nos reveló la raíz de dicho origen. Esto se debe a que si conociésemos el secreto del Poder

Directivo, no existiría libre elección. El Radla existe a todos los niveles, es decir, que en toda realidad existe la raíz del Poder Directivo que no podemos aprehender.

En la obra *Maor Vashemesh* se escribe al respecto:

«Un versículo enseña: "El secreto de El Eterno para quienes lo temen" (*Salmos* 25:14) y aquí debemos comprender qué son los secretos de la Torá en este contexto. No podemos decir que se está refiriendo al conocimiento cabalístico, a los escritos del Ari y del Zohar, desde el momento en que un secreto es algo prohibido de ser revelado, y si se revela deja de ser un secreto. Pero, ¿qué es un secreto que no puede ser revelado a ningún hombre? Es un secreto de Dios, lo cual implica que la esencia de la Divinidad es lo que es, lo que fue y lo que será; es la esencia y raíz del mundo entero. Es imposible que sea revelado a nadie. Todos intentan descubrir a Dios, cada uno de acuerdo a sus facultades intelectuales y sensibilidad emocional. Cuanto más se purifique, esforzándose en comprender, más aprehenderá con su intelecto purificado. Lo que el intelecto percibe acerca de la Divinidad, es imposible revelárselo a nadie... porque es imposible explicar nuestros sentimientos y nuestra aprehensión intelectual a otra persona. Se puede intentar hablar con los demás, ayudarlos a internalizar la realidad de Dios y el temor a Él, mas es imposible revelar todo lo que se encuentra en el corazón, tal como es sabido por quien sirve verdaderamente a Dios. Y por eso se lo denomina "secreto". Solamente en forma individual, por medio de disquisiciones intelectuales y purificaciones, se puede abarcar a grandes rasgos el concepto de Divinidad, y cuanto más se purifique la persona, mayor grado de comprensión tendrá. Como es imposible para el hombre revelar esto a los demás, se denomina "el secreto de Dios". Cuanto más temeroso sea de Dios, más secreta será Su Divinidad, porque es imposible para el hombre revelar su conciencia y es imposible comprender de él la comprensión que tiene sobre Su Divinidad».

EL NÚMERO DE LAS ALMAS Y SUS NIVELES

Cuando explicamos la *sefirá* de *keter* dijimos que los hombres difieren unos de otros en sus acciones porque sus voluntades varían. A su vez, sus voluntades difieren porque sus almas son distintas. Ahora podemos decir que el motivo por el cual un alma es más alta que otra depende del Radla, la raíz más elevada del rostro Atik. El número de almas creadas por Dios no fue casual, sino que tuvo un objetivo específico. La función del alma es dirigir al cuerpo y corregir el mal arraigado en él. La cantidad específica de almas fue creada para que la humanidad realice debidamente el servicio a Dios. Durante los seis mil años de existencia del mundo, el hombre de libre albedrío corregirá los defectos producidos en la ruptura de las vasijas.

Toda esta planificación, que se encuentra más allá de nuestro entendimiento, se origina en el Radla. Hablamos, pues, de un hombre compuesto por 613 partes corporales, cuyo función es cumplir los 613 preceptos. Cada individuo tiene un aspecto corporal compuesto de 613 partes, las cuales son regidas por el lado espiritual, que es el alma. Al cumplir con los 613 preceptos decimos que el hombre físico corrige por medio de sus acciones al Hombre Espiritual que se encuentra en él. De ese modo se corrigen las 613 partes de su alma. Así, si unimos a todos los individuos, todos ellos corregirán el alma general, que es el Hombre Espiritual general.

Todas esas consideraciones, en sus más ínfimos detalles, fueron parte del plan Divino para producir un número de almas suficiente para realizar esta tarea sirviendo al Creador. De esto se desprende que, cuando el Hombre Espiritual general sea corregido y perfeccionado, entonces la unidad del Creador será revelada. Con este propósito fue creado el mundo.

En suma, el rostro Atik une al Mundo de la Emanación con el Hombre Primordial, en el cual se encuentra su raíz, ya que el rostro Atik fue construido a partir del *maljut* del Hombre Primordial por medio de correcciones especiales, y está compuesto por las luces de bet nun y mem hei. Las tres *sefirot* del rostro Atik son la raíz del Poder Directivo; ellas son impenetrables y ocultas para nosotros y se conocen como Radla. Las siete *sefirot* inferiores en el rostro Atik se revisten en el rostro Arij Anpin, que es lo principal del Mundo de la Emanación.

CUANDO LOS ROSTROS SE REVISTEN Y CONECTAN

Aunque ya hemos explicado anteriormente el tema del revestir de las *sefirot*, lo ampliaremos ahora. Cuando las *sefirot* fueron ordenadas para ser rostros en el Mundo de la Corrección, se reveló la capacidad que se encontraba en ellas gracias a las correcciones que se hicieron y a la cooperación entre ellas. Lo mismo sucede con los rostros: sólo cuando se unen y obran en cooperación se revela su capacidad en el Poder Directivo. La unión entre los rostros es una especie de revestimiento, similar al que ya conocemos. El revestir es un acto efectuado por el rostro que "se reviste" en otro rostro, el cual pasa a ser considerado "su vestimenta". Por ejemplo, el rostro Atik Iomin se reviste en el rostro Arij Anpin, y resulta entonces que el rostro Arij Anpin es la vestimenta del Atik Iomin. Esto significa que Atik actúa en el rostro Arij Anpin y, al hacerlo, parte del rostro revestido se combina con su ropaje y pasa a formar parte de él. Así se crea una situación en la cual los rostros se combinan unos con los otros para constituirse en una unidad de Poder Directivo cuya capacidad es revelada sólo después de haberse producido los revestimientos.

Tal como lo señalamos, el revestimiento puede ser visto como una superposición, o sea que una parte del rostro superior se asemeja a un conducto que se une a otro conducto ingresando en él, de modo que en la parte de intersección son una unidad. Cuanto más larga sea la parte que entra en el conducto, más lo será su íntima conexión. Análogamente, cuanto mayor sea la parte del rostro que se reviste, mayor será la fusión y el acuerdo entre los rostros. Normalmente un rostro superior se reviste en uno inferior, de modo que el rostro inferior se elevará de acuerdo al vigor con que estén ligados. En lenguaje cabalístico: cuantas más *sefirot* del rostro superior se revistan en el rostro inferior, más fuerte y sólida será la conexión entre ellos.

Sólo las siete *sefirot* inferiores del rostro superior se revisten en el rostro inferior, porque la iluminación que sale de las tres primeras *sefirot* está oculta y no iluminan a otro rostro, sino que lo conducen. Su luz es tan excelsa que el rostro inferior no posee vasijas adecuadas para recibirla.

El tipo de revestimiento, o el tipo de acción del rostro superior, que es quien se reviste, es el que determina el carácter del rostro inferior (que ha sido revestido por el superior). En otras palabras, el cambio que se producirá en el rostro depende del tipo de revestimiento que haya en él.

EN TODOS LOS MUNDOS EL ATIK IOMIN CONECTA A LOS SUPERIORES CON LOS INFERIORES

Dijimos que el rostro Atik se reviste en el Arij Anpin, y de este modo el rostro Atik le entrega su propia esencia de

Poder Directivo y se conecta a él. El rostro Arij Anpin se expande en todo el Mundo de la Emanación, y los rostros restantes son sus revestimientos, sus ramificaciones.

Este modelo funciona en todos los mundos, tanto en lo particular como en lo general, y esto significa que en cada mundo encontramos el rostro Atik que une al inferior con el superior. Arij Anpin se expande cada vez más en todos los niveles de ese mundo, y los rostros restantes lo revisten. Este sistema de Poder Directivo funciona en todas las etapas y a todos los niveles. Así como existe en su forma más particularizada, existe también en su forma más generalizada. La intención es enseñar que en su modo general, el rostro Atik es quien une el mundo general de la Emanación con el *Adam Kadmón* (el Hombre Primordial).

DEFINICIÓN DEL PODER DIRECTIVO

Para resumir el tema explicaremos una vez más que cada mundo está guiado por cinco rostros, que se revisten unos a los otros. Esto se aplica a los casos particulares y a los generales. Por ejemplo, el Mundo de la Emanación está compuesto por cinco rostros. Mas esta regla es general, es decir, si tomamos la realidad entera, comenzando por el Hombre Primordial hasta el fin del Mundo de la Acción, podemos decir que el Mundo de la Acción representa el rostro Nukva, el Mundo de la Formación representa el rostro Zeir Anpin, el Mundo de la Creación representa el rostro Ima, el Mundo de la Emanación representa el rostro Aba, y el mundo del Hombre Primordial representa el Arij Anpin, que incluye al rostro Atik. En este modelo, Atik dirige a todos ellos y es su raíz. Por lo tanto el Hombre Primordial es la raíz de todas las raíces.

Revestimiento y concatenación

El revestimiento de los rostros es esencialmente la acción de un rostro en otro. En contraposición a esto, existe la concatenación de los rostros. Para que se produzca esta concatenación, la Suprema Voluntad determinó que las *sefirot* de *netzaj*, *hod* y *iesod* del rostro superior habrían de regir al rostro inferior, y que las *sefirot netzaj*, *hod* y *iesod* del rostro superior constituyan el cerebro —*mojin*— del rostro inferior. Este orden es fijo en todos los rostros. En contraste, cuando la Suprema Voluntad quiere efectuar cambios en este orden, el cambio se efectuará por medio del revestimiento de otro rostro.

Además, la forma en que están ordenados los rostros sirve para que los profetas a través de su entendimiento comprendan con mayor claridad el Poder Directivo. El profeta interpreta esos signos y proyecta sus conclusiones al plano de la realidad material. Posteriormente relacionaremos esta explicación con el tema de la profecía.

III
EL ROSTRO ARIJ ANPIN

El rostro Arij Anpin es el término general con que se designa al Mundo de la Emanación.

El rostro Arij Anpin es el primer rostro del Mundo de la Emanación y desde él comienza el Poder Directivo del límite, es decir, el Poder Directivo de los seis mil años de existencia del mundo. Arij Anpin incluye a todos los rostros de la Emanación y ellos lo revisten. En otras palabras, el rostro Arij Anpin es un concepto general del Mundo de la Emanación e incluye las luces que emergen de ese mundo para cada una de las formas específicas del Poder Directivo, y el resto de los rostros –*Aba, Ima, Zeir Anpin* y *Nukva*– son como ramificaciones suyas. El rostro Arij Anpin es el contexto del Mundo de la Emanación, y es la guía del resto de los rostros.

Los primeros rostros en que Arij Anpin se reviste son Aba e Ima. Si bien el Poder Directivo normal de este mundo es el Poder Directivo de la justicia, cuando Dios quiere cambiar tal Poder Directivo existe un orden establecido para tal fin. Así el cambio comienza cuando el rostro Arij Anpin se reviste en los rostros de Aba e Ima. En pocas palabras, Aba se reviste en la *sefirá* de *jesed* de Arij Anpin, que se encuentra del lado derecho, e Ima se reviste en *gevurá*, que está del lado izquierdo. Tal revestimiento llega hasta el ombligo, que es el punto medio del rostro. Cuando un rostro superior se reviste en uno inferior, el superior otorga de su esencia al rostro inferior, guiándolo con un Poder Directivo más elevado.

Los rostros de Zeir Anpin y Nukva revisten a Arij Anpin desde el ombligo hacia Abajo. Desde el punto de vista conceptual, se trata de indicar las iluminaciones superiores que surgen de las partes más elevadas del rostro. Así, Aba e Ima se revisten en la parte superior de Arij Anpin y reciben iluminación de la parte superior del rostro, mientras que Zeir Anpin y Nukva reciben de la parte inferior. Luego explicaremos la relación entre Aba, Ima, Zeir Anpin y Nukva.

Para comprender mejor el tema del Poder Directivo utilizaremos un ejemplo. En el ejército, al igual que en toda organización, existen ordenes, instrucciones y sistemas de operación fijos. Por ejemplo, cada soldado recibe una licencia de dos días por mes. La orden fue impartida por el Jefe de Estado, que es la principal autoridad, pero éste no se ocupa directamente de los reclutas, y por eso delega su autoridad a sus asistentes. El recluta recibe la orden directamente del sargento y el sargento la recibe a su vez de su jefe, y así sucesivamente. Existen también instrucciones y reglamentos especiales para el soldado que quiere tomar una licencia extraordinaria. En este caso el soldado debe dirigirse a su comandante, quien decide si aprobar el pedido o transferirlo a un comandante superior. Cuanto más alto es el rango del oficial, más amplia es su autoridad. Dado que los altos oficiales están ocupados con asuntos más importantes, un pedido de este tipo les es tan insignificante que lo más probable es que el oficial dé su aprobación. La preocupación del soldado es cómo llegar a un alto oficial, ya que cuanto más elevado sea su rango, mayores son las posibilidades de que lo autorice. Si, por ejemplo, el mismo soldado realiza un acto de arrojo y valor, tendrá la certeza de que la medalla de honor habrá de recibirla de manos del Jefe de Estado, y seguramente no tendrá dificultades en recibir su licencia extraordinaria.

De igual modo, El Creador, determina el orden del Poder Directivo. De acuerdo con este orden, los rostros producen las raíces de la abundancia que llegan a las criaturas. Cuanto más elevado sea el servicio a Dios la aprobación a la abundancia provendrá de un lugar más elevado. En el lenguaje cabalístico este acuerdo es una copulación entre los rostros. Por lo tanto, cuando el servicio a Dios es de un alto nivel, el acuerdo provendrá de más elevados rostros, y entonces la abundancia recibida será de alta calidad y en gran cantidad. Si el Poder Directivo proviene del rostro Atik, la abundancia provendrá a través del más alto canal; esto significa que un alto grado de servicio al Creador mueve al acuerdo entre todas las *sefirot* y los rostros. Ellos concuerdan entre sí hasta que finaliza la copulación en los lugares más elevados. Hay dos resultados del servicio a Dios:

1. Que la abundancia llega a los seres creados.
2. La unidad de las sefirot que se produce a través del mismo.

La regla general indica que cuando el Poder Directivo proviene de un rostro más elevado, la abundancia será mayor cuantitativa y cualitativamente. La manera en que los seres creados sirven al Creador determina de dónde procederá el Poder Directivo. Más adelante veremos que la esencia del servicio Divino es producir la copulación espiritual de los rostros, ya que por este medio se revela la unidad del Creador.

LAS CORRECCIONES DE DIKNA

El modo en que actúa el rostro de Arij Anpin en los rostros del Mundo de la Emanación requiere de una especial atención, ya que representa uno de los principios fundamentales en el Poder Directivo. Posteriormente veremos que la función principal del rostro Zeir Anpin es el Poder Directivo de la justicia.

Por eso, si el Poder Directivo fuese transmitido sólo al rostro de Zeir Anpin, nos enfrentaríamos con dificultosas situaciones, ya que si juzgásemos a los seres humanos únicamente por lo que son, probablemente merecerían ser exterminados, y no se cumpliría el propósito de la creación. El *Midrash* enseña que el Creador construyó mundos y los destruyó, porque no podían existir regidos únicamente por el atributo de justicia. Para que el mundo esté preparado para alcanzar su propósito, El Eterno quiso generar un Poder Directivo más elevado: el Poder Directivo de la unidad. En términos simples, el Poder Directivo de la unidad es una especie de intervención, desde arriba, para modificar al Poder Directivo de justicia. Este Poder Directivo no tiene un objetivo independiente sino que es un medio para llegar al objetivo final. La raíz de dicha intercesión se encuentra en el Radla del rostro Atik, y emerge a través de Dikna.

Toda decisión es la última etapa de un proceso que comienza con la voluntad. La Voluntad Divina se revela por medio de las iluminaciones que emite, y por eso, cuando se decide la "intervención" de un rostro superior, es decir, una forma superior de Poder Directivo, la raíz originaria de la decisión surge de Radla. Se trata como de una luz que surge de aquí, la cual representa a la Voluntad Divina. Esa iluminación se expande a través de conductos, que representan el orden de concatenación, tal como la barba de un hombre –*Dikna*– sale de su rostro y se extiende hasta abajo. El Ari Hakadosh se vale del ejemplo de la barba para enseñar el tema de la expansión de la Voluntad Divina. El tipo de iluminación del Dikna es de los más altos niveles de entre las luces del Poder Directivo. Posteriormente explicaremos la función de la iluminación del Dikna.

La función del rostro Arij Anpin es dirigir al Poder Directivo del Zeir Anpin hacia el objetivo final. A veces la función del Arij Anpin es mitigar los juicios del Zeir Anpin, y a veces su misión es anularlos. El tema de la mitigación de los juicios –*mituk hadiním*– es un concepto muy difundido en la Cábala y el Jasidismo, ya que la función del hombre justo –*tzadik*– es mitigar los juicios que los hombres simples no han logrado con su servicio a Dios. La mitigación de los juicios implica la predominancia de la bondad, es decir, inclinar el juicio hacia la bondad. En la mayoría de los casos la mitigación del juicio no produce su desaparición, pero hay casos en los que el rostro Zeir Anpin funciona para anularlos totalmente. La diferencia depende del grado de revelación de las iluminaciones de Arij Anpin. En la literatura cabalística, y especialmente en el *Idra Zuta*, hallamos que las luces del Arij Anpin emergen en diferentes cantidades y con diferentes cualidades. Este es el tema de las correcciones –*tikuním*– mencionado en el *Idra*.

El *tzadik* posee muchos papeles en el Jasidismo, y uno de ellos es ayudar al hombre simple a elevarse. Por lo tanto viajar solamente para observar al *tzadik* y estar con él es un aspecto inseparable del trabajo espiritual al Creador.

Escribe al respecto el autor de *Maor Vashemesh*: "El propósito principal de viajar a ver al *tzadik* es para pedir al Santo, Bendito Sea, conocer y temer la grandeza de Dios y para saber que Él es la esencia y la raíz de todos los mundos. ¿Cómo se puede lograr todo esto? Únicamente uniéndose a un *tzadik*".

Otra función del *tzadik* es obrar con rectitud y servir a Dios con gran devoción, estudiando y rezando, y con esto lograr conectar a todos los seres creados con su Fuente. De este modo el justo logra que el mundo no se desmorone, Dios no lo permita. Un *tzadik* que se adhiere totalmente a su Creador y conecta cada criatura con El Eterno, anula todos los juicios y los mitiga, atrayendo gran misericordia al mundo y manteniendo su existencia.

El *tzadik* eleva las cosas a su raíz más elevada. Esto lo efectúa el justo al estudiar Torá con el objetivo de unificar a Dios con la Presencia Divina, lo mismo que apegándose a sí mismo a las letras de la Torá y a las combinaciones de los nombres, y conectándose al *Ein Sof*. Al hacerlo provoca el despertar de toda la creación –seres inanimados, vegetales, animales y humanos– para que estos anhelen elevarse hasta el nivel de sus raíces. Igualmente el *tzadik* se adhiere a los patriarcas, atrayendo una gran bondad a todo Israel. Todo depende del rezo del *tzadik* y de las unificaciones espirituales que logra, es decir, que el *tzadik* unifica los mundos más bajos con los más altos, generando un despertar en los mundos inferiores. Con esto prepara a la creación para elevarse a su raíz de origen.

Las trece correcciones del rostro Arij Anpin son llamadas correcciones del Dikna –*tikunei Dikna*. En general podemos decir que son luces que emergen del Arij Anpin y que se extienden en los rostros del Mundo de la Emanación. El Dikna simboliza esta extensión, y es como si de esa barba –Dikna– salieran tales iluminaciones y correcciones.

LA CORRECCIÓN DEL RAAVA DE RAAVIN: VOLUNTAD DE VOLUNTADES

Una de las trece correcciones espirituales es llamada la "voluntad de voluntades". Esta es una iluminación que sale de modo revelado, y cuando tal iluminación surge, los juicios –*diním*– no son sólo mitigados sino anulados por completo. Esta iluminación proviene de la parte más alta del rostro Arij Anpin, es decir, de sus *sefirot* de *jojmá*, *biná* y daat. Cuando las iluminaciones provienen de un lugar más bajo, como de las *sefirot* de *jesed*, *gevurá* y *tiferet* o *netzaj*, *hod* y *iesod*, carecen de fuerza suficiente como para anular los juicios, y solamente pueden mitigarlos.

Podemos preguntar: ¿Qué es lo que determina que la iluminación emerja de unas *sefirot* o de otras? Esto depende del Radla de ese mundo. ("Mundo" en el lenguaje de la Cábala significa una unidad completa de Poder Directivo.) Tal como dijimos anteriormente, el Radla resulta imposible de ser aprehendido y refiere al secreto del Poder Directivo que no ha sido revelado a persona alguna. Debido a que el Radla se encuentra en el rostro Atik, he aquí un ejemplo de cómo el rostro Atik guía al rostro Arij Anpin. Resulta entonces que el rostro Arij conduce a todos los rostros del Mundo de la Emanación, mientras que él mismo es conducido por el rostro Atik. Así todo el Mundo de la Emanación está conducido a través del rostro Atik, y de este modo vemos cómo el Poder Directivo se conecta al fin y al cabo con El Creador, que es la Causa de todas las causas, la Fuente de todo.

DOS ASPECTOS DEL PODER DIRECTIVO

Existen dos aspectos del Poder Directivo del rostro Arij Anpin:

a) Cuando Arij Anpin actúa por sí mismo, sin necesidad de revestirse en ningún rostro del Mundo de la Emanación, modo que representa una gran abundancia de bondad otorgada sin considerar el merecimiento del receptor.

b) Cuando Arij Anpin se reviste en otros rostros entonces actúa de acuerdo con los caminos de justicia, mitigando los juicios.

En el primer caso el resultado es la anulación de los juicios y en el segundo el resultado será la mitigación de los mismos. A veces logra mitigar los juicios en mayor cantidad, y otras en menor, y también en algunos casos logra anularlos por completo, lo cual depende del servicio al Creador de los hombres poseedores del libre albedrío.

Para ejemplificar, consideremos dos tipos de soldados:

1. Un soldado que cometió un delito cuyo castigo es la prisión. Sin embargo, antes de ser encerrado, cometió un acto de valentía, recibió una condecoración del comandante en jefe, y en esa ocasión aprovechó la oportunidad para solicitar un indulto al Jefe de Estado. El soldado fue totalmente perdonado.

2. Otro soldado cometió un delito similar, mas pidió indulto al Jefe de Estado a través de los canales normales de la burocracia. El Jefe de Estado decide delegar el caso a un subalterno y éste decide cambiar la pena por una multa. Es obvio que cuando la decisión proviene del Jefe de Estado mismo, el resultado será siempre más satisfactorio y provechoso para el inculpado que si pasa por sus "vestiduras".

EL CEREBRO (MOJÍN) ES LA ESENCIA DEL PODER DIRECTIVO DEL ROSTRO

Así como en el hombre corpóreo el cerebro es la parte central y de mayor importancia del cuerpo, siendo quien dirige a los demás órganos, lo mismo sucede en los rostros superiores en el plano del Hombre Espiritual. Como veremos posteriormente, los rostros de Aba e Ima conforman el cerebro del rostro Zeir Anpin y resulta entonces que el principio del Poder

Directivo del rostro de Zeir Anpin depende del Poder Directivo de su cerebro.

EL CEREBRO DEL ROSTRO

Cuando decimos que Aba e Ima conforman el cerebro del rostro Zeir Anpin o cuando decimos que un rostro superior se convierte en el cerebro de uno inferior, nos referimos a que las luces superiores del rostro superior descienden de nivel con un cierto propósito. El objetivo es que dichas luces se revistan en un rostro inferior, motivo por el cual las luces superiores necesitan adaptarse al nivel del rostro inferior. En otras palabras, se adecuan al propósito de constituirse en el cerebro –el nivel de *jojmá*, *biná* y daat– del rostro que dirigen por medio del acto de revestirse. De esa manera, las luces de los rostros Aba e Ima, que son el cerebro del Zeir Anpin, descienden gradualmente hasta que se adaptan al nivel de *jojmá*, *biná* y *daat* de Zeir Anpin, o sea, se transforman en su cerebro. Cuando las luces de un rostro superior se convierten en el cerebro de uno inferior, nosotros decimos que el Poder Directivo está preparado y corregido

IV
LOS ROSTROS ABA E IMA

LAS DIFERENCIAS ENTRE
LAS LUCES DE ABA Y LAS LUCES DE IMA

Las diferencias esenciales entre las luces del rostro Aba y las del rostro Ima son similares a las que existen entre la *sefirá* de *Jojmá* y la *sefirá* de *biná*. Las luces del rostro Aba se encuentran a un nivel general, "en potencia", mientras que las luces del rostro Ima particularizan las luces del rostro Aba. Por lo tanto, debido a que el rostro Ima particulariza a este cerebro, decimos que lo principal del rostro Zeir Anpin, es de Ima.

LOS ROSTROS ABA E IMA
Y LOS ROSTROS ISRAEL SABA Y TVUNA

Aunque afirmamos que Aba e Ima son el cerebro del Zeir Anpin, sólo partes de ellos generan el cerebro. Para ser más específicos, sólo una décima parte del rostro Ima conforma el cerebro del Zeir Anpin. Esta parte es su *maljut*, denominada Tvuna.

La Tvuna (razón) constituye un rostro por sí mismo, que posee diez *sefirot*. Lo mismo sucede con las luces de Aba. Sólo una parte de ellas conforma el cerebro de Zeir Anpin, y son conocidas como Israel Saba. La idea es que en el período del Poder Directivo de la justicia, que dura seis mil años, no somos merecedores de que el rostro Zeir Anpin, que es la raíz directa de toda la realidad en que vivimos, reciba su cerebro de Aba e Ima. Por lo tanto, el Pensamiento Superior, emitió unas luces especiales, los rostros de Israel Saba y Tvuna, para que sean el cerebro de Zeir Anpin. Las luces de Aba e Ima son la raíz de Israel Saba y Tvuna. Podemos decir que las luces de Israel Saba y Tvuna son la continuación de la expansión de las luces que emergen de la sabiduría oculta –*jojmá stimá*– y que descendieron gradualmente hasta que pudieron adaptarse para ser el cerebro de Zeir Anpin.

LA DIFERENCIA ENTRE ABA, IMA Y ISRAEL SABA Y TVUNA

Los rostros de Aba e Ima están en estado de permanente copulación porque la raíz del cerebro del Zeir Anpin debe existir continuamente. Frente a esto, la copulación de Israel Saba y Tvuna no es permanente, porque su función básica es servir de inteligencia a Zeir Anpin y cuando esto se ha logrado, Zeir Anpin continuará su función basándose en lo que ya recibió, sin necesidad de renovación.

Cuando surge la necesidad de un nuevo cerebro, los rostros Aba e Ima permanecen en su continua copulación y están preparados para influir a las iluminaciones conforme a la necesidad.

V
EL ROSTRO ZEIR ANPIN

LA ESENCIA DEL PODER DIRECTIVO DEL MUNDO ES EL ROSTRO ZEIR ANPIN

Hasta aquí hemos expuesto las raíces del Poder Directivo de la justicia. Explicamos que la concatenación y la graduación de las luces comienzan en la sabiduría oculta –*jojmá stimá*– en el rostro Arij Anpin y que continúa descendiendo jerárquicamente hasta que se adapta para constituirse en la raíz del Poder Directivo de los seres creados, el Poder Directivo de la justicia, es decir, el Poder Directivo de bondad, juicio y misericordia. Este Poder Directivo se halla en el rostro Arij Anpin. En otras palabras, la raíz de todos los asuntos de este mundo se encuentra en Zeir Anpin y Nukva. Por lo tanto, en los rostros Zeir Anpin y Nukva se encuentra la raíz de todas las creaciones del mundo, y en ellos está la esencia del Poder Directivo del mundo, y todas las correcciones que se efectúan en estos rostros constituyen preparaciones adecuadas a la conducción del mundo en el que vivimos. Todo lo que sucede al hombre en particular está enraizado en Zeir Anpin, y por eso debemos comprender los diferentes aspectos del rostro, a fin de conocer el camino del Creador.

EL PODER DIRECTIVO DEL ROSTRO ZEIR ANPIN

Zeir Anpin dirige al mundo básicamente a través de sus *sefirot* de *jesed*, *gevurá* y *tiferet* y *netzaj*, *hod* y *iesod*, conocidas como los seis extremos. Estas son denominadas las *sefirot* de la construcción, y son la raíz de nuestro mundo. El *Zohar* explica que el significado del pasaje bíblico que indica que en seis días hizo Dios el cielo y la tierra, es que a través de estas seis *sefirot* se creó el mundo. Estos seis extremos son regidos por el cerebro de este rostro, es decir, por las *sefirot* de *jojmá*, *biná* y daat, y son las luces que recibe Zeir Anpin de Ima y Aba y que penetran en él.

La esencia del Poder Directivo de Zeir Anpin está en el cerebro de la sefirá de daat

Remarcamos anteriormente que el rostro Zeir Anpin incluye a las seis *sefirot* de *jesed*, *gevurá*, *tiferet*, *netzaj*, *hod* y *iesod*, y que es la raíz de todo lo creado. En este rostro están arraigados todos los atributos del Poder Directivo de todas las criaturas. Esto no es suficiente, porque el Poder Directivo completo incluye también el cerebro. Aba e Ima son el cerebro de Zeir Anpin, y son paralelos a *jojmá* y *biná*. A pesar de que *jojmá* y *biná* son quienes otorgan a Zeir Anpin las preparaciones y las correcciones necesarias para la perfección del Poder Directivo, la esencia del Poder Directivo la recibe Zeir Anpin de la *sefirá* de daat, que es el factor determinante entre *jojmá* y *biná*. Dado que *jojmá* y *biná* son luces superiores que vienen a dirigir a Zeir Anpin, es necesario que sean ocultas, y todo lo que merece provenir de ellas se expresa a través de daat, que es la generalidad de la función proveniente de ambas. Por lo tanto *daat* se expande en todo el rostro de Zeir Anpin para regirlo en todos los niveles. La expansión de *daat* a todos los niveles del rostro determina la característica esencial de Zeir Anpin, y ésta es bondad.

ZEIR ANPIN Y NUKVA

De acuerdo con el orden de concatenación, el rostro Zeir Anpin se desprende de Aba e Ima y está compuesto por las diez *sefirot*. Sin embargo, desde la perspectiva del Poder Directivo, el rostro Zeir Anpin y el rostro Nukva son paralelos uno al otro. Zeir Anpin, que está a la derecha, simboliza las cinco bondades *–jasadim–*, y Nukva, que está a la izquierda, representa los cinco juicios *–gevurot*.

En el capítulo de la división de las *sefirot* explicamos que es posible dividir a las diez *sefirot* en dos grupos:

a) las cinco bondades (*keter, jojmá,* bondad, *tiferet* y *netzaj*)

b) los cinco juicios (*biná, gevurá, hod, iesod* y *maljut*)

Esta división está determinada por el cerebro de daat, y no vemos que el rostro se divida de tal manera sino en el Poder Directivo de daat. Por lo tanto, el Poder Directivo especial del cerebro de *daat* determina esta división, para dar igual poder a las bondades y a los juicios en el Poder Directivo.

EL KETER DE ZEIR ANPIN

Hasta ahora hicimos referencia a las *sefirot* de *jojmá, biná* y *daat* en el rostro Zeir Anpin, las que constituyen su cerebro. Sin embargo, podemos cuestionarnos: ¿Dónde está la *sefirá* de *keter* de Zeir Anpin? A pesar de que lo principal del cerebro llega a Zeir Anpin de Aba e Ima, a veces una iluminación especial llega al rostro de Zeir Anpin directamente del rostro Arij Anpin. Esas iluminaciones son el *keter* de Zeir Anpin. Por lo tanto, Zeir Anpin recibe su cerebro y su Poder Directivo de Aba e Ima, y su *keter* de Arij Anpin.

LA ESTRUCTURA DEL ROSTRO ZEIR ANPIN

Podemos distinguir tres etapas en el desarrollo del Zeir Anpin: el embrionario, el de nutrición y el de madurez. El hecho de que exista un orden fijo en el proceso del desarrollo de Zeir Anpin, es de por sí un gran corrección, que es resultado del Mundo de la Corrección. Aunque éste sea el proceso natural de desarrollo de todo niño, y aunque nos resulte conocido y natural, debemos aclarar que el desarrollo que se produce a diario en el ser humano está fundamentado en el desarrollo del Zeir Anpin, y este rostro es la raíz directa de toda la realidad de nuestro mundo.

En el Mundo del Caos, los niveles del Zeir Anpin, es decir, sus *sefirot*, si bien ya existían, no tenían un orden fijo. En el Mundo de la Corrección, cuando el Pensamiento Supremo fijó los órdenes del Poder Directivo, los mismos determinaron que el rostro Zeir Anpin atravesara este proceso: el embrionario, el de nutrición y el de madurez.

En el Mundo del Caos las *sefirot* de Zeir Anpin eran las *sefirot* del *Olam Hanekudim*, y la primera corrección fue reconocer a las luces de dicho mundo como rostros de Zeir Anpin y Nukva. Antes de convertirse en rostro, es decir, antes de que sus diez *sefirot* se establecieran con Imagen Humana divididas en tres líneas, (derecha, izquierda y centro), se encontraba en el estado denominado "tres incluidas en tres". Las tres *sefirot netzaj*, *hod* y *iesod* estaban incluidas en las tres *sefirot* de *jesed*, gevurá y *tiferet*. El paso de las *sefirot* del estado de *nekudim* a este estado fue la primer corrección que se realizó en ellas. En el lenguaje cabalístico dicha corrección se conoce como "el doblez de las piernas de Arij Anpin".

EL DOBLEZ DE LA PIERNA DE ARIJ ANPIN

Primero vamos a exponer este tema desde un punto de vista visual. Explicamos que las diez *sefirot* hacen alusión al cuerpo humano: las *sefirot netzaj* y *hod* a las piernas derecha e izquierda respectivamente, *iesod* a los órganos de la reproducción, *tiferet* al corazón, *jesed* y *gevurá* a la mano derecha y a la izquierda. Vimos también que las *sefirot netzaj*, *hod* y *iesod* se hallaban abajo, y las de *jesed*, *gevurá* y *tiferet* en la parte superior del cuerpo, y que cuanto más elevadas son las partes del cuerpo, más elevado es su nivel en las *sefirot*.

El doblez de la pierna de Arij Anpin nos remite a la elevación de las *sefirot netzaj*, *hod* y *iesod* al nivel de las *sefirot* de *jesed*, *gevurá* y *tiferet*. Cuando las *sefirot netzaj*, *hod* y *iesod* del rostro de Arij Anpin llegaron a situarse al lado de *jesed*, *gevurá* y *tiferet*, se creó como un espacio vacío, y todos los niveles que estaban por debajo de las piernas de Arij Anpin también se elevaron. Esos niveles son lo que más tarde constituirán parte del rostro Zeir Anpin, es decir, su *jesed*, *gevurá* y *tiferet*, *netzaj*, *hod* y *iesod*. Hasta llegar al Mundo de la Corrección, todas las partes que estaban por debajo de las piernas del Arij Anpin eran las luces de los siete reyes que participaron en la ruptura de las vasijas. La acción del doblez de la pierna de Arij Anpin fue la primer fuerza otorgada a las vasijas rotas de los reyes para que pudieran elevarse.

De modo visual, las *sefirot* de *jojmá*, *gevurá* y *tiferet*, *netzaj*, *hod* y *iesod* de Zeir Anpin revistieron a *jesed*, *gevurá* y *tiferet*, *netzaj*, *hod* y *iesod* de Arij Anpin. Como estas últimas estaban "replegadas" –*netzaj*, *hod* y *iesod* en *jesed*, *gevurá* y *tiferet*– podemos decir que "tres fueron incluidas a tres". Esto significa que las *sefirot* de *netzaj*, *hod* y *iesod* estaban incluidas en las *sefirot* de *jesed*, *gevurá* y *tiferet*, y de aquí se aprende que el comienzo de la formación de Zeir Anpin fue el estado de "tres incluidos en tres".

De igual modo, cuando un bebé se encuentra en el vientre de su madre, en el comienzo de su formación se encuentra exactamente en este estado, y sus piernas están plegadas llegando al pecho. Esto nos enseña que el desarrollo del hombre corporal es paralelo al proceso de desarrollo del Hombre Espiritual, lo cual constituye su raíz.

Desde el punto de vista conceptual, esto significa que el rostro Arij Anpin comenzó a corregir a las *sefirot* del *Olam Hanekudim*, es decir, aquellas partes que se rompieron en el Mundo del Caos, para convertirlas en un rostro completo. En la terminología cabalística la expresión "corrección" alude a una preparación, de la misma manera que en el lenguaje cotidiano uno repara un objeto a fin de utilizarlo. Dicha corrección se llevó a cabo cuando emergió una iluminación especial del Arij Anpin. Esta iluminación produjo la elevación de las *sefirot* de *netzaj*, *hod* y *iesod* al nivel de *jesed*, *gevurá* y *tiferet*. El resultado de esa iluminación fue el despertar de las *sefirot* de *jesed*, *gevurá* y *tiferet*, *netzaj*, *hod* y *iesod* del rostro Zeir Anpin (es decir, de lo que devino más tarde en Zeir Anpin) que se elevaron hasta el nivel de *jesed*, *gevurá* y *tiferet*, *netzaj*, *hod* y *iesod* del Arij Anpin. Vemos entonces que la primera corrección que recibió Zeir Anpin para convertirse en rostro fue de Arij Anpin. Luego, Aba e Ima completaron la corrección.

LA DIFERENCIA ENTRE LAS CORRECCIONES DEL ARIJ ANPIN Y LAS CORRECCIONES DE ABA E IMA

Las correcciones que recibió Zeir Anpin del rostro Arij Anpin sucedieron en un instante, mientras que las correcciones provenientes de Aba e Ima fueron graduales.

Aquí encontramos la raíz del origen del tiempo. La realidad primera se formó después de otra que la precedió, y entre ellas existió una cierta pausa. La primera corrección de Aba e Ima se realizó en los tres días de concepción, y otra, anexa, continuó otros cuarenta días, y la tercera corrección duró tres meses. Luego vienen correcciones adicionales hasta que el rostro alcanza su madurez.

LAS ETAPAS EMBRIONARIA, DE NUTRICIÓN Y MADUREZ

Como ya mencionamos, toda la realidad de los seis mil años de la existencia del mundo se encuentra enraizada en el rostro Zeir Anpin. Durante este tiempo vemos diferentes situaciones por las que pasa el pueblo de Israel. Veremos cómo todo esto se relaciona con las etapas embrionaria, de nutrición y de madurez.

Una etapa, la embrionaria, se asemeja a la situación del pueblo de Israel en Egipto. En lenguaje cabalístico decimos que el Poder Directivo se encontraba en un estado de "ocultamiento del rostro". El exilio de Egipto fue el punto máximo de la etapa de dos mil años de "ocultamiento del rostro". De acuerdo con el cabalista Luzzatto, en su obra *La Sabiduría del Alma –daat Tvunot*: "Durante ese período, el Creador se oculta totalmente de Su mundo como si hubiese abandonado la tierra. Él no escucha ni ve lo que hacen los hombres, y entonces se considera que la justicia no funciona en absoluto".

Este período se caracteriza por el hecho de que el juicio no existe en absoluto, y así como en el período de gestación no se ve al feto, lo mismo sucede, cuando el rostro Zeir Anpin está oculto y no dirige al mundo.

LA ETAPA DE NUTRICIÓN

El estado de nutrición es la nueva etapa del Poder Directivo de Zeir Anpin. Lo que la caracteriza es que en ella Israel no tuvo profetas, ni se produjeron milagros ni maravillas capaces de despertar la fe en Dios, aunque hay Torá, la posibilidad de estudiarla, y el Nombre Divino puede ser conocido.

LA MADUREZ DEL ZEIR ANPIN: PRIMERA Y SEGUNDA MADUREZ

El tercer estado es conocido como "la primera madurez", en el que la gloria y la fortaleza Divina se muestran al tomar el Creador el gobierno de Su mundo. Por medio de milagros y señales maravillosas se manifiesta que Él es Dios. Este estado existió durante el período del Primer y Segundo Templo.

La carencia de esta etapa reside en que la fe es algo "externo" y sin los milagros revelados la divinidad no sería tan evidente. De modo que recién en la cuarta etapa, la de "segunda madurez" del Zeir Anpin, todos los habitantes del mundo llegaran a comprender y a percibir la unidad del Creador. Esto no se logra a través de milagros Divinos sino que Su grandeza será percibida por medio del conocimiento y la sabiduría. Refiriéndose a este período está escrito: "Porque estará la tierra llena del conocimiento de El Eterno, como las aguas que cubren el mar" (*Isaías* 11:9)

EL ASCENSO DEL ROSTRO ZEIR ANPIN

En la quinta etapa nos referimos al período en el que la humanidad se purificará cada vez más y también su comprensión espiritual será cada vez mayor. Como consecuencia se producirá una nueva revelación del Creador. En dicho estadio, el Poder Directivo del rostro Zeir Anpin llega al máximo. Esta fase es considerada como el ascenso del Zeir Anpin.

Esos cinco estadios marcan diferentes tipos de Poder Directivo, es decir, que en el rostro Zeir Anpin están las raíces de los tipos de Poder Directivo de estas situaciones. La diferencia entre el desarrollo del hombre corporal y el desarrollo del Zeir Anpin es que en el hombre corporal no existe regresión.

Por ejemplo, un hombre no retrocede de la etapa de nutrición a la etapa embrionaria. En contraste, en el Zeir Anpin hallamos ascensos y descensos de un estadio a otro. El Poder Directivo del Zeir Anpin se modifica de acuerdo con el comportamiento del hombre de libre albedrío.

A veces observamos que el Zeir Anpin se encuentra en su etapa embrionaria, y entonces el Poder Directivo está totalmente oculto. A veces, cuando el Zeir Anpin se encuentra en estado de madurez, el Poder Directivo ilumina a partir de su rostro. Como ya dijimos, a veces el Poder Directivo del Zeir Anpin no es el adecuado para lograr la meta, y entonces aparece una "intervención" desde arriba, es decir, una especial iluminación que revela una voluntad especial. Ese fue el caso de la división del Mar Rojo, en que el Creador le dijo a Moisés: "¿Por qué Me gritas a Mí?". De acuerdo al *Zohar* aquí no servía un rezo, porque éste sólo llega hasta el rostro Zeir Anpin, y para lograr la revelación de un milagro es necesaria la iluminación del rostro Atik.

PERÍODOS DE CORRECCIÓN DEL ZEIR ANPIN

Por lo general la corrección de cada rostro o nivel espiritual es efectuada por Aba e Ima, que son el cerebro de la Emanación. Ahora vamos a explicar cuáles eran las correcciones necesarias en Zeir Anpin.

Antes de la ruptura de las vasijas el Zeir Anpin estaba compuesto de tres partes: vasijas, luces y chispas –*nitzotzot*. Las vasijas son las diez *sefirot* y las luces son la esencia del *Ein Sof* en las vasijas. Cuando se produjo la ruptura de las vasijas, las luces no fueron dañadas (las tres *sefirot* de Zeir Anpin: *keter, jojmá* y *biná*), pero se elevaron por encima del Mundo de la Emanación que se separó de los Mundos de Creación, Formación y Acción. Por otra parte, las vasijas, que son la *sefirá* de *maljut* del rostro

Zeir Anpin, y las nueve *sefirot* del rostro Nukva, cayeron en los Mundos de Creación, Formación y Acción. Para que no continuaran cayendo hasta las raíces del mal en el mundo –*klipot*– las chispas descendieron para mantener las vasijas (esas son las 288 chispas de santidad que cuidan a las vasijas). La explicación es la siguiente: las luces son las tres *sefirot* de *keter*, *jojmá* y *biná* de Zeir Anpin, que ascendieron hacia Aba e Ima, y las vasijas que descendieron son su *maljut* (y no Nukva, que es un rostro por sí mismo, sino la *sefirá* de *maljut* del Zeir Anpin). Asimismo cayeron las nueve *sefirot* del rostro Nukva.

En el Mundo de la Corrección era necesario que el rostro Zeir Anpin volviera a estar constituido por estas tres partes y que las luces, las vasijas y las chispas retomaran su unidad. Antes de esto fue necesario verificar cuáles eran las partículas del mal que se adhirieron a las luces y a las chispas. Sólo después de efectuada la separación del mal, pudieron las luces difundirse en las vasijas. El objetivo de las correcciones fue quitar el mal de las vasijas, y cada separación duró diferentes períodos de tiempo, y tomó diferentes espacios de tiempo extirpar el mal de las vasijas que hacerlo de las chispas.

Sin entrar en detalles, diremos que el período de separación del mal de las vasijas duró doce meses, el de las chispas nueve meses, y el tiempo de separación del mal de las luces siete meses. Vemos entonces que las luces fueron las primeras en corregirse, luego las chispas y al final las vasijas.

Recordamos nuevamente que las correcciones son el resultado de una iluminación adicional de un rostro superior y, efectivamente, la mayoría de las correcciones efectuadas en Zeir Anpin son de las iluminaciones provenientes de Aba e Ima. Esas iluminaciones son el resultado de la copulación de esos rostros. Como mencionamos anteriormente, a veces la iluminación irradia desde el rostro Arij Anpin a Zeir Anpin, pero sólo ocurre en circunstancias excepcionales.

EL ESTADO EMBRIONARIO QUE PRECEDE A TODO ASCENSO

Durante ese período de separación del mal, el rostro Zeir Anpin se encuentra en estado embrionario, es decir, en estado de ocultamiento. Siendo así, el estado embrionario es un tiempo difícil para los seres creados, porque no hay iluminaciones, y la abundancia no llega a ellos sino a través de las *sefirot* circulares, es decir, sólo la abundancia mínima para sostener el mundo. Sólo después de que todas las separaciones fueron completadas termina el estado embrionario y el rostro Zeir Anpin pasa al estado de nutrición y madurez, y al final al estado de elevación. Este orden es fijo y para comprenderlo tomaremos un ejemplo de nuestra historia.

Cuando José fue vendido a los egipcios como esclavo, su padre Jacob estaba sumamente apesadumbrado. Desde su perspectiva parecía que el Creador había ocultado Su luz y abandonado el mundo. Esto es paralelo al estado embrionario del Zeir Anpin, aunque, sin embargo, este fue un descenso con el propósito de producir un ascenso posterior. En ese momento El Eterno lleva a cabo Su plan de coronar a José y beneficiar a Jacob, dándole paz todo el resto de su vida, pero Dios quiso primero que Jacob atravesara un período de angustia, y todo esto fue previamente preparado conforme a la Divina Voluntad. Cuando la corrección del Zeir Anpin es completada, comienza el ascenso del Poder Directivo. Sólo entonces pudo el Zeir Anpin guiar a Jacob con gran bondad y recibió inmensa abundancia, él y sus hijos.

El genial cabalista Luzzatto lo expresa del siguiente modo: "El mundo fue hecho de modo tal que cada elevación que quiso El Eterno dar al hombre o al mundo, cada tiempo de beneplácito y bondad, sólo ocurre por algún motivo secreto y a este bien lo antecederá el dolor" (*La Sabiduría del Alma –daat Tevunot*)

ESTADO EMBRIONARIO, DE NUTRICIÓN Y DE MADUREZ
DESDE UNA PERSPECTIVA CONCEPTUAL

Cuando se produjo la ruptura de las vasijas en el Mundo del Caos
existían todos los niveles, pero no estaban ordenados. En el
Mundo de la Corrección fue necesario comenzar a reparar las *sefirot* que estaban rotas para que pudieran constituirse en rostros.

En el estado embrionario las *sefirot* recibieron la primera
corrección, es decir, separando las partes indeseables de las *sefirot*
mismas. Sin embargo, además de esto, el estado embrionario
incluye también la introducción del cerebro dentro del rostro,
porque no existe rostro carente de cerebro. En el embrión, el cerebro está en su más bajo estado de desarrollo, y por eso el aspecto
del rostro está también por debajo de los otros, ya que el rostro está
condicionado por su cerebro. Esto se denomina el nivel de *netzaj*,
hod y *iesod* del cerebro y es conocido como el nivel de *nefesh*.

En la etapa de la nutrición, las luces vuelven a crecer, e incluso su cerebro es superior. Este es el nivel de *jesed*, *gevurá* y *tiferet*
del cerebro y es el aspecto equivalente al *ruaj*. La diferencia entre
el estado embrionario y el de nutrición es que en el embrión se
conforman las partes del cuerpo, y en el de la nutrición, las partes
ya existen sólo que se desarrollan y perfeccionan.

En la madurez, el cerebro se expande en todos los aspectos y
en todos los detalles, y el Poder Directivo que sale del rostro es el
más elevado. Esto se conoce como el nivel de *jojmá*, *biná* y *daat*
del cerebro. Aquí alcanza su máxima potencia, y es el aspecto
equivalente a la *neshamá*.

TRES NIVELES DEL ROSTRO

Cada rostro se divide en tres partes: a) cabeza, b) abdomen,
c) partes inferiores. Esta división está mencionada ya en el *Sefer*

Ietzirá. La cabeza incluye al cerebro y los sentidos, y ellos dirigen al cuerpo entero. La segunda parte es la central del cuerpo, e incluye las manos, los órganos internos, el corazón y los pulmones. Así como la parte más importante de la cabeza es el cerebro, el aspecto más importante del cuerpo son la voluntad y la elección, que se encuentran en el corazón, el cual constituye la fuente de la vida para todos los órganos y las partes del cuerpo. Entre la segunda y tercera parte se encuentra la membrana –*parsá*– o línea divisoria situada al lado del ombligo.

La tercera parte incluye las partes restantes del cuerpo, desde el ombligo hacia abajo. Esos órganos no son partes esenciales del cuerpo, pero sirven como asistentes. Ellos conducen a las partes del cuerpo al lugar que necesitan y ayudan al cuerpo a cumplir sus principales funciones.

La parte superior es llamada "por sobre el nivel del hombre" y la parte inferior es llamada "por debajo del nivel del hombre".

El alma humana se divide en *nefesh*, *ruaj*, *neshamá*. El asiento de la *neshamá* es el cerebro, el del *ruaj* el corazón y el del *nefesh* el hígado. El principal papel de la *neshamá* es conducir al hombre para que elija el camino recto, es decir, para que se sobreponga a sus deseos.

El *ruaj* mora en el corazón, es la fuerza que lo despierta y de quien depende su elección. La acción del hombre en todos sus aspectos depende del *ruaj*.

El *nefesh* encuentra su morada en el hígado, que se sitúa en la parte inferior del cuerpo y, efectivamente, del hígado depende la vida humana. Revelamos que el *ruaj* es la parte más importante del hombre, porque de él depende la elección, mientras que el *nefesh* solamente cumple la función de servir a la voluntad del hombre.

El *ruaj* posibilita lo principal de la elección humana, mientras que el *nefesh* mantiene a la dimensión corporal para servir a la voluntad del hombre y a su corrección.

La relación entre los componentes del *nefesh, ruaj* y *neshamá* es la siguiente: el *ruaj* se reviste en el *nefesh* para corregirlo, porque todos los atributos negativos dependen del *nefesh*, ya que los atributos negativos y las bajas pasiones son resultado del *nefesh* animal del ser humano; es por eso por lo que cuando el *ruaj* se reviste en el *nefesh* eleva a esos atributos y éstos se convierten en instrumentos para el servicio al Creador. La *neshamá* se reviste en el *ruaj* para proporcionarle el intelecto y el conocimiento necesarios a fin de ayudarle en su camino de elección del bien.

Cuando el niño se encuentra en el vientre de su madre, o sea, en el estado embrionario, carece de voluntad y capacidad de elección y, por supuesto, carece también de intelecto. Lo único que se percibe de él es su vitalidad y movimiento, lo cual denominamos anteriormente como "los tres incluidos en los tres". A esta altura lo único que se manifiesta es el aspecto del *nefesh*.

Tras el nacimiento, cuando el niño comienza a alimentarse, surgen en él la voluntad, la capacidad de elección y las cualidades. Se reconoce ya en el niño su preferencia por una cosa o la otra, y esto sucede cuando el *ruaj* comienza a manifestarse.

Luego del período de nutrición, el niño crece y madura, y es allí donde se revelan el intelecto y la comprensión, es decir, la *jojmá, biná* y *daat* se desarrolla en su cerebro y le sirven de guía. Cuando el niño crece y sus padres lo educan en el camino de la Torá, la *neshamá* se revela en él.

Ahora regresamos al rostro espiritual, al rostro Zeir Anpin o al Hombre Espiritual sobre quien se afirma "Hagamos un hombre" (*Génesis*, cap. 1). Cada uno de los detalles de los niveles y de las luces que están en Zeir Anpin pueden encontrarse en el hombre corpóreo. Esto significa que la esencia del Zeir Anpin es el *jesed*, din y rajamim, que es el Poder Directivo de la justicia. El *jesed*, din y rajamim es paralelo a las *sefirot* de *jesed, gevurá* y *tiferet* y paralelo también al aspecto del *ruaj* del rostro Zeir Anpin. Así como el cuerpo es la parte principal del hombre corpóreo, así también el *jesed, gevurá* y *tiferet* es la parte principal del Zeir Anpin, que es el aspecto del *ruaj.*

La parte de *netzaj, hod* y *iesod* del Zeir Anpin es su aspecto de *nefesh,* en quien las luces se conectan con Nukva. Escribimos ya que el Poder Directivo del mundo refiere al aspecto *netzaj, hod* y *iesod,* ya que no podemos ser regidos por el nivel de *jesed, gevurá* y *tiferet.*

La *jojmá, biná* y *daat* de Zeir Anpin es un atuendo del Poder Directivo, y su objetivo es que, a través de esas iluminaciones, el Zeir Anpin se eleve cada vez más. Esto sucede cuando el rostro Ima se reviste en Zeir Anpin.

Estos tres aspectos son el embrionario, de nutrición y madurez del cerebro del Zeir Anpin. En el estado embrionario el Zeir Anpin se encuentra en su estado mínimo, y no necesita aquí mayor cerebro; cuanto más crece y se desarrolla éste aumenta.

Hablamos sobre el *nefesh, ruaj* y *neshamá* del rostro Zeir Anpin, que son la interioridad del rostro. Es decir, la iluminación que constituye y vitaliza al *netzaj, hod* y *iesod* del rostro Zeir Anpin, que es el aspecto de *nefesh;* la iluminación que constituye y vitaliza a *jesed, gevurá* y *tiferet* de Zeir Anpin es el aspecto de *ruaj;* y la iluminación que constituye y vitaliza a *jojmá, biná* y *daat* del Zeir Anpin es el aspecto de *neshamá.* Este es el paralelo exacto al hombre físico, pero en él encontramos órganos materiales, mientras que en el rostro Zeir Anpin hablamos de miembros espirituales, como *netzaj, hod* y *iesod, jesed, gevurá* y *tiferet, jojmá, biná* y daat.

En el hombre existen dos aspectos que únicamente lo circundan por tratarse de un altísimo nivel: *jaiá* y *iejidá,* y lo mismo sucede en el Zeir Anpin. Esas son iluminaciones adicionales a las iluminaciones espirituales que resultan del revestimiento de Ima en Zeir Anpin.

Hasta ahora hemos mencionado solamente cinco niveles, pero cada uno está compuesto a su vez de otros cinco. Por ejemplo, existe el *nefesh* del *nefesh*, el *ruaj* del *nefesh*, la *neshamá* del *nefesh*, la *jaiá* del *nefesh* y la *iejidá* del *nefesh*, y lo mismo sucede en cada aspecto de los cinco niveles. Por consiguiente en el *nefesh* mismo reconocemos cinco niveles diferentes. Por ejemplo, cuando el pie camina decimos que el aspecto del *nefesh* se está manifestando en dicha acción; pero si observamos con más precisión veremos que hubo una especie de proceso de discusión y toma de decisiones hasta que se efectuó esta acción. En esas discusiones existieron especulaciones racionales e incluso consideraciones emocionales. Esta suposición se adapta a lo que ya dijimos, que en cada acción se revelan las diez *sefirot*. Veremos que desde la perspectiva del *nefesh* encontramos también los otros aspectos del *nefesh*, *ruaj* y *neshamá*. Si observamos con detenimiento las acciones emprendidas por el hombre a todos los niveles, encontraremos que siempre se manifestarán esos cinco niveles.

Cuando el Zeir Anpin se desarrolla, comienza en el nivel más bajo del *nefesh*, *ruaj* y *neshamá* –el *nefesh* del *nefesh*– continuando hasta el superior, que es la *neshamá* de la *neshamá*. Podemos aprender mucho de esto, ya que el desarrollo del Hombre Espiritual y el corpóreo son paralelos. Para comprender nuestro propio desarrollo debemos conocer más de cerca el desarrollo del Hombre Espiritual.

Por ejemplo, cuando un maestro desea enseñar a sus alumnos, el proceso de aprendizaje comienza a través de los sentidos y avanza gradualmente hasta el conocimiento abstracto. Además de la dimensión cognitiva del aprendizaje, existe la dimensión emocional. Si utilizamos lo que estudiamos hasta ahora sobre el desarrollo espiritual del hombre, definiremos el proceso de aprendizaje en términos cabalísticos.

Cuando el maestro comienza su clase con un ejemplo, o se vale de objetos para ilustrar sus conceptos, aunque el alumno utilice su mente, de todos modos se encuentra en el nivel más bajo del proceso, es decir, el *nefesh* de la *neshamá*. Por el contrario, cuando el estudiante pasó ya la fase de la ejemplificación, el maestro comienza a hablar sobre la esencia de las cosas. Cuando el estudiante llega al nivel de comprensión de la *neshamá* de la *neshamá*, significa que ha alcanzado el mayor nivel de su estudio. Entre ambas etapas existe una intermedia, el *ruaj* de la *neshamá*; en esta etapa el alumno no necesita la percepción física para comprender el material de estudio, si bien aún no alcanzó la plena compresión de la esencia del tema. Esta etapa equivale al *ruaj* de la *neshamá* y se despierta el plano emocional. Un alumno puede ofuscarse y olvidar lo estudiado y otro puede entusiasmarse y continuar avanzando. Existen estudiantes que a esta altura aman lo que estudian, y quienes, por el contrario, aborrecen el tema. Hay quienes usan lo estudiado para beneficiar a la gente y quienes hacen lo contrario. En un lenguaje moderno esto se denomina el plano emocional.

Hallaremos que la vía correcta de estudio es comenzando por el *nefesh* de la *neshamá*, avanzando hacia el *ruaj* de la *neshamá* y elevándonos a la *neshamá* de la *neshamá*. Este proceso se deduce de la forma en que se desarrolla el Zeir Anpin. Por eso, si observamos su desarrollo, que es el origen de toda la humanidad, podremos valernos de ese conocimiento para servir al Creador.

Infancia y madurez del Zeir Anpin

La infancia es el estado en el cual el cerebro del rostro Zeir Anpin está sólo en el nivel de las *sefirot netzaj, hod* y *iesod*, y como consecuencia de esto, la función del rostro es muy limitada. Esto sucede porque la fuerza del cuerpo proviene del cerebro, a este estado lo definimos como "la infancia del Zeir Anpin".

Cuando, a diferencia de lo anterior, el cerebro se encuentra en el nivel de las *sefirot jojmá, biná* y daat, llamamos a este estado "la madurez del Zeir Anpin", entonces el Poder Directivo es completo.

LUCES INTERNAS (OR PNIMI) Y LUCES CIRCUNDANTES (OR MEKIF)·

Todas las luces se dividen en diez conforme al secreto de las diez *sefirot.* Cualquier acción a que hagamos referencia posee una fuerza activa: las diez *sefirot.* Por ejemplo, cuando decimos que el rostro superior actúa en el inferior, estamos señalando que las diez *sefirot* del rostro superior son la fuerza activa y que a su vez se revisten en la fuerza activa del rostro inferior. También cuando escribimos una carta, la fuerza que activa nuestras manos son las diez *sefirot.* Ahora volvemos al tema. La fuerza que actúa en el cerebro que entra en el rostro Zeir Anpin también está compuesta por diez *sefirot.* Esas diez *sefirot* se dividen en dos partes, una parte penetra realmente en el Zeir Anpin y se reviste en él, mientras que la segunda parte no entra sino que circunda al Zeir Anpin sirviéndole como una especie de ornamento.

Dicho cerebro es la luz que proviene de los rostros Aba e Ima, que se dividen en luces internas y luces circundantes. Sólo *netzaj, hod* y *iesod* del cerebro entran en el rostro de Zeir Anpin y las luces se difunden en todas sus nueve *sefirot:* éstas son las luces internas. Por su parte *jesed, gevurá* y *tiferet, jojmá, biná* y *daat* permanecen fuera y son denominadas las luces circundantes del Zeir Anpin.

La explicación a esto es que sólo las *sefirot* de *netzaj, hod* y *iesod* de esas luces se adaptan al nivel del Zeir Anpin, y él puede recibirlas fácilmente como su *neshamá.* El resto de las luces, *jesed, gevurá* y *tiferet, jojmá, biná* y *daat* son tan elevadas que el rostro Zeir Anpin no posee las vasijas para recibirlas.

El tema de las luces internas y circundantes no se encuentra sólo en el rostro Zeir Anpin. Mencionamos anteriormente que la *neshamá* está compuesta de *nefesh, ruaj, neshamá, jaiá* y *iejidá*, y que sólo *nefesh, ruaj* y una pequeña parte de la *neshamá* "entran" en el hombre, mientras que *jaiá* y *iejidá* lo circundan. De modo que a todo nivel y en toda realidad hallamos luces internas que la dirigen y vitalizan, y luces circundantes que no son internas a dicha realidad.

EL HOMBRE Y SU IMAGEN DIVINA (TZELEM)

El Ari Hakadosh dividió en tres partes a las diez *sefirot* que componen el cerebro del Zeir Anpin y dio nombres a cada una de ellas. Las tres luces que entran en el Zeir Anpin son su *neshamá*, son denominadas el cerebro interno del Zeir Anpin, y están sugeridas en la letra hebrea *tzadik*, la primera de la palabra *tzelem* (imágen). El segundo grupo consiste en las tres luces de *jesed, gevurá* y *tiferet* que son las primeras luces circundantes del Zeir Anpin, representadas por la segunda letra, la *lamed*, de la palabra *tzelem*. El tercer grupo, el más elevado, es el de *jojmá, biná* y daat, las segundas luces circundantes, señalado por la tercera letra, la *mem*, de la palabra *tzelem*.

EL MILAGRO DE LA SALIDA DE EGIPTO
Y LA CUENTA DEL OMER

Dijimos que el rostro Zeir Anpin crece gradualmente de acuerdo a un orden fijo hasta alcanzar el Poder Directivo deseado. En el milagro del éxodo de Egipto las cosas sucedieron de otra manera. Vamos a citar al sabio cabalista, al rabino Jaim Vital, en su libro *Pri Etz Jaim*:

"A pesar de que el resto del tiempo el Zeir Anpin se desarrolla gradualmente, comenzando por el primer estadio de la infancia hasta llegar al segundo estadio de madurez, en Pesaj todo sucedió en un instante. Este es el sentido de la frase 'de prisa saliste' (*Deuteronomio* 16:3). Esta prisa rompió la fuerza de la *klipá* (la cobertura externa del mal). Esta rapidez no se produce en ningún otro momento... ni siquiera en Shabat, donde el Zeir Anpin sólo se eleva de acuerdo a los rezos... La explicación es la siguiente: 'al salir de Egipto todo el cerebro entró en el Zeir Anpin de una sola vez, en todos sus niveles, llegando hasta la segunda etapa de la madurez, que incluye el ascenso del Zeir Anpin hasta el nivel de *jesed*, *gevurá* y *tiferet* de *biná*, que es el lugar de los pechos...'. Todo esto se sugiere en la *Hagadá de Pesaj*: 'Te hice multiplicar como la hierba del campo, aumentaste, y te hiciste grande, y llegaste a ser muy hermosa y con los pechos formados...' (*Ezequiel* 16:7) Este versículo describe el desarrollo del Zeir Anpin en la noche de Pesaj. El milagro de Pesaj es que todo sucedió en un solo instante.

Todo este milagro se produjo por la necesidad del momento, de sacarnos de la esclavitud a la libertad. Efectivamente, después del éxodo el Zeir Anpin no precisó continuar en ese estado y retornó al estado de infancia. Durante la cuenta del Omer reunimos los estadios del Zeir Anpin en forma gradual, enunciándolos uno por vez. Aquí vemos el ejemplo de la intervención de Atik que rige los cambios esenciales en el orden de la creación, debido a que el rostro Zeir Anpin es la raíz de todo lo que existe en nuestro mundo. La 'intervención' del Poder Directivo de la unidad, que es una iluminación especial, elevó al Zeir Anpin de forma diferente al orden establecido. En esto consiste el gran milagro del éxodo de Egipto."

VI
EL ROSTRO NUKVA

La característica del rostro Nukva está descrita en el libro *Pitjei Shearim,* obra en la cual se enseña que el rostro Nukva del Zeir Anpin es lo principal en el orden del Poder Directivo de las criaturas e influye en todos sus detalles. Es como una mujer que lleva adelante su casa de forma apropiada, acorde a lo que gana su marido y al nivel del mismo. El hombre suministra todo lo necesario para la manutención de los integrantes de su casa según sus ganancias o pérdidas en los negocios. La esposa reparte la comida y las vestimentas entre los miembros del hogar. Lo mismo sucede en las luces superiores del Zeir Anpin y Nukva de la Emanación: ellos son el Poder Directivo principal. El Zeir Anpin es similar al marido porque provee todo lo necesario a los seres creados según el servicio a Dios efectuado por los hombres, ya sea bueno o malo, el cual constituye el secreto de los niveles de infancia o madurez mencionados anteriormente. Nukva es el *maljut* del mundo de la Emanación, quien recibe todos los modelos de su marido, el Zeir Anpin, y ella es como la luz que recibe los órdenes tal como fueron fijados en el Zeir Anpin, conforme a los períodos de tiempo y de acuerdo con la calidad del servicio humano. Así es como ejerce su influencia en los tres Mundos de Creación, Formación y Acción y los dirige. Por eso dijeron acerca de la *sefirá* de *maljut*: "Ella no tiene nada por sí misma", sólo lo que recibe de su marido, el Zeir Anpin. Nukva está estructurada al igual que la mujer que recibe todo de su marido. Por eso ella es sugerida en la última letra hei del Nombre Divino general del Mundo de la Emanación. Y he aquí que lo principal del Nombre está en las primeras tres letras iud, hei, vav, que son Aba, Ima y Zeir Anpin, y lo mismo acontece en todo, en su forma general y en cada uno de sus detalles.

La raíz de todo lo existente son tres elementos: fuego, agua, aire; el cuarto elemento, la tierra, no posee nada, sino que se incluye en los tres primeros. Existe un paralelismo con los patriarcas de quienes se generaron los 600.000 integrantes de Israel y sus descendientes, y el cuarto gran hombre, el rey David, que sólo reina sobre ellos y los conduce de acuerdo a lo estipulado por los patriarcas y conforme a las leyes de la Torá.

Nukva debe elevar los actos de las criaturas inferiores, de libre elección. Ella es activada por éstos cuando actúan conforme a la Torá; entonces decimos que Nukva está perfectamente constituida y está preparada para la copulación. Esto sucede cuando las acciones humanas están regidas por la Torá y cada uno está preparado para recibir su parte. Por lo tanto Nukva es denominada Kneset Israel, la comunidad de Israel, porque ella reúne a todas las almas ya que congrega dentro suyo todas las luces y todos los niveles del Zeir Anpin, su marido, llamado Israel. Ella es conocida también como *maljut*, reinado, y este nombre se adapta a ella porque ella revela el reinado del Creador.

En el Mundo del Caos el rostro Nukva era un solo punto, y en el Mundo de la Corrección se construyó agregándole nueve *sefirot* cuyo origen eran las luces de bet nun. De un solo punto se constituyó el rostro. Al llegar a este momento todos los poderes que estaban ocultos en él fueron revelados, lo cual señala la revelación del reinado Divino. En el futuro todos los habitantes del mundo reconocerán la unidad de Su Nombre, y éste es el rol del rostro Nukva. De modo que cuando el rostro Nukva se expande y se revela en su totalidad, se revela y difunde el reinado Divino en todo el mundo; y cuando el rostro Nukva se reduce a un punto, tal como en el Mundo del Caos, la corrupción pondera y los seres humanos niegan la Providencia Divina, tal como lo hicieron la generación de Enosh y de la Torre de Babel.

Por lo tanto el estado de perfección del rostro Nukva es el resultado del servicio de las criaturas a su Creador. Hasta el patriarca Abraham, Nukva era como un punto, mas cuando él llegó, perfeccionó y llenó el punto con diez *sefirot* completas, es decir, que se reveló el reinado de Dios en el mundo.

LA ESTRUCTURA DEL ROSTRO NUKVA

El orden de la estructura del rostro Nukva está relacionado con la estructura del Zeir Anpin. El pensamiento Divino quiso que cuando el Zeir Anpin crezca entonces también sería construida Nukva. Es decir que cada vez que las luces fueran agregadas al Zeir Anpin (cuyo propósito era ser la raíz del Poder Directivo de los seres creados), Nukva, que es la raíz concreta de los seres creados, crezca simultáneamente. Así fue que cuando Zeir Anpin se hallaba en el mundo del caos, Nukva era un pequeño punto únicamente en el *iesod*. Cuando Zeir Anpin se encuentra en estado embrionario, este punto se agranda, y cuando Zeir Anpin está en el estado de nutrición, el punto también es perfeccionado y se eleva hasta el torso del Zeir Anpin. A esta altura el punto es considerado una *sefirá* completa, o sea, una de las diez *sefirot* del Zeir Anpin. Nukva se convierte en parte del Poder Directivo cuando el Zeir Anpin revela sus iluminaciones, pero mientras el Poder Directivo está oculto, también la construcción de Nukva es carente. Por eso, cuando el Poder Directivo del Zeir Anpin está oculto, el reinado Divino permanece oculto a las criaturas. Cuando entra el cerebro en el Zeir Anpin, Nukva se convierte en un rostro, pero no en un rostro completo, porque aún precisa de nuevas correcciones. Vemos entonces que Nukva se construye con la construcción del Zeir Anpin y es imperfecta cuando el Zeir Anpin es imperfecto.

De acuerdo con todo lo expuesto, podemos pensar que Nukva no es un rostro independiente, sino una función del Zeir Anpin. Pero esto no es así, ya que podemos ver que incluso cuando el rostro Zeir Anpin llega a la madurez y toda el cerebro entra en él, el rostro Nukva permanece incompleto.

La explicación es que existen dos aspectos en Nukva. Cuando hablamos de Nukva conectada con el Zeir Anpin nos referimos a que ella es el fin del Zeir Anpin y es la que representa la perfección de sus *sefirot* y su *maljut*. Sin embargo, Nukva, en tanto que rostro independiente, a pesar de que el Zeir Anpin sea completo en todas sus partes, precisa más correcciones para funcionar como rostro. Dos son los motivos:

1. Nukva es esencialmente diferente del Zeir Anpin y por eso necesita otro tipo de iluminación para construirse perfectamente. Sin embargo, existe una conexión entre ellos, y esta relación muestra que el rostro Nukva está conectado al rostro Zeir Anpin en todo momento, pero, a fin de funcionar independientemente, precisa iluminaciones adicionales.

2. Aunque el Zeir Anpin esté totalmente construido y se encuentre en estado de madurez, necesita construir y perfeccionar a Nukva. Ella nunca alcanzará la perfección sin el Zeir Anpin. Por lo tanto, la construcción de Nukva proviene del *netzaj, hod* y *iesod* del rostro Zeir Anpin, y estas *sefirot* se convierten en su cerebro.

EL ZEIR ANPIN COMPLETA A NUKVA

Como explicamos anteriormente lo principal del Poder Directivo del Zeir Anpin está en las bondades – *jasadim* – de la luz de mem hei, que es su raíz. Lo principal del Poder Directivo de Nukva es el juicio –*din*– en las luces de bet nun, que son su raíz. El Pensamiento Divino quiso crear un Poder Directivo que intermediara entre bondad y juicio, y para lograr este propósito se establecieron modelos fijos, los cuales también están arraigados en Nukva. De modo que se estableció una realidad de "mitigación del juicio" de Nukva por medio de la bondad del Zeir Anpin. La bondad que emite Zeir Anpin a Nukva no se convierte en parte del Poder Directivo, es decir, no se transforma en Poder Directivo de bondad, sino que mitiga sus juicios –*gevurot*– y de aquí provendrá un Poder Directivo combinado de bondad y juicio. Ya que este orden está fijado y enraizado en Nukva, hallamos un modelo similar en el ser humano.

La mitigación de los juicios se explica de la siguiente manera: debido a que la situación de juicios es un estado imperfecto, ya que el estado perfecto es de bondad, se arraigó en el rostro de Nukva la aspiración a que toda su carencia sea corregida y completada. Aquí se comprende el deseo de Nukva de unirse al Zeir Anpin, porque su perfección puede provenir pura y exclusivamente de él.

Vimos anteriormente que el comienzo de Nukva y el orden de la concatenación fueron establecidos en la concepción original de la creación. Esto significa que el orden fue determinado en relación con los estados de Zeir Anpin y Nukva. Igualmente se determinó que deben estar unidos porque en el Zeir Anpin se arraigan todos los aspectos de este mundo y Nukva es la raíz concreta y directa de todos los seres creados. El estado de Nukva, y como consecuencia del Zeir Anpin, varía de acuerdo al servicio de los hombres al Creador. Cuando los seres dotados de libre albedrío sirven a su Creador, provocan que Su nombre se revele en el mundo y Nukva se construya a partir de dicho servicio. El resultado es que Nukva está dispuesta a unirse a su marido, el Zeir Anpin, y por medio de la mitigación del juicio, ella se perfecciona. Veremos más adelante que existen diversas formas de perfección, y esto depende de las acciones humanas.

VII
LOS ROSTROS LEA Y RAJEL
DOS ASPECTOS DE NUKVA

Dijimos anteriormente que Nukva es denominada Kneset Israel, la comunidad de Israel, porque es la raíz de la nación de Israel, y también porque reúne en sí lo que el Zeir Anpin (llamado Israel) le da. En este capítulo distinguiremos dos rostros de Nukva: Lea y Rajel, y dos rostros del Zeir Anpin: Israel y Jacob.

Luzzatto escribe en *Sefer Haklalim*: "Israel posee dos raíces: 1) La raíz general de la nación entera, para buenos y malos, por el sólo hecho de ser Israel. Esta procedencia se arraiga en raíces muy elevadas, en luces superiores creadas únicamente para Israel. Pero a pesar de ser luces muy sublimes, el Poder Directivo no depende esencialmente de ellas y dicha raíz no posee muchas consecuencias. 2) La raíz de Israel de acuerdo a sus acciones".

Esas dos raíces son las dos partes del rostro Nukva. En realidad el rostro Nukva es el origen directo de la nación de Israel. Todos los debates en torno a los diferentes estados de Nukva indican que las transformaciones se producen de acuerdo con el servicio del hombre al Creador y están conectados con una segunda raíz, denominada rostro Rajel. Efectivamente, básicamente el Poder Directivo depende de este rostro, conocido como "el ama de casa", y la copulacíon principal de Zeir Anpin se desarrolla con este aspecto del rostro Nukva y por lo tanto toda la abundancia que llega a las criaturas proviene de esta

copulación. Por su parte el aspecto del rostro Lea es más elevado, y se conforma a partir del *maljut* de Ima. Desde la perspectiva del *maljut* no existen cambios, y la copulación no es el elemento principal. El *Zohar* lo denomina "el mundo encubierto".

El Gaón de Vilna define a Lea y Rajel como Zeir Anpin y
como Nukva de Nukva; es decir que Lea es el aspecto masculino de Nukva y Rajel el aspecto femenino. El Gaón sostiene que
existen dos aspectos en el reinado del Eterno.

a) La revelación de Su reinado por medio del servicio espi-
    ritual del hombre, a partir del cual podemos corregir al
    mundo, que es el objetivo de nuestro servicio al Creador.

b) La revelación de Su reinado, no por medio de Sus criatu-
    ras, sino a través de los milagros y maravillas tal como rea-
    lizó en Egipto y como los que hará en el futuro.

El primer aspecto es el rostro Rajel y varía: a veces es mayor y
a veces menor, a veces se perfecciona y a veces es imperfecto, ya
que todo depende de las acciones humanas. Por esto cada persona puede fortificar su propio aspecto de Rajel o debilitarlo.
Cuando el hombre sirve a Dios "construye" la Divina
Presencia, que es la "representación Divina" en él. Entonces se
construye la forma general de Rajel y el pueblo de Israel en su
totalidad construye el rostro Nukva general. Y cuando el hombre no sirve al Creador, destruye el *maljut* que está dentro suyo
y causa imperfección al Nukva general.

En contraposición a esta perspectiva existe el rostro Lea que
conecta a Israel con su Padre celestial. Rajel es el aspecto del
"despertar desde abajo", el deseo de unirse a Él. Lea es el aspecto del "despertar desde arriba", el cual proviene del Creador que
aguarda que todos los que se han alejado retornen a Él. Aún las
malas acciones del pueblo de Israel no logran quebrar esta rela-

ción, esta chispa especial arraigada en cada persona. Al respecto dijeron los Sabios en el *Tratado Sanhedrín*: "Aunque haya pecado, sigue siendo parte de Israel".

Si observamos la posición de los rostros, Nukva se divide en dos partes:

a) Hasta el torso es el aspecto Lea,
b) Del torso hacia bajo, Rajel.

De este modo, las luces superiores son el mundo encubierto y las luces inferiores, del torso hacia bajo, son el mundo revelado, en el que el Poder Directivo es más evidente.

LOS ROSTROS JACOB E ISRAEL: DOS ASPECTOS DEL ZEIR ANPIN

Al igual que el rostro Nukva fue dividido en dos partes, también el rostro Zeir Anpin se divide en rostro Jacob y rostro Israel. El rostro Israel es paralelo al rostro Lea y el rostro Jacob al rostro Rajel. El rostro Israel está formado por las luces del Zeir Anpin desde el torso hacia arriba y el rostro Jacob está formado por las luces que salen del torso hacia bajo.

Desde el punto de vista conceptual los dos aspectos de Jacob e Israel en Zeir Anpin son paralelos a los aspectos de Rajel y Lea en Nukva. Jacob representa la devoción y el agradecimiento a Dios y esta fe es resultado del servicio al Creador desde la perspectiva del "despertar desde abajo". Por el contrario, el aspecto de Israel es la revelación del Creador desde la perspectiva del "despertar desde arriba".

El Gaón de Vilna explica que el versículo "Cantaré a El Eterno porque Se ha ensalzado grandemente" (*Éxodo* 15:1) es el aspecto de Lea, es decir, que Su reinado se reveló en el mundo por Él, desde las alturas hacia el mundo terrenal. En contraposición, el versículo "Mi fuerza y mi canción es El Eterno; Él fue mi salvación; Él es mi Dios, y Le celebraré..." (*Ibíd* 15:2) es el aspecto de Rajel, expresando que Su reinado se reveló a través de la fe y las acciones de los seres creados.

De modo que esos dos aspectos, masculino y femenino, se hallan presentes en cada rostro y en toda situación. Tomemos por ejemplo al Primer y Segundo Templo. En el Primer Templo Su reinado se reveló desde la perspectiva de Su gobierno, y en el Templo acontecieron milagros para demostrar Su poderío; este es el aspecto de Lea. En el Segundo Templo sólo existía el servicio al Creador, el servicio de los seres creados y la fortaleza de su servicio produjo la revelación de Su reinado, lo que equivale al aspecto de Rajel.

FORMAS DE COPULACIÓN ENTRE LOS ROSTROS DE ZEIR ANPIN Y LOS ROSTROS DE NUKVA

Tomando en cuenta lo que acabamos de exponer, podemos distinguir ahora entre los diferentes estadios de la copulación entre las partes del Zeir Anpin y las partes de Nukva. A veces Jacob se une con Rajel, a veces con Lea, y a veces Israel se une con Lea.

Cuando Zeir Anpin influye a partir de una gran parte de sus luces y también Nukva revela a las criaturas una gran parte de sus luces, esto es denominado la unión de Israel y Lea. La copulación de Jacob y Rajel indica que se produce una iluminación limitada de Zeir Anpin a Nukva y una iluminación limitada de Nukva a los seres creados. La copulación de Israel y Lea implica los más altos niveles de iluminación.

VIII
EL ASCENSO DE LOS MUNDOS

Al producirse la ruptura de las vasijas los mundos descendieron de nivel. Desde entonces el principal trabajo humano es elevar los mundos, lo que implica su corrección. A continuación daremos una explicación más detallada, aunque es importante aclarar que, en general, el ascenso de los mundos ocurre cuando un mundo asciende para recibir una nueva iluminación del *Ein Sof*, además de las iluminaciones recibidas en el proceso de concatenación. Cuando las luces desaparecen, esto se conoce como descenso del mundo. Este ascenso no es algo nuevo, ya que al principio el mundo se hallaba en un alto nivel y cayó a raíz de la trasgresión de Adán y de la ruptura de las vasijas.

Existen dos condiciones necesarias para que se produzca el ascenso de los mundos:

a) El servicio de los hombres dotados de libre albedrío, que más adelante será explicado.

b) La influencia de un período de tiempo determinado pues el Pensamiento Supremo quiso que en ciertos momentos fijos del año se eleven los mundos y que penetren iluminaciones adicionales produciéndoles un gran ascenso. Por eso existe una diferencia en el nivel de los mundos entre los primeros seis días de la semana y el Shabat, entre los días comunes y los de fiesta, y entre la noche y el día. En Shabat, por ejemplo, hay un ascenso de los mundos, y al finalizar el Shabat éstos retornan a su anterior nivel.

La calidad del ascenso de los mundos y la diferencia entre los distintos períodos forman parte del pensamiento de la creación y todo fue organizado por Dios de acuerdo a órdenes fijos como parte del Poder Directivo general cuyo propósito es lograr la unidad con el Creador.

A continuación explicaremos las dos causas del ascenso de los mundos. La primer causa se relaciona con las llamadas "aguas femeninas" y "aguas masculinas", ascenso que corresponde a la perspectiva del "despertar desde abajo". La segunda causa incluye a los tiempos y está asociada con la perspectiva del "despertar desde arriba" que implica iluminaciones adicionales sin relación alguna con el servicio al Creador por parte de los hombres.

AGUAS FEMENINAS Y AGUAS MASCULINAS

Un niño se crea en el útero de su madre por medio de la unión de los aspectos masculino y femenino. En el lenguaje cabalístico, lo masculino proporciona aguas masculinas y lo femenino, aguas femeninas. La unión entre masculino y femenino es llamada copulación y el resultado de la misma es la abundancia que llega a los seres creados. Dicha abundancia es tanto física como espiritual.

Debido a que estamos ocupándonos de las raíces de la realidad, explicaremos qué sucede en su raíz superior, es decir, describiremos cómo la copulación de las iluminaciones espirituales constituyen la raíz de la copulación física. En la literatura cabalística nos encontramos con que el rostro femenino, Nukva (la *sefirá* de *maljut*) se une al rostro masculino (Zeir Anpin) únicamente después de haberse hecho la clasificación distintiva que separa el mal del bien en aquellas vasijas rotas que aún no se habían corregido. Más claramente: cuando se rompieron las vasijas en el mundo del caos, las causa fue que las vasijas no pudieron soportar la intensidad de luz, y por eso se produjo la ruptura. Algunas vasijas, las *sefirot* del Mundo de la Emanación, cayeron en los Mundos de Creación, Formación y Acción, y otras cayeron muy bajo hasta llegar a las *klipot*. Como ya explicamos, es como si cada una de las *sefirot* hubiese declarado: "yo reinaré". Esto fue parte del plan Divino, crear una realidad del mal, y que la potencia de la Luz Infinita (*Ein Sof*) que se hallaba en dichas vasijas se ocultara (ésta es la separación del Mundo de la Emanación). Por lo tanto, en lugar de una autoanulación frente a las luces se creó una situación en la cual cada mundo y cada criatura comenzaron a considerarse como seres existentes por sí mismos, como si fuesen seres autosuficientes e independientes de la Divinidad. A esta situación se la denomina el mal.

Después de la creación de la imperfección, Dios determinó un orden fijo para graduar los niveles de imperfección, que es la *sitra ajra* –el Otro Lado– o sea, la inclinación al mal. A partir de aquí las *klipot* y los acusadores incitan a los seres humanos a no realizar el servicio al Creador. Es más, aún cuando un hombre se sobrepone a su inclinación al mal y sirve al Creador, las fuerzas del Otro Lado impiden que Nukva reciba su servicio. Como ya hemos explicado: "Dios creó a uno en contraposición al otro", es decir, que Dios pretendió que las fuerzas del mal siguieran el mismo modelo que las fuerzas sagradas.

EL SIGNIFICADO DE LAS KLIPOT

El Gaón de Vilna explica que la *klipá* es una fuerza del mal generada por la negación de la Divina providencia y el rechazo a acep-

tar que Dios gobierna el mundo. Todas las dudas acerca del reinado de Dios sobre el mundo tienen su origen en las *klipot*. El
"lugar" de las *klipot* se encuentra por sobre el Mundo de la Acción;
en el lado de la santidad, en los Mundos de Emanación, Creación,
Formación y Acción no cabe lugar para tales pensamientos.

Tras la caída de las vasijas se adhirieron a ellas las *klipot*.
Desde una perspectiva conceptual, cuanto más profunda fue la
caída, tanto más el alejamiento del origen, de la raíz, de la diáfana y pura luz Divina. La caída incluyó a todas las fuerzas espirituales, no sólo a las *sefirot* sino también a las almas, *neshamot*,
que son fuerzas Divinas inferiores a las *sefirot*. Parte del daño se
reparó por sí mismo y, para expresarlo con más precisión, las
vasijas de la Emanación se repararon por sí mismas y las fuerzas sagradas separaron y excluyeron a los malos elementos que
estaban adheridos a esas vasijas rotas. Las *neshamot* quedaron
sin corregirse porque se hallaban profundamente inmersas en
las *klipot*, unas más profundamente y otras menos. La corrección de esas *neshamot* y su redención está en manos de los hombres. ¿Cómo se efectúa esa corrección? Cuando el hombre sirve
al Creador con entrega absoluta anula de algún modo su existencia independiente y así logra el ascenso de las vasijas al lugar
que le corresponden, es decir, hasta encontrarse con su raíz, tal
como se hallaban antes de la ruptura.

Señalamos anteriormente que la *sefirá* de *maljut*, que es el
rostro Nukva, es quien recibe el servicio que ofrecen los hombres a Dios y lo eleva a las *sefirot* superiores, o sea, al Zeir
Anpin. Al llegar a tal estado, Nukva se regocija por ser la raíz
de todas las creaciones inferiores (los seres humanos) y considerando que Nukva sólo se perfecciona a través de ellas. Por lo
tanto, cuando los hombres de libre albedrío efectúan el servicio
a Dios como corresponde, Nukva logra un estado de perfección, y de este modo se corrige y se prepara para unirse al aspecto masculino, el rostro Zeir Anpin.

El resultado del servicio humano a Dios es la decisión de Nukva de unirse al rostro Zeir Anpin. Esto se denomina aguas femeninas, porque la corrección de Nukva se produce cuando las criaturas se despiertan al servicio Divino. A esta situación la llamamos "el despertar desde abajo". Cuando Nukva está corregida y preparada acude al Zeir Anpin y ahí se produce la copulación entre ambos Rsotros, es decir, se trata de un estado en el que Nukva acepta recibir la abundancia del Zeir Anpin y éste acepta influenciar a Nukva. La abundancia pasa a través de Nukva a los seres creados. Esta puede ser abundancia material o espiritual. La abundancia espiritual se puede manifestar de diferentes maneras, como por ejemplo en *neshamot* adicionales.

Por su parte, cuando se despierta en el Zeir Anpin el ansia de influenciar en Nukva y ésta recibe la abundancia, denominamos a este estado "el despertar desde arriba". El *Zohar* dice que el despertar desde arriba es consecuencia del despertar desde abajo. Sin embargo, el despertar no acaba en el rostro Zeir Anpin ya que la copulación entre Zeir Anpin y Nukva mueve a una copulación entre luces más elevadas, que son las raíces de Zeir Anpin y Nukva. La raíz del rostro Nukva es la luz bet nun y la raíz del rostro Zeir Anpin es la luz mem hei, de modo que la copulación entre dichos rostros mueve a una copulación entre estas luces. La iluminación adicional que recibe el Zeir Anpin, superior aún a la iluminación que recibe de Aba e Ima, se considera el ascenso del Zeir Anpin.

El resultado del servicio al Creador de los hombres, el cual provoca la copulación entre los rostros, es la abundancia material y espiritual que llega a los seres creados. La calidad de la abundancia recibida es equivalente a nuestro servicio a Dios: cuanto mejor sea nuestro servicio, más elevada será la copulación. En otros términos, cuanto más elevadas sean las luces y más excelsa la copulación, mayor será la cantidad y calidad de abundancia que llegue a las criaturas.

DOS ASPECTOS DE LA ASCENSIÓN DE LOS MUNDOS

El sabio cabalista, el Ari Hakadosh, escribió que existen dos aspectos en el ascenso de los mundos. El primer ascenso depende de tiempos particulares, como son el Shabat y las festividades. Este aspecto se manifiesta cuando el mundo inferior asciende y reviste a la luz del mundo superior. Para explicarlo utilizaremos un ejemplo.

Por un cierto motivo Rubén aprecia a Shimón. Esto puede dividirse en dos partes: la primera es el afecto que Rubén manifiesta públicamente por Shimón, y la segunda es el motivo de dicho afecto, es decir, el factor que lo generó. El motivo está oculto para el mundo.

En este ejemplo la razón oculta se reviste en expresiones de afecto y ese aprecio es el alma de tales manifestaciones. (Esta idea puede ser expresada de dos maneras: 1) la causa "se reviste" en la acción, 2) la acción "reviste" a la causa; ambos casos son idénticos).

Lo mismo sucede en situaciones especiales cuando se produce el ascenso de los mundos. Cuando un mundo inferior "reviste" un mundo superior, la iluminación espiritual del mundo superior "se reviste" en el mundo inferior, lo dirige y se convierte en su alma.

El segundo aspecto del ascenso de los mundos es el de las aguas femeninas. En este estado el mundo inferior se incluye en el superior y la luz superior no se halla oculta sino que se revela y puede conocerse y ser vista. Esta luz superior incluye una fuerza del mundo inferior.

Usemos un ejemplo. Cuando un hombre quiere comer un cierto alimento, la fuerza que obra en él tiene su raíz en el más bajo nivel del alma: el *nefesh*. Cuando esta misma persona reflexiona, llegando a la conclusión que tal alimento puede dañarle la salud, la fuerza que obra en ella para impedirle que lo coma es un nivel superior: la *neshamá*. La explicación es que el deseo de comer es parte de su instinto animal, que definimos como *nefesh*, mientras que la decisión de no comer proviene del intelecto, que tiene su raíz en la *neshamá*. En este ejemplo vemos cómo la influencia de la *neshamá* (el intelecto), prevalece sobre el deseo de comer arraigado en el *nefesh* (el instinto animal).

De igual modo cuando *maljut* eleva las aguas femeninas al aspecto masculino, se reconoce claramente la influencia del Zeir Anpin, y Nukva se incluye en él.

¿Cómo se proyecta todo esto a nuestra vida? Cuando una persona sirve al Creador con devoción y entrega absoluta, sus logros son superiores, y siente que penetran en él luces superiores. Esas nuevas luces se ponen de manifiesto y son su guía, y en tanto el individuo se mantenga en ese nivel se considera que su mundo espiritual ascendió a un nivel más elevado.

Por medio de este ascenso dicho individuo provoca la copulación de las luces superiores y el resultado es la abundancia que le llega a esa persona, sea de tipo material o espiritual. Más adelante explicaremos que esta iluminación adicional y la fluencia de abundancia de los mundos superiores sólo se logra a través del ascenso de las aguas femeninas, es decir, por medio del "despertar desde abajo".

En contraste, el mejor ejemplo de iluminación adicional dependiente del tiempo, es la *neshamá* adicional que se recibe en Shabat, sin ninguna labor por parte del hombre. Cuando el Shabat termina, la iluminación desaparece, y el mundo espiritual desciende a su nivel anterior.

SIN EL ASCENSO DE AGUAS FEMENINAS
ES IMPOSIBLE ATRAER ABUNDANCIA SUPERIOR

El Ari Hakadosh enseña que la luz del *Ein Sof* no puede ejercer su influencia sin el ascenso de las aguas femeninas. Cuando un hombre sirve al Creador con "toda su alma", despierta a las aguas femeninas y puede atraer luz del *Ein Sof*. Si se trata de atraer una iluminación espiritual, cuanto más bajo sea el lugar al que queremos que llegue, más alto deberá ser su lugar de procedencia. En la *Hagadá de Pesaj* que relata el éxodo de Egipto, se recalca que quien los sacó fue "Yo (el Creador) y no un ángel". Cuando un hombre desea recibir abundancia material (esto se solicita en el rezo de las dieciocho bendiciones) en su mundo bajo y terrenal, la iluminación deberá provenir de un lugar muy elevado. Para lograrlo debe estar dispuesto a entregarse con "toda su alma" en la plegaria del Shemá Israel (anterior a la de las dieciocho bendiciones), lo cual despierta a las aguas femeninas. Entonces, al pronunciar el rezo de las dieciocho bendiciones, se crea la abundancia desde también desde el nivel de las aguas masculinas.

La unión apropiada generada por la oración del Shemá es la unión de Aba e Ima, que son al nivel de la *jojmá* y la *biná* superiores. Sólo después de creada esta unión entra el cerebro al Zeir Anpin y Nukva durante el rezo de las dieciocho bendiciones. Vemos entonces que la unión realizada en el Shemá, que es la unión de Aba e Ima, se efectúa para transmitir cerebro al Zeir Anpin y Nukva. Este cerebro entra en los rostros al pronunciarse las tres primeras de las dieciocho bendiciones del rezo. Sólo después que el Zeir Anpin y Nukva reciben este cerebro, se pueden solicitar los doce pedidos restantes: inteligencia, salud, sustento y todo lo que necesitamos recibir de la luz del *Ein Sof.*

¿A qué se parece esto? A veces una persona quiere estudiar una ciencia superior, pero para comprenderla precisa previamente estudiar otros temas a fin de alcanzar la comprensión de dicha sabiduría. Por ejemplo, la persona que quiera estudiar medicina deberá estudiar primero química, biología y otras materias. Del mismo modo, para recibir luz del *Ein Sof,* el hombre debe entregarse plenamente en la recitación del Shemá, a fin de producir la unión de Aba e Ima, o sea para otorgar el cerebro al Zeir Anpin y Nukva. Todas esas preparaciones se hacen para lograr el mérito de pedir las restantes doce bendiciones e influir para que la luz del *Ein Sof* le proporcione su abundancia.

UNA DEFINICIÓN GENERAL SOBRE EL MUNDO DE LA CORRECCIÓN

El objetivo de la ruptura de las vasijas fue crear una realidad que incluyera al mal y a la incorrección a fin de que existiera la libre elección entre lo correcto y su opuesto, y la oportunidad humana de servir al Creador y corregir los defectos. Cuando se produjo la ruptura de las vasijas en el Mundo del Caos, las vasijas del Mundo de la Emanación se rompieron y se hundieron en la *sitra ajra*, el Otro Lado, y entonces Dios determinó cuánta corrupción debería existir. Luego de crear el mal, se preparó el Mundo de la Corrección que es la fuerza que anula las acusaciones de la *sitra ajra* a través del servicio a Dios. Esta fuerza es la inclinación al bien, la fuerza de la Torá.

En el comienzo de la corrección, las vasijas del Mundo de la Emanación se corrigieron por sí mismas, lo cual indica que antes de la creación del hombre ya había comenzado la corrección de las *sefirot* y de los rostros en el Mundo de la Corrección. Cuando el hombre fue creado comenzó a corregir los niveles que se encuentran por debajo de las vasijas de la Emanación. Esos niveles son las *neshamot* (ya que ellas pertenecen al Mundo de la Creación). De modo que el objetivo del servicio al Creador es corregir las *neshamot*, o sea quitar las partes negativas que se encuentran en ellas o, más específicamente, la influencia del *sitra ajra* sobre el alma. El pensamiento Divino estimó que dicha corrección llevaría seis mil años, es decir, que el tiempo necesario para la corrección de todas las *neshamot* es de seis mil años. Los sabios enseñaron que la llegada del Mesías, que es el momento de la revelación de la Unidad del Creador, se producirá cuando el hombre concluya su labor de corregir las *neshamot* que cayeron en el Mundo del Caos al romperse las vasijas.

IX
EL OBJETIVO PRINCIPAL DEL SERVICIO A DIOS ES PRODUCIR LA COPULACIÓN ENTRE ZEIR ANPIN Y NUKVA

COPULACIÓN INVERSA (DE ESPALDAS) Y COPULACIÓN FRONTAL (CARA A CARA)

El cabalista italiano, Rabí Moshé Jaim Luzzatto, escribe en el *Sefer Haklalim,* que el alejamiento o cercanía existente entre las criaturas inferiores y que la más alta fuente de abundancia se calcula de acuerdo con los conceptos de copulación inversa y copulación frontal. La inversa (de espaldas) es un nivel de alejamiento, como el caso de una persona que da la espalda a otra, mientras la frontal, (cara a cara), es una forma de proximidad. Las iluminaciones y las influencias que representan alejamiento son llamadas "inversas" (porque dan la espalda), mientras que las iluminaciones que expresan proximidad se denominan "frontales".

La mayor distancia es el estado de "espalda contra espalda" y la mayor proximidad es de cara a cara, lo cual sucede porque, cuando se hallan de espaldas, no se produce ninguna proximidad, pero cuando se muestran cara a cara, una frente a la otra, todo se internaliza y se interconecta. El punto medio entre ambos extremos es el estado de "la cara que da a la espalda" o "la espalda que mira hacia adelante". Cuando el Zeir Anpin transmite una gran cantidad de iluminación y Nukva presenta poco deseo de recibirla, estamos en el estado de "la cara que da a la espalda", y cuando sucede lo contrario estamos en la situación de "la espalda que mira hacia adelante".

Cuando los seres inferiores se perfeccionan, se aproximan al Creador de modo familiar, como una esposa a su marido, y Él se dirige a ellos con amor. Este estado es llamado "cara a cara" de Nukva con el Zeir Anpin. Mas cuando son imperfectos se hallan en estado de "espalda contra espalda", y no se atreven a acudir a Él, o sea, a mirarlo, y tampoco Dios acude a ellos con amor.

Hasta aquí hemos citado a Luzzato para simplificar el tema, y ahora lo explicaremos más profundamente en términos de Cábala. Una gran iluminación es una iluminación de *jasadim*, bondad. Una iluminación menor incluye *gevurot*, juicios, o sea, una contracción del bien. En el estado de cara a cara, tanto el Zeir Anpin como Nukva influyen bondades, y su copulación será de este tipo. El Poder Directivo que emerge de dicha copulación será el Poder Directivo de bondad. En contraste, en el estado de espalda contra espalda, ni Zeir Anpin ni Nukva iluminan bondades, entonces los juicios de ambos rostros se unen, y el Poder Directivo que surge de esta copulación es el Poder Directivo del juicio. Lo que ocurre es que a la copulación de espalda contra espalda le faltan las correcciones, que son las preparaciones necesarias. Dicha copulación es diferente de las demás, ya que no abarca las partes del cuerpo de Zeir Anpin ni las de Nukva.

Desde el punto de vista conceptual, la intención del Creador fue revelar la concatenación por etapas. Por esta razón estableció las condiciones para el estado de "alejamiento" o "espalda contra espalda" a fin de crear las raíces del Poder Directivo del juicio, y creó también las condiciones para el estado de "proximidad" o "cara a cara" para arraigar el Poder Directivo de la bondad. De modo que se fijó y se arraigó un orden especial en el proceso concatenado el cual sirve para mediar entre la derecha y la izquierda. Tal estado se denomina *nesirá* o corte.

LA NESIRÁ

Si la copulación de "espalda contra espalda" hubiese continuado el mundo no existiría porque para que llegue abundancia a los seres creados se requiere de un cierto orden en la copulación. La copulación de espaldas proviene de la pasión, y allí no existe una iluminación perfecta, por lo cual, para cambiar esta situación, fue necesaria la *nesirá*.

La *nesirá* es una iluminación especial que emerge de Aba e Ima, que corta y separa a los juicios del Zeir Anpin y se los entrega a Nukva. Luego de la corrección efectuada por la *nesirá*, el rostro Zeir Anpin es total bondad y Nukva se compone solamente de juicio. Este es un nuevo estado en el orden concatenado, una situación corregida, en la cual los dos rostros están preparados para copular.

La consecuencia es que Zeir Anpin es toda bondad y Nukva todo juicio, de modo que incluso la iluminación "frontal" de Nukva es el Poder Directivo del juicio. Por su parte, en el Zeir Anpin incluso su iluminación inversa será el Poder Directivo de la bondad. Esto significa que antes de la *nesirá*, el Zeir Anpin también utilizó juicios que son propios de Nukva. El las usó en sus iluminaciones "inversas" y el motivo por el cual en el Zeir Anpin había juicios, es porque las fuerzas de bondad que había en él no estaban preparadas para gobernar ni actuar. Es por eso que quiso Dios que aunque la raíz del Zeir Anpin provenga de las luces de mem hei, que es sólo bondad, de todos modos existiera una situación en el proceso de concatenación en la que el Zeir Anpin se debilite y su fuerza de bondad no predomine a fin de que se introduzcan en él los juicios. Igualmente se estableció el orden capaz de quitar estos juicios por medio de la *nesirá*.

LA BONDAD EN EL ZEIR ANPIN MITIGA
LOS JUICIOS DE NUKVA

Después que el Zeir Anpin retorna a su estado original, es decir, la bondad absoluta, tiene el poder de regir a Nukva y copular con ella. Como ya dijimos, la copulación es un acuerdo entre el aspecto masculino y el femenino. Por cierto, en la copulación de Zeir Anpin y Nukva el Poder Directivo de lo masculino es bondad y el Poder Directivo de lo femenino es juicio. En el proceso de copulación lo masculino mitiga los juicios de lo femenino, y el resultado es un Poder Directivo integrado por ambos. Hemos mencionado que en esta copulación existen diferentes niveles: Jacob y Lea, Israel y Rajel, etc. Desde nuestro punto de vista la diferencia reside en el grado de mitigación de los juicios, y esto significa que la copulación completa mitiga a los juicios y la copulación incompleta mitiga sólo parte de ellos. Esos niveles dependen del servicio espiritual que efectúan los hombres a Dios; ellos tienen la capacidad de producir cambios en cada situación del Zeir Anpin y Nukva. A veces a través del servicio al Creador interviene una fuerza superior del rostro Arij Anpin, y entonces la bondad no sólo mitiga el juicio de Nukva sino que lo anula por completo.

EL AÑO NUEVO (ROSH HASHANÁ) Y LA NESIRÁ

De acuerdo a las enseñanzas del cabalista Luzzatto, en Rosh Hashaná se lleva a cabo el juicio porque la estructura de Nukva se renueva, ya que ese día fue creado el mundo (o más precisamente el hombre). El nivel de la construcción de Nukva depende de las acciones de los seres inferiores, ya que ella es la raíz de los mismos. En Rosh Hashaná se determina el comportamiento de Nukva durante el año entero, y esto significa que en Rosh

Hashaná se establece qué tipos de Poder Directivo habrán de salir de Nukva. Por eso el Creador revisa los actos de los hombres nuevamente cada año (es decir, los juzga), y como durante los diez días que median entre Rosh Hashaná y Iom Kipur (Día del Perdón) se genera este proceso de construcción, la puerta de arrepentimiento permanece abierta, ya que aún no se ha completado la estructura final de Nukva. Durante esos diez días es más fácil arrepentirse que el resto de los días, porque Aba e Ima están construyendo a Nukva, a diferencia del resto del año en que el Zeir Anpin es quien la construye. Cuando termina Iom Kipur, el Día del Perdón, al finalizar la estructuración de Nukva, no existe más probabilidad de arrepentimiento a menos que se efectúe con sumo esfuerzo y dificultad. Sin embargo, hasta el rezo de *musaf* en *Shminí Atzeret* (el octavo día de la festividad de Sucot) aún se puede corregir, pero de ahí en más no es posible efectuar ninguna corrección, porque ya se determinó el juicio que habrá de regir durante todo ese año.

Podemos analizar a Rosh Hashaná en términos de "despertar desde abajo" (Rajel) y "despertar desde arriba" (Lea). Cuando en Rosh Hashaná se creó al primer hombre, es decir, durante el sexto día de la creación del mundo, el Zeir Anpin y Nukva se encontraban ubicados "espalda contra espalda", y recién cuando el hombre rezó tornaron sus rostros y se miraron "cara a cara". Esto es fundamental por dos razones:

1. Debido a que el rezo del hombre fue quien logró que se ubicaran cara a cara, de aquí se aprende que antes de esto se encontraban espalda contra espalda.

2. Como ya sabemos, Adán y Eva fueron creados espalda contra espalda y luego separados por el corte –*nesirá*– lo cual sucedió el primer día de sus vidas, en Rosh Hashaná. Esto significa que el aspecto del rostro deno-

minado Lea, cuya *nesirá* se produjo antes de la trasgresión de Adán, se realiza en un día, mientras que el aspecto denominado Rajel, cuya *nesirá* se realizó después de la trasgresión, necesita varios días hasta Shminí Atzeret.

Lo mismo sucede cada año cuando llega Rosh Hashaná: Zeir Anpin y Nukva vuelven a colocarse de espaldas, como estaban en el momento de la creación, de modo que se precisa cortarlos a fin de ubicarlos cara a cara. El primer día el aspecto Lea pasa una *nesirá* completa, como sucedió al inicio de los tiempos, pero la *nesirá* del aspecto Rajel necesita cierto número de correcciones hasta el *musaf* de Shminí Atzeret.

De lo anterior podemos ver ejemplos concretos de cómo el Poder Directivo perpetuo, que es el Poder Directivo de los seis mil años, fue establecido por el Pensamiento de la creación –en el Mundo de la Emanación– y cómo en él se determinaron y se arraigaron todos los modelos. Hoy en día, quienes estudian sicología social descubren que existen parámetros de conducta factibles de categorizar. Incluso una persona de comportamiento peculiar puede ser clasificada dentro de uno de esos parámetros.

Los cabalistas nos enseñan que todas las conductas posibles fueron ya consideradas en el Pensamiento Divino y se les adjudicó su respectiva raíz. Ahora podemos comprender mejor el capítulo de las *sefirot*, ya que en ellas no sólo el plano material encuentra su raíz y su vitalidad, sino también la encuentran la forma de pensar del ser humano y sus preferencias al tomar decisiones, es decir, en el Pensamiento de creación del Mundo de la Emanación.

Para expresarlo en terminología cabalística, cuando el Zeir Anpin y Nukva se encuentran en un estado de "espalda contra espalda", si bien nos están indicando el estado de las luces superiores, no debemos olvidar que también son la raíz de la humanidad, y por eso hallamos en la conducta humana situaciones similares a la del Zeir Anpin con Nukva.

La acción de la *nesirá*, o sea, la mitigación de los juicios, es aparentemente un concepto teórico y lejano a nosotros. Más no es así, sino que, por el contrario, todo hombre es un mundo en miniatura en el que se encuentran los órdenes preestablecidos del Poder Directivo de un modo exacto, similar a como sucede en los mundos superiores.

El objetivo de este estudio es mostrarnos que nuestras acciones en el contexto material, efectuadas por nosotros durante los seis mil años, influyen directamente en los rostros superiores. Es decir, que existe una reciprocidad entre nuestro servicio al Creador y la abundancia que recibimos.

Tipos de copulación

La copulación es la unión de todas las "partes" del Zeir Anpin con las "partes" de Nukva. Las "partes" del Zeir Anpin son iluminaciones, es decir, expansiones de la voluntad Divina. Cuando decimos que las "partes" del Zeir Anpin copulan con Nukva, nos referimos a que existe un mutuo acuerdo entre el Poder Directivo del Zeir Anpin, que es la voluntad Divina relacionada con la bondad, y el Poder Directivo de Nukva, relacionado con el juicio. Luzzatto escribe: "La copulación es la unión más elevada que hace retornar a la bondad y al juicio a su raíz común, lo cual es expresado en la frase: "El Eterno (el Nombre de las cuatro letras) es Dios (el nombre Elokim)". Esto se debe a que el propósito del Creador es beneficiar a sus criaturas, e incluso los juicios que se manifiestan en el Poder Directivo del mundo tienen sus raíces en la bondad, pero las criaturas no perciben esto y continúan considerando que el Poder Directivo proviene de los juicios. La consecuencia de la copulación es la mitigación del juicio, lo cual refiere que los juicios se elevan a sus raíces, la bondad, y cuando se revela ante todo el mundo que la raíz del Poder Directivo es únicamente la bondad, en ese mismo instante se pone en evidencia la Unidad del Creador. Esta compresión se expresa en "El Eterno es Dios", es decir, el Nombre de las cuatro letras (*iud, hei, vav y hei*), cuya esencia es bondad, es la raíz del nombre Elokim, cuya raíz es el juicio.

La copulación misma se efectúa por etapas. La primera es la copulación del contacto y la segunda la copulación de las *sefirot* de *iesod* del Zeir Anpin y Nukva. Conceptualmente la copulación de contacto es una conexión interna entre el Zeir Anpin y Nukva, lo cual indica que el *ruaj* del aspecto masculino y el *ruaj* del aspecto femenino se unen; ésta es la unión más elevada en la que todas las partes se integran. La copulación de contacto es la esencia interna de toda copulación.

Por su parte, la copulación de las *sefirot* de *iesod* se realiza con el objetivo de ejercer influencia, y representa el aspecto externo de la copulación y el resultado directo de la copulación interna. La esencia de la copulación es la del *ruaj* de Zeir Anpin con el *ruaj* de Nukva, lo cual provoca la unión de las *sefirot* de *iesod*, desde las cuales emerge la influencia.

LA COPULACIÓN SÓLO OCURRE CUANDO EL ZEIR ANPIN Y NUKVA SON PERFECTOS

Hemos explicado que El Eterno creó un mundo incompleto, dándonos la oportunidad de perfeccionarlo por medio de nuestro servicio a Dios. La imperfección es la ausencia de unidad, y la corrección de esta imperfección es la revelación de la misma. Debido a que la revelación de la unidad se logra con la copulación del Zeir Anpin y Nukva, la conclusión es que la parte más importante de nuestro servicio es provocar esa copulación. Es por eso que cada precepto se realiza bajo la intención de producir la unidad del Zeir Anpin con Nukva, entre el Santo, bendito sea y Su Presencia Divina (la Shejiná).

La condición preliminar para esta copulación es que tanto el Zeir Anpin como Nukva sean completos, lo cual provocará que el Zeir Anpin se conecte con luces superiores. Dado que el Zeir Anpin es la raíz del Poder Directivo de las creaciones, todo el servicio de las criaturas llega sólo al Zeir Anpin y no más allá de él. Sin embargo, el continuo servicio al Creador genera copulaciones en los mundos más elevados, y entonces el Zeir Anpin se conecta con esos niveles superiores. Eso se produce únicamente cuando el servicio al Creador es efectuado de la forma apropiada. Por otra parte, debido a que Nukva es la raíz de todas las criaturas y recibe influencia del Zeir Anpin, debe estar incluida entre los inferiores; esto implica que todo el servicio efectuado por los hombres llega a Nukva, y esa es su corrección.

Cuando los seres humanos cumplen su servicio al Creador con corrección, decimos que las ramas (criaturas) se conectan con su origen (Nukva). Vemos entonces que el Zeir Anpin se une a las ramificaciones superiores y Nukva a las inferiores.

LAS RAMIFICACIONES DE NUKVA SON ÁNGELES Y ALMAS

Tanto los *malajim* (ángeles) como las *neshamot* (almas) son ramificaciones de Nukva. Los ángeles son mensajeros del Creador y ponen en práctica las funciones de las *sefirot*. Como dijimos anteriormente, la función de las *sefirot* es sembrar raíces, mas el Creador quiso efectuarlo en forma gradual de modo que las funciones no salgan directamente de la Divina Presencia (la *sefirá* de *maljut* –Nukva), sino a través de mensajeros. La labor de los ángeles no es producto de su libre elección, sino que es un verdadero servicio. Por el contrario, el rol del alma es guiar a los hombres, dotados de libre albedrío. De modo que la corrección total de Nukva se produce cuando los ángeles y las almas cumplen su función, y así incluye Nukva a todas sus ramas inferiores. Entonces el Zeir Anpin actuará como influyente y Nukva como receptora de su abundancia. En esa copulación, todas las ramas superiores conectadas con el Zeir Anpin se unen a las más bajas, conectadas con Nukva. De esa manera la Unicidad gobierna por completo.

Cada copulación de Zeir Anpin y Nukva corrige parte de las imperfecciones producidas en la ruptura de las vasijas. "Cuando se completen todas las copulaciones necesarias en el término de los seis mil años, se revelará la Unicidad superior a todos las criaturas, en todos sus aspectos y esa será la corrección total y perfecta que durará eternamente" (Luzzatto).

TABLA DE EQUIVALENCIA
DE LIBROS BÍBLICOS

Génesis	*Bereshit*	Miqueas	*Mijá*
Éxodo	*Shemot*	Nahúm	*Najúm*
Levítico	*Vaikrá*	Habacuc	*Jabakuk*
Números	*Bamidbar*	Sofonías	*Tzfaniá*
Deuteronomio	*Devarim*	Hageo	*Jagai*
		Zacarías	*Zejariá*
Josué	*Ieoshúa*	Malaquías	*Malají*
Jueces	*Shoftim*		
Samuel	*Shmuel*	Salmos	*Tehilim*
Reyes	*Melajim*	Proverbios	*Mishlei*
		Job	*Iov*
Isaías	*Ishaiahu*	Cantar de los Cantares	*Shir Hashirim*
Jeremías	*Irmiahu*	Rut	*Rut*
Ezequiel	*Iejezquel*	Lamentaciones	*Eijá*
		Eclesiastés	*Kohelet*
Oseas	*Hoshea*	Ester	*Ester*
Joel	*Ioel*	Daniel	*Daniel*
Amós	*Amós*	Esdras	*Ezrá*
Abdías	*Ovadiá*	Nehemías	*Nejemiá*
Jonás	*Ioná*	Crónicas	*Divrei Haiamim*

ÍNDICE

3ª PARTE
Tópicos de la Cábala

4ª PARTE
ADAM KADMÓN EL HOMBRE PRIMORDIAL

Escrito en Castilla en el siglo XIII, pero atribuido a Rabí Shimón Bar Iojai, célebre maestro que vivió a finales del siglo I, el *Séfer ha-Zohar* o *El libro del Esplendor* es el texto fundamental de la Cábala. Tanto por su extensión como por la variedad de temas que toca, el Zohar ha fascinado a todos los cabalistas posteriores, que lo han colocado a la misma altura que la Torah o el Talmud.

Fuente inagotable de enseñanzas de una originalidad inigualada, el Zohar es el tesoro de la tradición esotérica hebrea.

La presente antología reúne los pasajes más significativos de esta magna obra.

El *Alfabeto de Rabí Akiva*, un texto singular y poco conocido por parte del gran público, contiene materiales que participan de las dos grandes corrientes de la literatura cabalística: la Obra de la Creación y la Obra del Carruaje. Presentado bajo la forma de un midrash agádico tradicional, es decir, una compilación rabínica que contiene homilías, agadot o historias ejemplarizantes y pasajes de exégesis bíblica, la obra se encuadra en los llamados midrashim especulativos o místicos, dado que, lejos de ofrecernos una explicación directa y simple sobre los pasajes bíblicos en cuestión, el autor pretende ahondar en el detalle místico, descubrir qué oculto secreto se halla enterrado entre las palabras, entre las propias letras de la Biblia hebrea.

Se trata de un texto que ha llegado a nosotros en diversas versiones, algunas de las cuales permanecen inéditas. La presente edición, realizada por Neil Manel Frau-Cortés a partir del hebreo, contiene dos versiones diferentes, la primera versión de acuerdo a las ediciones de Constantinopla y Venecia así como otros manuscritos, y la segunda versión de acuerdo a las ediciones de Cracovia y Amsterdam y manuscritos adicionales.

Rabí Moshé Jaim Luzzatto (Padua, 1707-1747), a pesar de conformar la cadena más exaltada de cabalistas de la historia judía junto a Rabí Shimón bar Iojai y a Rabí Isaac Luria, posee el don de explicar los temas más complejos y profundos con una claridad y una sencillez asombrosas. En *El libro de la sabiduría del alma* (*Daat Tevunot*), uno de sus textos clásicos, presentado por vez primera vez en idioma español, temas como el sentido de la Creación, el fin del mundo, la misión del hombre en su paso por la vida, la resurrección de los muertos, el Mesías, la relación cuerpo y alma, los modos en los que el Creador dirige y supervisa al universo, y el sentido del bien y del mal, son abordados y aclarados como tan solo puede hacerlo un hombre elegido desde los Cielos para este fin.

El libro del Siclo del Santuario, es una obra de una importancia capital en la literatura cabalística. Escrita en 1292 en Guadalajara por Moisés Shem Tov de León, nos presenta una visión global del sistema de las Sefirot y contiene una de las síntesis más lúcidas del pensamiento cabalístico.

Nuestro autor, que ha dejado un buen número de textos, la mayoría de ellos inéditos, es conocido principalmente por atribuírsele la redacción del Zohar.